**Responsabilidade Tributária e Penal
dos Gestores, Advogados, Contabilistas e Auditores**

Responsabilidade Tributária e Penal dos Gestores, Advogados, Contabilistas e Auditores

IMPOSTOS, CRIME E CASTIGO

2018 · Reimpressão

Paulo Marques
Docente da Faculdade de Direito de Lisboa
Pedro Correia Gonçalves
Docente da Faculdade de Direito de Lisboa
Rui Marques
Doutorando na Faculdade de Direito de Lisboa

Prefácio:
Prof. Doutor Germano Marques da Silva

OBRA
RESPONSABILIDADE TRIBUTÁRIA E PENAL DOS
GESTORES, ADVOGADOS, CONTABILISTAS E AUDITORES
AUTOR
Paulo Marques, Pedro Correia Gonçalves, Rui Marques
EDITOR
EDIÇÕES ALMEDINA, S.A.
EDIÇÃO ORIGINAL

Rua Fernandes Tomás, nºs 76, 78 e 79
3000-167 Coimbra
Tel.: 239 851 904 · Fax: 239 851 901
www.almedina.net · editora@almedina.net
DESIGN DE CAPA
FBA.
PRÉ-IMPRESSÃO
EDIÇÕES ALMEDINA, S.A.
IMPRESSÃO E ACABAMENTO
ARTIPOL - ARTES TIPOGRÁFICAS, LDA.

Fevereiro, 2018
DEPÓSITO LEGAL
426316/17

Apesar do cuidado e rigor colocados na elaboração da presente obra, devem os diplomas legais dela constantes ser sempre objecto de confirmação com as publicações oficiais.
Toda a reprodução desta obra, por fotocópia ou outro qualquer processo, sem prévia autorização escrita do Editor, é ilícita e passível de procedimento judicial contra o infractor.

 GRUPOALMEDINA

Biblioteca Nacional de Portugal – Catalogação na Publicação

MARQUES, Paulo

Responsabilidade tributária e penal dos gestores, advogados, contabilistas e auditores : impostos, crime e castigo / Paulo Marques, Pedro Correia e Rui Marques. – (Monografias)
ISBN 978-972-40-6998-2

I - CORREIA, Pedro
II – MARQUES, Rui

CDU 336

A todos os que nos ensinaram.

PREFÁCIO

Os Mestres Paulo Marques, Pedro Correia Gonçalves e Rui Marques pedem-me que prefacie o livro que ora publicam com o título: *Responsabilidade Tributária e Penal dos Gestores, Advogados, Contabilistas e Auditores: Impostos, Crime e Castigo*. Faço-o com muito gosto, sentindo-me muito honrado pelo convite. Desde há mais de 20 anos que me interesso por estes temas, movido sobretudo pela preocupação de prevenir os meus alunos para os riscos tributários e penais decorrentes da actividade profissional nas empresas. Não me parece despropositado pensar que tive alguma influência sobre os Autores, todos meus antigos alunos, e ambos distintos, despertando-os para a matéria e incentivando-os a aprofundar a sua análise não só no plano da dogmática mas também na sua aplicação aos casos emergentes.

O tema da responsabilidade tributária e penal tributária dos gestores, advogados, contabilistas e auditores é de grande actualidade e de muito interesse teórico e prático. Basta conferir os muitos processos pendentes nos tribunais, que têm por objecto esse tipo de responsabilidades, e as dificuldades jurídicas que suscitam pela frequente incompreensão da vida das empresas, mas também pela não menos frequente insensibilidade dos cidadãos para o exercício deste direito fundamental de cumprir as obrigações tributárias, em grande medida o preço das nossas liberdades. É importante, é urgente, que se tome consciência que os deveres tributários são correlatos dos direitos de cidadania e que a legalidade compensa sempre, mesmo que no imediato não pareça.

São muito frequentes as graves repercussões na vida das empresas, e pessoais dos gestores, advogados, contabilistas e auditores, decorrentes do incumprimento das obrigações tributárias, consequências que frequentemente se arrastam pelo resto da vida dos agentes e suas famílias. Preocupa-me sobremaneira que muitas vezes esses ilícitos resultem não de uma opção consciente e deliberada mas da incompreensão dos valores em causa, de deficiente formação dos gestores, em geral, para as obrigações decorrentes da sua actividade. Paulo Marques publicou em 2010 um interessante livrinho com o título "Elogio do Imposto — A Relação do Estado com os Contribuintes", mas receio que muito poucos o tenham levado a sério! E para tanto, para o descrédito dos deveres tributários e generalizada repulsa ao imposto, muito têm contribuído os nossos sucessivos governantes com amnistias, perdões e outras medidas análogas, ditadas quase sempre e só por imediatos interesses orçamentais, que convidam a que se espere pela próxima medida legislativa de perdão de juros e facilidades de pagamento, gerando frustração nos cumpridores e incentivando-os também ao incumprimento para não passaram por parvos.

O livro que Paulo Marques, Pedro Correia Gonçalves e Rui Marques ora publicam analisa questões prementes da responsabilidade tributária subsidiária, em especial a reversão e os meios de defesa do revertido, mas também a responsabilidade penal tributária por omissão e na delegação, questões juridicamente complexas e sensíveis a suscitarem a atenção da doutrina e especial cuidado dos agentes nas empresas. O livro constitui, na parte da responsabilidade meramente tributária, um guia de procedimentos para a defesa em caso de reversão, mas também um alerta para a responsabilidade subsidiária e penal tributária por omissão. Só por estes dois aspectos seria já de aplaudir a publicação, mas não é só.

Os autores têm já obra feita. Os Mestres Paulo Marques e Rui Marques especialmente no domínio da fiscalidade; o Mestre Pedro Correia Gonçalves no âmbito do penal. A participação dos três permitiu que a obra que ora publicam tenha muito interesse teórico e utilidade não só para os gestores, advogados, contabilistas e auditores, seus principais destinatários, mas também para todos os que se interessam por estas coisas do direito tributário e das empresas.

Lisboa, 14 de Março de 2017.

GERMANO MARQUES DA SILVA
Prof. Catedrático na Universidade Católica Portuguesa

NOTA DOS AUTORES

> «Todos somos responsáveis de tudo, perante todos».
> FYODOR DOSTOEVSKY (1821-1881)

Caríssimo leitor:

Actualmente, com os ensinamentos de uma crise, múltipla e global, os cidadãos contribuintes, mesmo os mais desatentos, compreendem bem a extrema importância do tema da responsabilidade tributária e, a jusante, da responsabilidade penal derivada da prática de ilícitos tributários, tendo por antecâmara os princípios cimeiros da legalidade, da solidariedade obrigatória, da igualdade e da capacidade contributiva.

A propósito dos impostos, sobretudo quando as coisas não correm de feição, quase parece ter-se tornado moda o maldizer da gestão empresarial e, por extensão, dos gestores, dos advogados, dos contabilistas certificados e dos auditores que se envolvem na vida das empresas. Numa facilidade e sedução pelo apontar do erro alheio.

Na realidade, a cidadania tributária, enquanto conjunto de direitos e de deveres, está sujeita a regras, sendo exercida ao serviço da comunidade e no interesse de todos, sempre com elevado e permanente sentido ético-social. A nosso ver, deve assim ser incentivado, ou mesmo premiado, o cumprimento de exigentes padrões de ética fiscal. A prestação de contas (*accountability*) dos actos e a responsabilidade de cada um devem constituir uma pedra angular da nossa vida ética, privada e pública em democracia.

Com cada vez menos segredo, na vontade das pessoas colectivas ou entes equiparados surgem então os seus gestores (administradores, directores e gerentes e outras pessoas que exerçam, ainda que somente de facto, funções de administração ou gestão), que podem ou não acumular tais funções com a detenção, mais ou menos exposta, das participações sociais sobre a entidade gerida. Sendo-lhes assacada uma responsabilidade pelo pagamento dos impostos, em segunda linha, quando não satisfeito o crédito exequendo junto do devedor originário (a pessoa colectiva ou ente equiparado), importará pois conhecer em detalhe o regime legal que se lhes é aplicável. No fundo, o que o legislador pretendeu fazer e o que, apesar de tudo, deixou por fazer...

O mesmo se diga a respeito dos advogados, contabilistas certificados e auditores, no caso de uma conexão destes com a violação dos deveres tributários.

De resto, nunca são calmas as águas do Direito Tributário e, *a fortiori*, menos ainda as do Direito Penal. Não se enjeitando uma reflexão cívica, prospectiva e, igualmente, prudente, sobre a importância das boas práticas no exercício da gestão, da advocacia, da contabilidade e da auditoria, *in concreto*, com observância do seu regime jurídico ao nível da responsabilidade tributária e penal, com grande interesse, também, para a comunidade académica, magistraturas e administração tributária, entre muitos outros.

Fruto das preocupações e ocupações já antecipadas, a escrita do presente livro, em autoria conjunta, resulta assim de sucessivas e, bastas vezes, acaloradas discussões, enriquecidas pelos trabalhos de docência e/ou investigação jurídica que os Autores, com denotado gosto, realizam na Faculdade de Direito de Lisboa.

Nas linhas que se seguirão, será apresentado um roteiro em que são partilhados, olhos nos olhos, com os seus leitores – e nossos Concidadãos – temas de grande actualidade jurídica e interesse prático como o papel dos administradores ou gerentes, contabilistas certificados e auditores na vida das sociedades comerciais e a sua responsabilidade tributária, conhecendo da subsidiariedade, da (i)rrelevância da titularidade formal da gestão, do caso da pluralidade de gestores, e em que termos opera afinal, a (in)comunicabilidade da dívida ao respectivo cônjuge.

Mas também se cuidará da responsabilidade tributária solidária dos advogados enquanto gestores de bens ou direitos de não residentes, procurando demarcar-se com nitidez a figura da representação fiscal destes últimos.

O arresto como procedimento cautelar e a impugnação pauliana, contra o responsável subsidiário, serão também objecto da nossa melhor atenção.

Para depois deambularmos, com mais vagar, pelo operar da subsidiariedade, através da reversão do processo de execução fiscal[1], sem esquecer os correlativos e importantes meios de defesa permitidos ao revertido.

Ademais, já no âmbito da responsabilidade penal tributária, rememoraremos o bem jurídico sob tutela, tratando da responsabilidade cumulativa das sociedades e dos seus gestores ou outros agentes, a responsabilidade por omissão, a responsabilidade solidária em caso de colaboração dolosa, o crime de frustração de créditos e a responsabilidade civil por crimes fiscais. E, em conexão com o plano contra-ordenacional, trataremos da reversão de coimas.

Uma confidência, para concluir: os Autores acreditam na capacidade e na determinação dos portugueses, cidadãos e organizações, em transformar as sociedades para melhor, mais humanas e justas, muitas vezes a partir do seu próprio erro, porque todo o ser humano tem o direito de errar, de se perder e de se encontrar, mesmo em circunstâncias particularmente difíceis, num mundo globalizado e em acelerada mudança. Porque afinal, temos que acreditar que atrás do tempo, tempo vem.

Por isso (nem que seja só por isso), este estudo jurídico e a sua divulgação junto dos leitores assumem-se, outrossim, como um são atrevimento, enquanto apelo constante ao exercício da pedagogia cívica pela acção quotidiana, através da palavra e do ofício da escrita, sobressaltando os espíritos e desinstalando as mentes. Afinal, tendo a necessária e empolgante *coragem de ser incómodo*[2].

Lisboa, 15 de Março de 2017.

Paulo Marques
Pedro Correia Gonçalves
Rui Marques

---

[1] Antecipe-se que, no período entre 2005 e 2015, a administração tributária iniciou 1.953.260 reversões de processo de execução fiscal contra responsáveis tributários subsidiários [Fonte: Ministério das Finanças - Relatório de Actividades Desenvolvidas: Combate à Fraude e Evasão Fiscais e Aduaneiras (2015)].

[2] O Professor Doutor Germano Marques da Silva, nosso muito prezado Amigo, e que assina gentilmente o Prefácio da presente obra, deu justamente à sua última aula regular na Licenciatura em Direito, na Universidade Católica Portuguesa (Lisboa), em 15 de Maio de 2014, o sugestivo título de «*A Coragem de ser incómodo*».

AGRADECIMENTOS

«*O exemplo convence-nos mais do que as palavras*» (Séneca).

Porque os Autores estão mesmo convencidos de que assim é, exprimem uma profunda gratidão ao Professor Doutor Germano Marques da Silva, prezado Amigo e Mestre, pelo distinto Prefácio com que quis valorizar a presente obra. Porque, muito justamente, constitui um exemplo de generosidade e sabedoria, representando para os Autores uma referência luminosa, em particular na arte de elevar o outro, olhos nos olhos, alma na alma, invariavelmente ao encontro de duas dignidades na mesma planície.

Julgam ainda os Autores ser devido um agradecimento especial às Bibliotecas da Faculdade de Direito de Lisboa, da Assembleia da República, da Procuradoria-Geral da República e do Centro de Estudos Fiscais e Aduaneiros.

Em último lugar, não podemos nem queremos deixar de expressar uma palavra de gratidão à Editora, pelo extremo cuidado empregue em mais esta obra.

ABREVIATURAS

CC	CÓDIGO CIVIL
CDCC	CÓDIGO DEONTOLÓGICO DOS CONTABILISTAS CERTIFICADOS
CIRC	CÓDIGO DO IMPOSTO SOBRE O RENDIMENTO DAS PESSOAS COLECTIVAS
CIRE	CÓDIGO DA INSOLVÊNCIA E DA RECUPERAÇÃO DE EMPRESAS
CIRS	CÓDIGO DO IMPOSTO SOBRE O RENDIMENTO DAS PESSOAS SINGULARES
CIVA	CÓDIGO DO IMPOSTO SOBRE O VALOR ACRESCENTADO
CP	CÓDIGO PENAL
CPC	CÓDIGO DE PROCESSO CIVIL
CPP	CÓDIGO DE PROCESSO PENAL
CPPT	CÓDIGO DE PROCEDIMENTO E DE PROCESSO TRIBUTÁRIO

CPTA	CÓDIGO DE PROCESSO NOS TRIBUNAIS ADMINISTRATIVOS
CRCom	CÓDIGO DO REGISTO COMERCIAL
CSC	CÓDIGO DAS SOCIEDADES COMERCIAIS
EOCC	ESTATUTO DA ORDEM DOS CONTABILISTAS CERTIFICADOS
EOROC	ESTATUTO DA ORDEM DOS REVISORES OFICIAIS DE CONTAS
LGT	LEI GERAL TRIBUTÁRIA
NCPA	NOVO CÓDIGO DO PROCEDIMENTO ADMINISTRATIVO
RCPIT	REGIME COMPLEMENTAR DO PROCEDIMENTO DA INSPECÇÃO TRIBUTÁRIA E ADUANEIRA
RGIT	REGIME GERAL DAS INFRACÇÕES TRIBUTÁRIAS
RGCO	REGIME GERAL DAS CONTRA-ORDENAÇÕES

I – DA RESPONSABILIDADE TRIBUTÁRIA

«O sentido da responsabilidade não se confunde,
mas é dificilmente separável, da culpa».
ADRIANO MOREIRA

1. Introdução

Em face da Constituição da República Portuguesa, o Estado surge a assumir e garantir a prossecução de vários fins, com benefício para os seus cidadãos. Mas tal não significa, forçosamente, que apenas possam ser os poderes públicos a encarregar-se das respectivas tarefas. Na realidade, pelo menos em algumas situações, aquelas também poderão ser efectivadas por meio dos sectores privado, social ou cooperativo (a "sociedade civil"), em coexistência ou mesmo subsidiariedade com o sector público.

No actual contexto de globalização económica avulta, cada vez mais, a consciência no seio da estrutura das empresas de que cada qual é apenas parte de um todo, devendo as empresas reforçar o seu compromisso com a ética social e a transparência, empenhando-se igualmente no aperfeiçoamento das relações com as diversas partes interessadas (*stakewolders*).

Assim, as empresas têm uma extrema relevância enquanto organização económica de produção e de circulação de bens e serviços, bem como de criação de emprego, num contexto de liberdade económica e de protecção da propriedade privada, ao abrigo dos artigos 61.º, n.º 1 e 62.º, n.º 1, ambos da Constituição da República Portuguesa.

Nos tempos que correm, não se pode ignorar a necessidade de as empresas construirem vínculos com a comunidade em geral e com os seus diferentes sectores institucionais, sociais e económicos. A sociedade moderna exige novos padrões de relacionamento, apelando-se a uma consciência cívica mais desenvolvida, em relação a temas diversos como a livre concorrência, a questão ambiental, a articulação entre a família e o trabalho, e também as boas práticas tributárias.

A esta luz, a Constituição assegura o livre exercício da iniciativa económica privada, «tendo em conta o interesse geral» (artigo 61.º, n.º 1) e o direito à propriedade privada (artigo 62.º). Alcandorando, como um dos princípios fundamentais da organização económico-social, a «Liberdade de iniciativa e de organização empresarial» [artigo 80.º, alínea c)]. Donde a regra a não intromissão do Estado na gestão de empresas privadas (artigo 86.º, n.º 2)[3].

Assim, a capacidade das pessoas colectivas integra «todos os direitos» (e obrigações) «necessários ou convenientes à prossecução dos seus fins», e, «Dentro dos limites da lei, as partes têm a faculdade de fixar livremente o conteúdo dos contratos, celebrar contratos diferentes dos previstos neste código ou incluir nestes as cláusulas que lhes aprouver» [artigos 160.º, n.º 1, e 405.º, n.º 1, ambos do Código Civil (CC)].

2. Os gestores: As sociedades comerciais em acção e em omissão

No âmbito das sociedades comerciais assumem particular destaque os seus *corpos sociais* com responsabilidades de *gestão*[4], uma vez que as sociedades comerciais, enquanto entes colectivos, não agem por si mesmos, sendo os respectivos gestores que determinam afinal a sua vontade [artigo 260.º, n.º 1, do Código das Sociedades Comerciais (CSC)][5]. As sociedades comerciais

---

[3] Para mais veja-se RUI MARQUES, *Panama Papers: Subsídios para a sua compreensão fiscal*, Revista de Finanças Públicas e Direito Fiscal, Ano IX, n.º 1, IDEFF/Almedina, Coimbra, 2016, p. 188.

[4] Segundo o Tribunal Central Administrativo Sul, «A gerência é, por força da lei e salvo casos excepcionais, o órgão da sociedade criado para lhe permitir actuar no comércio jurídico, criando, modificando, extinguindo, relações jurídicas com outros sujeitos de direito» (Acórdão de 1 de Março de 2011 – Proc. n.º 03337/09).

[5] Aprovado pelo Decreto-Lei n.º 262/86, de 2 de Setembro.

Os actos praticados pelos gerentes, em nome da sociedade e dentro dos poderes que a lei lhes confere, vinculam-na para com terceiros, não obstante as limitações constantes do contrato social ou resultantes de deliberações dos sócios (artigo 260.º, n.º 1, do CSC).

DE ESPECIALISTAS PARA ESPECIALISTAS

1º SEMESTRE 2018

ALMEDINAmais
PODER DA FORMAÇÃO INTELIGENTE

CONGRESSOS
ALMEDINA

ALMEDINA*mais*
PODER DA FORMAÇÃO INTELIGENTE

FEVEREIRO

14 **OPERACIONALIZAÇÃO DO REGIME JURÍDICO DA REABILITAÇÃO URBANA***
Formadora Fernanda Paula Oliveira

23 **OS CRITÉRIOS DE ADJUDICAÇÃO NA CONTRATAÇÃO PÚBLICA***
Formador Ricardo Pedro

MARÇO

2 **JURISPRUDÊNCIA ARBITRAL EM MATÉRIAS DE IRC***
Formador Tomás Cantista Tavares

9 **OS CRITÉRIOS DE ADJUDICAÇÃO NA CONTRATAÇÃO PÚBLICA*****
Formador Ricardo Pedro

13 **A APLICAÇÃO DO CÓDIGO DO PROCEDIMENTO ADMINISTRATIVO NO ÂMBITO DO REGIME JURÍDICO DA URBANIZAÇÃO E EDIFICAÇÃO*****
Formadora Fernanda Paula Oliveira

16 **PROCEDIMENTO TRIBUTÁRIO***
Formador Jesuíno Alcântara Martins

22 **AS CONTRAORDENAÇÕES AO CÓDIGO DA ESTRADA****
Formadora Teresa Lume

23 **A ARBITRAGEM DESPORTIVA TRANSNACIONAL***
Formadores Artur Flamínio da Silva e Daniela Mirante

*Ações realizadas no Altis Grand Hotel, Lisboa
**Ações realizadas no Hotel Altis Avenida, Lisboa
*** Ações realizadas no AC Hotel by Marriott, Porto

Mais informações
almedinamais@grupoalmedina.net | T. 916 284 666 | www.almedina.net/mais

CALENDÁRIO DE FORMAÇÃO

ABRIL

6 — **CUSTAS PROCESSUAIS****
Formador José António Carreira

12 — **NOVO REGIME DE ERROS E OMISSÕES E TRABALHOS COMPLEMENTARES***
Formador José Manuel de Oliveira Antunes

13 — **AS RECENTES ALTERAÇÕES AO DIREITO DA INSOLVÊNCIA***
Formadora Maria do Rosário Epifânio

20 — **DIREITO PENAL E CONTRAORDENACIONAL TRIBUTÁRIO***
Formador Nuno Victorino

COMO É QUE AS ORGANIZAÇÕES SE DEVEM PREPARAR PARA O REGULAMENTO GERAL DE PROTEÇÃO DE DADOS**
Formadora Ana Fazendeiro e Laura Cerqueira

MAIO

4 — **COBRANÇA JUDICIAL DE DÍVIDA, INJUNÇÕES E RESPETIVAS EXECUÇÕES***
Formador Edgar Valles

11 — **CÓDIGO DE PROCESSO CIVIL – O EXERCÍCIO QUOTIDIANO DA SUA APLICAÇÃO***
Formadora Regina Santos Pereira

25 — **ATOS NOTARIAIS E DE REGISTO DO ADVOGADO E DO SOLICITADOR***
Formador Edgar Valles

REGIME JURÍDICO DO EMPREGO PÚBLICO*
Formador Miguel Lucas Pires

JUNHO

8 — **CONTRATOS DE PRESTAÇÃO DE SERVIÇOS DE COMUNICAÇÕES ELETRÓNICAS***
Formadores Jorge Morais Carvalho e João Pedro Pinto-Ferreira

20 — **LOTEAMENTOS URBANOS NA GESTÃO DO TERRITÓRIO: INSTRUMENTO TRADICIONAL DE RELEVO ATUAL***
Formadora Fernanda Paula Oliveira

CONGRESSOS ALMEDINA

II CONGRESSO DE VALORES MOBILIÁRIOS E MERCADOS FINANCEIROS

12 e 13 de abril

Coordenação Dr. Paulo Câmara **Altis Grand Hotel, Lisboa**

V CONGRESSO DE DIREITO DAS SOCIEDADES *em Revista*

20 e 21 de abril

Coordenação Prof. Doutor Paulo de Tarso Domingues, Prof. Doutor Pedro Pais de Vasconcelos, Prof. Doutor Jorge M. Coutinho de Abreu **Altis Grand Hotel, Lisboa**

CONGRESSO DE DIREITO DO URBANISMO

24 e 25 de maio

Coordenação Prof. Doutora Fernanda Paula Oliveira **Altis Grand Hotel, Lisboa**

---

www.almedina.net/congressos
T. 239 098 708 | congressos@grupoalmedina.net

não dispõem de vontade física própria[6], necessitando então para funcionar do órgão[7], enquanto «centro estruturado de poderes funcionais a exercer pelos indivíduos que nele estiverem providos com o objectivo de exprimir a vontade juridicamente imputável a essa pessoa colectiva»[8]. Estamos assim com ANTÓNIO MENEZES CORDEIRO, quando este doutrinador observa, lucidamente, que «apenas a pessoa singular pode acatar normas jurídicas, sentindo a inerente necessidade moral de cumprir as obrigações e desfrutando da liberdade psicológica inerente permissões»[9]. No mesmo sentido tem entendido a jurisprudência dominante, de que é exemplo o Tribunal da Relação do Porto, ao asseverar que «a sociedade, por si só, não

---

[6] Já CARLOS ALBERTO MOTA PINTO ensinava que «as pessoas colectivas – todas as pessoas colectivas (associações, fundações e sociedades) – carecem de um organismo físico-psíquico, só podendo agir por intermédio de certas pessoas físicas, cujos actos projectarão a sua eficácia na esfera jurídica do ente colectivo», (*Teoria Geral do Direito Civil*, 3.ª Edição Actualizada, Coimbra Editora, Coimbra, 1996, p. 313).
[7] Para LUÍS A. CARVALHO FERNANDES, «os órgãos da pessoa colectiva constituem, afinal, o instrumento jurídico através do qual se ordenam e conjugam as vontades individuais que formam e manifestam a vontade da pessoa colectiva», (*Teoria Geral do Direito Civil*, Vol. I, 5.ª Edição Revista e Actualizada, Universidade Católica Editora, Lisboa, 2009, p. 431).
[8] LUÍS BRITO CORREIA, *Direito Comercial – Sociedades Comerciais*, Vol. II, AAFDL, Lisboa, 1989, pp. 235-236.
[9] ANTÓNIO MENEZES CORDEIRO, *Direito das Sociedades*, Vol. I, Parte Geral, 3.ª Edição Ampliada e Actualizada, Almedina, Coimbra, 2016, p. 839. De igual modo, MIGUEL J. A. PUPO CORREIA ensina que «A personalidade jurídica das pessoas colectivas é uma ficção jurídica: equiparam-se às pessoas humanas organizações por elas criadas. Daí a necessidade de suprir a ausência, nessas organizações de vontade própria e carácter corpóreo, mediante a sua estruturação interna de modo adequado ao prosseguimento dos seus fins. Para isso, é estruturação interna de modo adequado ao prosseguimento dos seus fins. Para isso, é necessário que a pessoa colectiva forme, manifeste e execute uma vontade. E para isso tem de possuir certos elementos organizativos concebidos e dotados de atribuições inerentes a essas funções: são (por transposição de linguagem das pessoas físicas) os órgãos *sociais*» (*Direito Comercial – Direito da Empresa*, 12.ª Edição, Ediforum, Lisboa, 2016, p. 252). Ou ainda ISABEL MARQUES DA SILVA, «A relação entre as sociedades de responsabilidade limitada e os seus administradores ou gerentes é uma relação "visceral". Os gerentes ou administradores são os órgãos ou membros dos órgãos representativos das sociedades, através dos quais actua a sua própria capacidade de exercício de direitos. Há entre a sociedade e os seus gerentes ou administradores uma relação de "interna alteridade", que explica que os actos, lícitos ou ilícitos, praticados pelos administradores ou gerentes em nome e por conta da sociedade se tenham como praticados por esta. [...] Encontramo-nos, nesse caso, perante uma possibilidade de "desconsideração da personalidade societária" para garantia da cobrança de dívidas tributárias de sociedades de responsabilidade limitada» (*A responsabilidade tributária dos corpos sociais – Problemas Fundamentais do Direito Tributário*, Vislis Editores, Lisboa, 1999, pp. 123-124).

tem vontade própria, já que esta só emerge da vontade dos seus órgãos de gestão e das pessoas com poder para a gerir, administrar e obrigar» (Acórdão de 5 de Dezembro de 2001 – Proc. n.º 110744)[10].

3. A prossecução do interesse social e os *stakeholders*

No que respeita ao próprio conceito de interesse social da empresa existem duas teorias: a *contratualista*, para a qual o interesse social se resume apenas aos interesses dos detentores das participações sociais, e a *institucionalista*, segundo a qual, no interesse social estão igualmente abrangidos os interesses de outras partes envolvidas (ex: trabalhadores, investidores, fisco, clientes, credores, etc.) e não o interesse exclusivo dos sócios ou dos accionistas. Curiosamente, o artigo 64.º, n.º 1, na sua alínea b), do CSC, insere nos deveres fundamentais dos administradores e dos gerentes a ponderação dos «interesses dos *outros sujeitos relevantes* para a sustentabilidade da sociedade, tais como os seus trabalhadores, clientes e *credores*», numa aproximação à teoria contratualista. Sendo de realçar que antes da reforma implementada pelo Decreto-Lei n.º 76-A/2006, de 29 de Março, a lei referia apenas «no interesse da sociedade, tendo em conta os interesses dos sócios e dos trabalhadores»[11].

---

[10] Conforme já se observou em outra sede: «Consabidamente, a *personalidade jurídica* da pessoa colectiva define-se como a susceptibilidade de esta ser titular de direitos e obrigações, nos termos do artigo 5.º, do Código das Sociedades Comerciais (CSC), mas corporiza-se pela vontade dos seus membros. No caso das sociedades, a autodeterminação resulta da determinação dos administradores ou gerentes, acobertados pelos poderes de representação que a lei e os estatutos lhes conferem. Enquanto nas sociedades de maior dimensão os sócios poderão até nem intervir ou influenciar a gestão, mais profissionalizada, nas demais é frequente aqueles assumirem, pessoalmente, os cargos de administração ou gerência, mesmo que não remunerada. De qualquer modo, a personalidade jurídica reconhecida à pessoa colectiva implica uma separação patrimonial e uma correlativa limitação da responsabilidade dos sócios, como se observa nas sociedades por quotas ou anónimas. Assim, é o património social que responde, perante os credores, pelas dívidas da sociedade, nos termos dos artigos 197.º, n.º 3, e 271.º, ambos do CSC» (RUI MARQUES, *Lembrando o Bom Samaritano: O novo registo público dos beneficiários efectivos das sociedades*, Revista de Direito das Sociedades n.º 1/2016, Faculdade de Direito de Lisboa, Almedina, Coimbra, 2016, p. 100).

[11] Os gerentes, administradores ou directores de uma sociedade devem actuar com a diligência de um gestor criterioso e ordenado, no interesse da sociedade, tendo em conta os interesses dos sócios e dos trabalhadores (artigo 64.º, n.º1, alíneas a) e b), do CSC) – Redacção dada pelo Decreto-Lei n.º 280/87, de 8 de Julho.

Assim, a administração ou a gerência devem dar então grande importância à gestão das relações com os diversos intervenientes que compõem o universo empresarial, almejando a conciliação dos diferentes interesses em presença. Estamos assim com CATARINA SERRA, quando refere que «é visível que houve um alargamento da esfera de interesses que os gestores devem ter em consideração (se é para o efeito de os atender ou não, ver-se-á adiante): presentemente, eles são, além dos interesses dos sócios e dos trabalhadores, também os interesses dos clientes, dos fornecedores, dos credores e de quaisquer outros sujeitos que sejam susceptíveis de influenciar ou afectar a actividade da sociedade e / ou de ser afectados por ela, ou seja, dos "*stakeholders*"»[12]. De igual modo, FILIPE BARREIROS observa que «A prossecução do interesse social, deve ter assim em conta os interesses não só de todos os sócios/accionistas (*shareholders*), mas também de todos os diversos interessados no governo da empresa (*stakeholders*), nomeadamente dos seus trabalhadores, fornecedores, credores, entre outros. Deve haver assim uma concertação de esforços para a boa prossecução do desempenho da sociedade»[13].

3.1. A questão vista no plano tributário

No âmbito tributário, os administradores e gerentes das sociedades comerciais devem orientar o exercício das suas funções em ordem ao bom desempenho do ente colectivo e às boas práticas, tomando igualmente em linha de conta os interesses legítimos dos múltiplos sujeitos jurídicos que se relacionam com a sociedade comercial. Onde se inscrevem as boas práticas tributárias, que se traduzem no cumprimento dos deveres tributários das entidades por si representadas [artigo 32.º, da Lei Geral Tributária (LGT)[14]].

Ora, de entre os múltiplos interessados no bom governo da empresa avulta, de um modo assaz especial, o sujeito activo da relação jurídica tributária, ou seja, a entidade de direito público titular do direito de exigir o cumprimento das obrigações tributárias (artigo 18.º, n.º 1, da LGT).

---

[12] CATARINA SERRA, *O novo direito das sociedades: para uma governação socialmente responsável*, Scientia Juris, Vol. 14, Londrina, 2010, p. 160.
[13] FILIPE BARREIROS, *Responsabilidade Civil dos Administradores: os Deveres Gerais e a Corporate Governance*, Coimbra Editora, Coimbra, 2010, pp. 67-68.
[14] Aprovada pelo Decreto-Lei n.º 398/98, de 17 de Dezembro.

Está assim em causa o cumprimento do dever fundamental de pagar impostos, em ordem à satisfação das necessidades financeiras do Estado e de outras entidades públicas, bem como à repartição justa dos rendimentos e da riqueza (artigo 103.º, n.º 1, da Constituição). A par do objectivo tradicional de arrecadação fiscal, o imposto assume-se igualmente como um importante instrumento eficaz de justiça redistributiva ("dos que mais podem para os que mais precisam"), mas sem mácula dos importantes princípios da dignidade da pessoa humana e da liberdade económica e da propriedade privada (artigos 1.º, 61.º e 62.º, todos da Constituição).

Como já pudemos explanar em outra sede[15], a questão central incide sempre sobre a tensão indisfarçável e inacabada entre a inevitável escassez de receitas e a emergência em dar resposta a múltiplos fins públicos. Deste modo, a relação jurídica tributária deve ser contextualizada em articulação com o valor ético da *solidariedade social*. Este desígnio traduz-se no dever de suportar as exigências do imposto com base na capacidade contributiva[16] de cada um (artigo 4.º, n.º 1, da LGT) sem existência de uma contrapartida directa e individualizada por parte do Estado a favor do contribuinte[17], exprimindo antes um dever de solidariedade obrigatória. Na lição de MARIA D'OLIVEIRA MARTINS, extrai-se que «A ideia de cobrança de impostos toma como ponto de partida que se todos beneficiam da actividade financeira do Estado, o qual por natureza não presta utili-

---

[15] PAULO MARQUES, *Elogio do Imposto – A Relação do Estado com os Contribuintes*, Coimbra Editora, Coimbra, 2010, pp. 77-78.

[16] CLOTILDE CELORICO PALMA explica-nos que «Nos nossos dias, é geralmente aceite que este princípio assume duas vertentes: por um lado, em termos *garantísticos*, entende-se que ninguém deve pagar impostos abaixo de um determinado limite mínimo revelador da ausência de capacidade contributiva (limite mínimo de existência) e que a tributação deverá ser mantida a níveis razoáveis, não assumindo carácter confiscatório; por outro lado, em conformidade com a vertente *solidarista*, entende-se que as despesas do Estado social devem ser sustentadas por todos aqueles que demonstrem capacidade contributiva significativa» (*Da Evolução do Conceito de Capacidade Contributiva*, Ciência e Técnica Fiscal n.º 402, Centro de Estudos e Apoio às Políticas Tributárias, Lisboa, Abril-Junho de 2001, p. 122).
Em relação às *taxas*, impera o princípio da *equivalência jurídica* (artigo 20.º, n.º 2, da Lei n.º 73/2013, de 3 de Setembro). Cfr. SÉRGIO VASQUES, *O Princípio da Equivalência como Critério de Igualdade Tributária*, Almedina, Coimbra, 2008, pp. 372-379.

[17] O artigo 16.º, da Lei de Enquadramento Orçamental (LEO), aprovada pela Lei n.º 151/2015, de 11 de Setembro, que corresponde, na sua essência, ao artigo 7.º da LEO anterior, estabelece expressamente o *princípio da não consignação*, o qual consiste em não poder afectar-se o produto de quaisquer receitas à cobertura de determinadas e específicas despesas

dades susceptíveis de exclusiva imputação individual, então todos devem contribuir para a cobertura das despesas originadas por essa actividade»[18].

3.2. O levantamento da personalidade jurídica colectiva

Nos termos do artigo 980.º, do CC, um contrato de sociedade «é aquele em que duas ou mais pessoas se obrigam a contribuir com bens ou serviços para o exercício em comum de certa actividade económica, que não seja de mera fruição, a fim de repartirem os lucros resultantes dessa actividade».

O legislador configura uma limitação a um plano *subsidiário* da responsabilidade tributária dos administradores, directores e gerentes e outras pessoas que exerçam, ainda que somente de facto, funções de administração ou gestão em pessoas colectivas e entes fiscalmente equiparados, atribuindo a estes últimos a responsabilidade principal pelas dívidas tributárias (artigo 24.º, da LGT).

Assim, mesmo em relação aos sócios ou membros, estes poderão considerar as dívidas tributárias como coisa *alheia*, na medida em que o ente colectivo prossiga os seus fins ou interesses e não os daqueles.

A *contrario*, se assim não acontece, por serem antes prosseguidos fins ou interesses dos sócios, resulta atingida a sociedade no seu objecto e património, bem como os terceiros de boa-fé (os demais sócios, os fornecedores, os clientes, os trabalhadores, o Estado). Donde que, por reacção ao manifesto e intolerável abuso da responsabilidade limitada, torna-se mister um *levantamento* da personalidade jurídica colectiva, conhecido no Direito anglo-saxónico, como *disregard of corporatness*. No que nos parece mais do que uma derrogação ou desconsideração da personalidade jurídica colectiva[19].

A insuficiência patrimonial do devedor principal (ente colectivo) para satisfação da dívida tributária exequenda não releva apenas no âmbito da responsabilidade dos administradores ou gerentes perante a sociedade, mas também na esfera dos sócios, através do levantamento da personalidade colectiva, em favor, directamente, dos credores, sobretudo se a des-

---

[18] MARIA D'OLIVEIRA MARTINS, *Lições de Finanças Públicas e Direito Financeiro*, 3.ª Edição Revista e Actualizada, Almedina, Coimbra, 2017, p. 62.
[19] ANTÓNIO MENEZES CORDEIRO, *O Levantamento da Personalidade Colectiva, no Direito Civil e Comercial*, Coimbra, Almedina, 2000, p. 102-103.

capitalização societária se traduziu num correlativo enriquecimento ilícito dos sócios, em prejuízo do ente colectivo e do credor Estado[20].

Valerá a pena atentarmos no entendimento sancionado pelo Tribunal da Relação de Lisboa, em Acórdão de 3 de Março de 2005 (Proc. n.º 1119/2005-6): «*I – Na apreciação da Personalidade da Pessoa Colectiva, a limitação legal da sua responsabilidade deve ser usada para a satisfação dos fins sociais, para que foi criada e quando assim não aconteça a sua personalidade, não pode deixar de ser desconsiderada, para evitar com o abuso prejuízo de terceiros. Quando o abuso se mostre evidente, deve haver desconsideração, devendo o instituto desdobrar-se em dois grupos de abusos: A invocação abusiva da limitação da responsabilidade e o prejuízo causado ao património social*». *II – Existe abuso da limitação da responsabilidade, quando alguém invocar e insistir na autonomia patrimonial da Sociedade usando e abusando da limitação da responsabilidade dela em seu favor e em prejuízo dos credores da Sociedade, desrespeitando a limitação da responsabilidade, através de alguém que realiza na prática os negócios controlando a Sociedade, sem aparecer como administrador ou gerente (homem culto) actuando através de pessoas fictícias "Offshores", ou de gerente ficticiamente designado, o marido da sua empregada doméstica (homem de palha). Era (...) que através de procuração com todos os poderes, para tudo poder fazer, que actuava em nome da Sociedade*».

Tenha-se presente que o artigo 334.º, do CC preceitua que «É ilegítimo o exercício de um direito, quando o titular exceda manifestamente os limites impostos pela boa-fé, pelos bons costumes ou pelo fim social ou económico desse direito». Pelo que, do mesmo modo que se pode afastar a personalidade jurídica do ente societário, devedor principal, para acossar o património dos sócios (levantamento "directo"), será de admitir que se possa também levantar o véu do devedor para se atingir o património que tenha sido transferido para uma sociedade (por exemplo, domiciliada num paraíso fiscal). Esta última modalidade surge designada na doutrina brasileira como "desconsideração inversa"[21].

---

[20] ANTÓNIO MENEZES CORDEIRO, em *Código das Sociedades Comerciais Anotado*, Coimbra, Almedina, Coimbra, 2014, p.25.
[21] Cfr. RUI MARQUES, *Lembrando o Bom Samaritano: O novo registo público dos beneficiários efectivos das sociedades*, p. 102.

4. A natureza da responsabilidade tributária dos gestores

A natureza da responsabilidade tributária é matéria controvertida, sendo bastas vezes apresentada como similar a outros conceitos ou uma espécie da responsabilidade extracontratual, como veremos em seguida.

4.1. Fiança legal?

A responsabilidade tributária[22] revela alguma similitude com a fiança[23], dada a sua *subsidiariedade* e mesmo a *acessoriedade* face à obrigação principal. Ao fiador é lícito recusar o cumprimento enquanto o credor não tiver excutido todos os bens do devedor sem obter a satisfação do seu crédito (artigo 638.º, n.º 1, do CC), mas o mesmo fiador pode renunciar ao benefício da excussão [artigo 640.º, alínea a), do CC]. A obrigação do fiador é *acessória* da que recai sobre o principal devedor (artigo 627.º, n.º 2, do CC), pelo que o valor da fiança como garantia encontra-se dependente do valor do património do fiador, não podendo exceder a dívida principal nem ser contraída em condições mais onerosas, ainda que possa ser contraída por quantidade menor ou em condições menos onerosas (artigo 631.º, n.º 1, do CC).

Não obstante, é ponto assente que a responsabilidade tributária dos gestores (*maxime*, administradores e gerentes das sociedades) não pode

---

[22] Segundo MANUEL PIRES e RITA CALÇADA PIRES «Está-se, pois, perante o caso de, em virtude do não cumprimento da obrigação do imposto, por parte do devedor, ser exigido o referido cumprimento a outra pessoa, reforçando-se assim, a garantia do imposto e que, dado o seu carácter legal, não pode ser modificada quer por sujeitos da obrigação quer pelo responsável» (*Direito Fiscal*, 5.ª Edição, Almedina, Coimbra, 2016, p. 315).

[23] A *fiança* constitui uma garantia pessoal das obrigações, mediante a qual um terceiro assegura a realização da obrigação do devedor, responsabilizando-se pessoalmente com o seu próprio património por esse cumprimento perante o credor. O fiador garante a satisfação do direito de crédito, ficando *pessoalmente* obrigado perante o credor (artigo 627.º, n.º 1, do CC). O fiador que cumprir a obrigação fica sub-rogado nos direitos do credor, na medida em que estes foram por ele satisfeitos (artigo 644.º, do CC). Diferentemente do que sucede na fiança, o administrador ou o gerente da sociedade comercial que paga a dívida tributária, não fica sub-rogado nos direitos do credor tributário, mas é titular de um direito de regresso sobre o devedor originário.

ser meramente objectiva[24], sendo a *culpa*[25] um elemento medular a ter em conta, independentemente de se saber sobre quem impende o respectivo ónus probatório [artigos 23.º, n.º 4 e 24.º, n.º 1, alíneas a) e b), da LGT], o que já não sucede em relação à fiança[26]. Por outro lado, a obrigação do fiador é voluntária, enquanto a obrigação do responsável tributário subsidiário resulta directamente da lei.

4.2. Responsabilidade civil extracontratual?

A responsabilidade tributária dos gestores tem sido perspectivada, não raras vezes[27], enquanto responsabilidade civil *extracontratual*[28] por factos ilícitos, considerando-se então como verificados os diversos pressupostos que a caracterizam: o comportamento do agente, a ilicitude dessa con-

---

[24] Cfr. ANA PAULA DOURADO *Direito Fiscal – Lições*, Almedina, Coimbra, 2016, p. 82.

[25] O gerente ou administrador terá que ter agido com *culpa*, por acção ou mesmo por omissão voluntária, nem que seja por mera negligência. Agir com culpa significa que o gestor agiu ou pura e simplesmente não agiu, em termos de, pessoalmente, merecer a censura ou reprovação do direito, ou seja, quando em face das circunstâncias concretas da situação for possível considerar que podia e devia ter agido de outra maneira. Como ensinava J. L. SALDANHA SANCHES «a responsabilização do gerente e do administrador pela insuficiência do património para o cumprimento das dívidas do executado só pode ser legitimada pela comprovação de um comportamento censurável por parte do decisor empresarial, nomeadamente no caso de haver prova bastante que este preferiu o cumprimento das normais obrigações da empresa em detrimento do cumprimento dos seus deveres fiscal» (*Manual de Direito Fiscal*, 3.ª Edição, Coimbra Editora, Coimbra, 2007, p. 274).

[26] JOAQUIM FREITAS DA ROCHA considera a responsabilidade tributária como sendo uma "fiança legal" (*Lições de Procedimento e Processo Tributário*, 5.ª Edição, Coimbra Editora, Coimbra, 2014, p. 335). No entanto, não concordamos com esta posição, uma vez que na fiança não releva o comportamento do fiador no que respeita à inobservância da obrigação.

[27] Por exemplo, o Supremo Tribunal Administrativo entendeu que «A responsabilidade subsidiária dos gerentes tem natureza *extracontratual*, pelo que as respectivas dívidas são da exclusiva responsabilidade do gerente. Por tais dívidas respondem os bens próprios do devedor (ou seja, do executado revertido) e, subsidiariamente, sendo caso disso, a sua meação nos bens comuns (art. 1696º do CCivil)» [Acórdão de 24 de Outubro de 2012 – Proc. n.º 0558/12].

[28] Cfr. RUI BARREIRA, *A responsabilidade dos gestores de sociedades por dívidas fiscais*, Revista Fisco, Ano 2, n.º 16, Lisboa, 1990, pp. 3-8. Por sua vez, na lição de M. J. ALMEIDA COSTA ensina-se que «Deriva "maxime", da violação de deveres ou vínculos jurídicos gerais, isto é, de deveres de conduta impostos a todas as pessoas e que correspondem aos direitos absolutos, ou até da prática de certos actos que, embora lícitos, produzem danos a outrem» (*Direito das Obrigações*, 12.ª Edição Revista e Actualizada, Almedina, Coimbra, 2016, p. 540).

duta, o comportamento praticado com culpa (dolo ou negligência)²⁹, a verificação de um dano e o nexo de causalidade entre o dano e a conduta.

No entanto, o facto de a responsabilidade tributária revestir subsidiariedade (artigo 22.º, n.º 4, da LGT) afasta-a da responsabilidade civil, a qual é, em regra, solidária. Ademais, entendemos que a ilicitude não reside propriamente na mera falta de pagamento ou de entrega de imposto nem mesmo na inexistência ou insuficiência de bens mas na violação das normas jurídicas dirigidas à protecção do interesse patrimonial do erário público. Nas palavras lúcidas de GERMANO MARQUES DA SILVA, aprendemos que «A responsabilidade dos administradores, nos termos do art. 24.º da LGT, não resulta de facto ilícito próprio gerador da dívida de imposto, mas da sua aceitação funcional no exercício do cargo. A ilicitude do acto próprio que fundamenta a responsabilidade do administrador, nos termos do art. 24.º da LGT, nada tem que ver com o facto constitutivo da obrigação tributária não cumprida, mas com os deveres funcionais de administração, mais concretamente, pela inobservância culposa das disposições legais destinadas à protecção do credor tributário e que foi a causa da insuficiência do património social para a satisfação daquele crédito»³⁰.

Em bom rigor, sobre o administrador ou gerente demandado em execução fiscal não impende propriamente um dever de indemnizar³¹ o credor tributário, mas apenas um dever subsidiário de pagamento de imposto,

---

²⁹ Aquele que, com dolo ou mera culpa, violar ilicitamente o direito de outrem ou qualquer disposição legal destinada a proteger interesses alheios fica obrigado a indemnizar o lesado pelos danos resultantes da violação (artigo 483.º, n.º 1, do CC).

³⁰ GERMANO MARQUES DA SILVA, *Responsabilidade Penal das Sociedades e dos seus Administradores e Representantes*, Editorial Verbo, Lisboa, 2009, p. 447.

³¹ Por exemplo, a não se entender assim, aplicar-se-ia ao responsável tributário subsidiário o prazo de prescrição consagrado no artigo 498.º, do Código Civil e já não o artigo 48.º, da LGT, o que não parece de admitir.

Já os juros moratórios (artigo 44.º, n.º 1, da LGT) terão um cariz indemnizatório, atendendo ao facto de que se destinam a reparar os danos infringidos ao credor pelo atraso no pagamento ou na entrega. Conforme ensinava INOCÊNCIO GALVÃO TELLES, o credor «conserva direito à prestação originária mas tem além disso direito a ser indemnizado dos danos resultantes de essa prestação não haver sido efectuada em tempo. É a chamada *indemnização moratória*. O vínculo obrigacional amplia-se passando a abranger também essa indemnização», *Direito das Obrigações*, 5.ª Edição, Coimbra Editora, Coimbra, 1986, p. 273). No entanto, o responsável subsidiário fica isento de custas e de juros de mora liquidados no processo de execução fiscal se, citado para cumprir a dívida constante do título executivo, efectuar o respectivo pagamento no prazo de oposição (artigo 23.º, n.º 5, da LGT), como veremos mais à frente.

donde a consagração de um regime legal especial face ao artigo 78.º, do CSC ("Responsabilidade para com os credores sociais"). De resto, a lei qualifica inclusivamente o responsável tributário subsidiário como sendo sujeito passivo da relação jurídica tributária (artigo 18.º, n.º 3, da LGT).

Por outro lado, diferentemente do que sucede na responsabilidade civil extracontratual, o responsável tributário responde por uma dívida de outrem (devedor originário)[32]. Estamos assim com PAULO DE PITTA E CUNHA e JORGE COSTA SANTOS, quando observam que «a responsabilidade tributária também não se configura como uma espécie de responsabilidade aquiliana. Aqui a responsabilidade é por danos; ali é por dívidas. Aqui a dívida é sempre do próprio responsável, ainda que, excepcionalmente, por facto de terceiro; ao invés, ali a dívida é sempre de outrem. Aqui está-se perante uma obrigação de indemnização, mas ali trata-se de uma obrigação tributária. Eis, pois, um conjunto de aspectos importantes que parecem afastar a responsabilidade tributária dos quadros da responsabilidade aquiliana»[33].

4.3. Posição adoptada

Em bom rigor, a responsabilidade tributária constitui um conceito com especificidades próprias, não correspondente exactamente a uma fiança ou a uma situação de responsabilidade civil extracontratual. Estamos assim com ANTÓNIO CARVALHO MARTINS, quando refere que «a figura do *responsável* não é uma fiança legal, mas sim um conceito próprio do Direito Fiscal cuja natureza há-de resultar das suas próprias características tais como as revela a legislação fiscal. É a lei que determina que um terceiro responda pelo pagamento do imposto que deixou de ser pago pelo contribuinte»[34]. De igual modo, TÂNIA MEIRELES DA CUNHA configura «a responsabilidade tributária subsidiária como uma figura jurídica com características próprias e distinta de outros tipos de responsabilidade,

---

[32] Na lição de ANA PAULA DOURADO ensina-se que «Pelo facto de a responsabilidade tributária ser uma responsabilidade pela dívida de outrem (*Haftung*), ela não deve ser reconduzida à responsabilidade civil» (*Direito Fiscal - Lições*, p. 73).

[33] PAULO DE PITTA E CUNHA e JORGE COSTA SANTOS, *Responsabilidade Tributária dos Administradores ou Gerentes*, Lex, Lisboa, 1999, p. 28.

[34] ANTÓNIO CARVALHO MARTINS, *Responsabilidade dos Administradores ou Gerentes por Dívidas de Impostos*, Coimbra Editora, Coimbra, 1999, pp. 83-84.

se bem que com aspectos comuns tanto com a responsabilidade delitual como com a fiança»[35].

O propósito de responsabilizar os gestores das empresas devedoras reside no facto de aqueles determinarem a vontade destas, apesar de constituir responsabilidade por uma *dívida alheia*[36]. Como muito bem observa JOSÉ COSTA ALVES «Por estarem numa posição que lhes permite influenciar e determinar o cumprimento das obrigações tributárias, designadamente, a que se reporta ao pagamento do imposto devido nos termos da lei fiscal aplicável, é que o legislador entendeu poder chamá-los a responder (ainda que em segundo plano) por dívidas fiscais dos sujeitos passivos onde exercem ou exerceram funções. Mas além dessa função de procurar garantir o cumprimento das prestações tributárias que o legislador deixa trespassar em todo o instituto da responsabilidade tributária, existe, nitidamente, uma outra função importante penalizar a actuação dos administradores, gerentes e directores que, enquanto à frente dos destinos dos sujeitos passivos originários não terão respeitado um dever fundamental de actuação»[37].

Pelo que avulta, sobretudo, a natureza *preventiva* e, de algum modo, *sancionatória* da responsabilidade tributária subsidiária dos administradores ou gerentes. Nas palavras de PEDRO SOARES MARTÍNEZ «As situa-

---

[35] TÂNIA MEIRELES DA CUNHA, *Da Responsabilidade dos Gestores de Sociedades Perante os Credores Sociais – A Culpa nas Responsabilidade Civil e Tributária*, 2.ª Edição, Almedina, Coimbra, 2009, p. 183. De igual modo, vide JOANA PATRÍCIA DE OLIVEIRA SANTOS, *Responsabilidade dos Corpos Sociais e Responsáveis Técnicos – Análise do Artigo 24.º da Lei Geral Tributária*, Estudos de Direito Fiscal, Almedina, Coimbra, 2006, p. 46.

[36] Na observação de MÁRIO JANUÁRIO os «sujeitos passivos subsidiários não tiveram qualquer relação directa com o facto tributário, causa jurídica do imposto, ou com o ilícito, causa jurídica das penas aplicadas. São, pois, as "outras pessoas" também abrangidas pela responsabilidade tributária a que se refere o n.º 2 do art. 22.º da LGT», (*A questão sucessória dos tributos e das penas dentro da responsabilidade tributária subsidiária fiscal*, Revista da Câmara Oficial dos Técnicos de Contas, n.º 102, Lisboa, Setembro de 2008, p. 24).

[37] JOSÉ COSTA ALVES, *A responsabilidade tributária dos titulares dos corpos sociais e dos responsáveis técnicos*, Revista da Faculdade de Direito da Universidade do Porto, Ano III, Coimbra Editora, Coimbra, 2006, pp. 378-379. Segundo observa SÉRGIO VASQUES «O que se pretende prevenir com esta regra, afinal, é que os gestores sucumbam à tentação de sacrificar o cumprimento das obrigações tributárias das empresas em benefício de obrigações de natureza diversa com que as empresas se confrontem ou que descuidem a gestão do património da empresa em termos tais que se torne inviável o pagamento dos tributos públicos que sobre ela impendem» (*Manual de Direito Fiscal*, Almedina, Coimbra, 2015, p. 409).

ções de *responsabilidade tributária* subordinar-se-iam, assim, não apenas a um fim de garantia mas também, algumas vezes, a um fim repressivo, de punição de irregularidades»[38].

4.4. O "calcanhar de Aquiles": o património dos gestores como garantia

O gestor (administrador ou gerente da sociedade comercial) surge como o *garante*[39] do pagamento da dívida de outrem (devedor principal), passando o credor tributário, nos termos da lei, a dispor da possibilidade de executar[40] os bens do gestor, para além do património da sociedade comercial, mas apenas nas situações de incumprimento fiscal e de insuficiência patrimonial do ente colectivo, existindo ainda *culpa* do gestor.

No entanto, os bens do gestor até podem nem existir ou então não serem sequer suficientes para o pagamento da dívida tributária, até em face de direitos reais de garantia titulados por outros credores. Em face da fragilidade da responsabilidade tributária subsidiária ("calcanhar de Aquiles"), avulta então, como já se disse, o cariz marcadamente preventivo e sancionatório da figura da responsabilidade tributária subsidiária dos administradores ou gerentes das sociedades comerciais.

O património do gestor acaba por constituir a garantia *geral*[41] do crédito tributário (artigo 50.º, n.º 1, da LGT), isto é, a garantia *comum* de todos os

---

[38] PEDRO SOARES MARTÍNEZ, *Manual de Direito Fiscal*, Almedina, Coimbra, 1989, pp. 237-238.

[39] Nas palavras de JOÃO SÉRGIO MENEZES LEITÃO «Mais uma vez, exigências atinentes à rápida e segura percepção do imposto ou à necessidade de garantir a sua efectiva satisfação determinaram o estabelecimento de regulações que se traduzem na extensão da obrigação de pagamento do imposto a pessoas estranhas aos pressupostos da norma de incidência cuja ocorrência fáctica faz nascer a obrigação tributária» (*A Substituição e a Responsabilidade Fiscal no Direito Português*, Ciência e Técnica Fiscal n.º 388, Centro de Estudos Fiscais, Lisboa, Outubro-Dezembro de 1997, p. 99).

[40] Não sendo a obrigação voluntariamente cumprida, tem o credor o direito de exigir judicialmente o seu cumprimento e de executar o património do devedor, nos termos declarados neste código e nas leis de processo (artigo 817.º, do Código Civil). Segundo ensina LUÍS MENEZES LEITÃO, trata-se da «faculdade que a lei atribui ao credor de executar o património do devedor, principal tutela jurídica de que goza o direito de crédito, representa uma forma de assegurar ao credor a realização do seu direito, e nesse sentido constitui naturalmente uma garantia» (*Garantias das Obrigações*, 5.ª Edição, Almedina, Coimbra, 2016, p. 60).

[41] A garantia *geral* corresponde ao património bruto do devedor, isto é, os activos sem ter em linha de conta os passivos. Na explicação de PEDRO ROMANO MARTÍNEZ «A garantia

credores, traduzindo-se afinal na responsabilidade patrimonial do devedor subsidiário. Pelo cumprimento da obrigação respondem todos os bens do devedor susceptíveis de penhora, sem prejuízo dos regimes especialmente estabelecidos em consequência da separação de patrimónios (artigo 601.º, do Código Civil). Conforme realça M. J. ALMEIDA COSTA «consagra-se portanto, o princípio geral da responsabilidade ilimitada do devedor: o cumprimento da obrigação é assegurado pela totalidade dos bens penhoráveis existentes no seu património ao tempo da execução, mesmo os que tenham sido adquiridos ao tempo depois da constituição da obrigação»[42].

Todavia, não basta a existência de bens suficientes no património do devedor, sendo mesmo necessária a afectação em concreto na dívida de um bem que integre a esfera patrimonial do devedor em causa, garantindo-se antecipadamente a conveniente preferência face aos demais credores, já que existindo mera garantia geral, o fisco terá que concorrer ainda assim com aqueles.

A realização da penhora assegura então a preferência do credor tributário, mas constitui apenas uma fase instrumental em face da futura venda coerciva e aplicação na dívida tributária do valor da aquisição do bem penhorado. Deste modo, garante-se, à partida, a futura probabilidade de o credor tributário vir a ser pago com preferência face a outros credores do executado. Conforme sublinham SERENA CABRITA NETO e CARLA CASTELO TRINDADE «a penhora acaba por ser o acto essencial da cobrança coerciva, pois sem ela, a ameaça da coercividade seria perdida ou fortemente secundarizada»[43].

Por seu lado, a penhora não constitui apenas um meio de o credor tributário acautelar a satisfação do seu crédito, podendo igualmente funcionar como garantia idónea para efeitos de suspensão do processo de execução fiscal [artigo 169.º, n.º 1, *in fine*, do Código de Procedimento e de

---

conferida ao credor comum não incide sobre bens certos e determinados do património do devedor, só se concretizando com a penhora; tratando-se de uma garantia geral reflecte-se sobre todos os valores, indiscriminadamente, não prevalecendo em relação a garantias especiais, que recaem sobre bens especificados do património do devedor, como seja a hipoteca» (*Direito das Obrigações – Apontamentos*, AAFDL, Lisboa, 2014, p. 357).

[42] MÁRIO JÚLIO DE ALMEIDA COSTA, *Direito das Obrigações*, 12.ª Edição Revista e Actualizada, Almedina, Coimbra, 2016, p. 844.

[43] SERENA CABRITA NETO e CARLA CASTELO TRINDADE, *Contencioso Tributário*, Vol. II, Almedina, Coimbra, 2017, p. 611.

Processo Tributário (CPPT)[44]], no caso de apresentação de meio de defesa por parte do executado.

5. A subsidiariedade da responsabilidade tributária dos gestores, em especial

Para além do sujeito passivo originário, a responsabilidade tributária pode abranger subsidiariamente *outras pessoas*[45], designadamente, os administradores e os gerentes das sociedades comerciais (artigos 22.º, n.º 2 e 24.º, n.º 1, da LGT)[46], uma vez que são eles que vinculam a sociedade comercial perante terceiros (artigo 260.º, n.º 1, do CSC).

Estando em causa quem responde não por uma dívida própria[47], mas por uma dívida *alheia*[48], a responsabilidade tributária reveste um mero

---

[44] Aprovado pelo Decreto-Lei n.º 433/99, de 26 de Outubro.

[45] A responsabilidade tributária, diferentemente do que sucede, por exemplo, na situação de substituição tributária, apenas intervém na fase patológica da relação entre o Estado e os contribuintes.

[46] Na observação de SÉRGIO VASQUES «A responsabilização subsidiária dos gestores de empresas explica-se com facilidade pela relação que há entre as duas funções, o cumprimento das obrigações tributárias das empresas e a preservação do património empresarial capaz de as satisfazer. O que se pretende prevenir com esta regra, afinal, é que os gestores sucumbam à tentação de sacrificar o benefício de obrigações de natureza diversa com que as empresas se confrontem ou que descuidem a gestão do património da empresa em termos tais que se torne inviável o pagamento dos tributos públicos que sobre ela impendem» (*Manual de Direito Fiscal*, p. 409).

[47] Segundo explica TÂNIA MEIRELES DA CUNHA «o responsável tributário será *sujeito passivo por débito não originário*. Não é em relação a ele que se preenchem os pressupostos de facto da obrigação tributária. Em relação a ele preenchem-se, sim, outros pressupostos, os da responsabilidade; para que estes se preencham, é necessário que aqueles se tenham preenchido, previamente, em relação ao devedor originário» (*ob. cit.*, p. 92).

[48] O administrador ou gerente ao passar a ser responsável pela dívida tributária do ente colectiva, torna-se igualmente *sujeito passivo* da relação jurídica de imposto (artigo 18.º, n.º 3, da LGT). Na definição proposta por ANA PAULA DOURADO «o responsável é um sujeito passivo obrigado ao pagamento da dívida de imposto, cujos pressupostos tributários se verificam relativamente a um devedor originário, e essa responsabilidade resulta normalmente do incumprimento culposo de deveres fiscais determinados por lei, sendo-lhe atribuído direito de regresso» (*Substituição e responsabilidade tributária*, Ciência e Técnica Fiscal, n.º 391, Centro de Estudos Fiscais, Lisboa, Julho-Setembro de 1998, pp. 51-52). Mais recentemente, CATARINA GARCIA DE MATOS tem vindo a caracterizar o responsável tributário como sendo «a pessoa singular ou colectiva (que a lei especificamente refere) obrigada ao pagamento de uma prestação tributária, cujo facto tributário se verificou na esfera jurídica de

carácter *subsidiário*[49] (artigo 22.º, n.º 3, da LGT)[50]. Em face do mencionado preceito legal, o órgão de execução fiscal está vinculado a tudo fazer para satisfazer o crédito tributário somente à custa dos bens pertencentes ao devedor *originário* ou dos eventuais responsáveis *solidários*[51] (artigo 23.º, n.º 2, da LGT)[52], apenas podendo exigir do devedor subsidiário o pagamento da dívida fiscal no caso de ser provada a *inexistência*[53] ou *insuficiência*[54] de

---

um terceiro (devedor originário) que incumpriu os deveres tributários previstos na lei» (*A Responsabilidade dos Contabilistas Certificados no Exercício da sua Actividade Profissional*, Almedina, Coimbra, 2016, p. 42).

[49] Pelo que o cumprimento pelo responsável subsidiário apenas pode ser exigido quando o ente colectivo não cumpra nem tenha a possibilidade de cumprir a obrigação de imposto a que se encontra adstrito. Na observação esclarecedora de JÓNATAS MACHADO e PAULO NOGUEIRA DA COSTA «A responsabilidade subsidiária ocorre quando ao devedor principal se segue, em segunda linha, um outro devedor que só pode ser demandado depois de demandado o primeiro» (*Manual de Direito Fiscal – Perspectiva Multinível*, Almedina, Coimbra, 2016, p. 232).

[50] Segundo o Tribunal Central Administrativo Sul «Cabe à Administração Fiscal demonstrar que se verificam os pressupostos legais da reversão fiscal, pela demonstração de que não existem bens penhoráveis do devedor originário ou, existindo, de que eles são fundamentadamente insuficientes para a satisfação da dívida exequenda e acrescido. No caso dos autos, em momento prévio à reversão, a Administração Tributária verificou que na propriedade da devedora originária se encontravam três veículos e dois fornecimentos, através dos registos no Cadastro Electrónico de Activos Penhoráveis. Ora, tendo a Administração Tributária a confirmação da eventual existência de um crédito, mais que suficiente para o pagamento da dívida exequenda, deveria ter procedido a diligências confirmativas desse crédito, quando, em sede de direito de audição, a revertida veio juntar elementos que apontavam no sentido da existência do crédito» (Acórdão de 8 de Outubro de 2015 – Proc. n.º 07046/13).

[51] Ocorre a solidariedade passiva quando mais de um devedor (co-obrigado), com o seu património, se encontra vinculado ao pagamento da totalidade da dívida.

[52] Por sua vez, é de notar que a alínea a), do n.º 2, do artigo 153.º, do CPPT já refere apenas a *inexistência* de bens penhoráveis do devedor e seus sucessores. No entanto, existe, segundo pensamos, uma supremacia da LGT (artigo 1.º). Cfr. JOAQUIM FREITAS DA ROCHA, *Do valor normativo da Lei Geral Tributária (a questão do valor reforçado)*, Estudos de Homenagem ao Prof. Doutor Jorge Miranda, Vol. V, Coimbra Editora, Coimbra, 2012, pp. 713-729.

[53] O órgão da execução fiscal assegurar-se-á, por todos os meios ao seu alcance, incluindo a consulta dos arquivos informáticos da administração tributária, de que o executado não possui bens penhoráveis (artigo 236.º, n.º 3, do CPPT).

[54] Não é da mera falta de pagamento ou de entrega do imposto que emerge a responsabilidade tributária subsidiária dos administradores ou gerentes, sendo necessária a verificação de uma situação de inexistência ou de insuficiência de bens. Por outro lado, a lei exige que exista *culpa* do gestor na referida situação

bens daquele[55]. O património do responsável[56] subsidiário surge como uma potencial garantia pessoal adicional, assegurando o pagamento de uma dívida alheia, se existirem bens suficientes.

O facto de o administrador ou gerente da sociedade comercial responder patrimonialmente perante uma dívida tributária alheia poderá significar que o princípio da *capacidade contributiva*[57] (artigo 4.º, n.º 1, da LGT), pelo menos em relação ao responsável subsidiário, não está a ser levado na devida linha de conta, já que apenas o ente colectivo é o verdadeiro titular da capacidade contributiva[58]. Como afirma VÂNIA PATRÍCIA FILIPE MAGALHÃES, «O que pode eventualmente suceder é que o sujeito passivo não cumpra a obrigação jurídica tributária, nem voluntária nem coactivamente, gerando a responsabilidade de pagamento do imposto por pessoa diversa do devedor originário que se encontra numa posição de proximidade bastante para lhe ser exigido o pagamento de dívida de outrem, ainda que essas mesmas pessoas não possuam, elas próprias, a capacidade contributiva subjacente àquela relação que confere capacidade para ser sujeito de direitos e obrigações fiscais»[59].

No entanto, deve ter-se em conta que o administrador ou gerente, enquanto responsável tributário subsidiário que efectua o pagamento de

---

[55] O chamamento à execução dos responsáveis subsidiários depende da verificação de qualquer das seguintes circunstâncias (artigo 153.º, n.º 2, do CPPT): a) Inexistência de bens penhoráveis do devedor e seus sucessores; b) Fundada insuficiência, de acordo com os elementos constantes do auto de penhora e outros de que o órgão da execução fiscal disponha, do património do devedor para a satisfação da dívida exequenda e acrescido.

[56] *Responsável*, segundo nos ensinava HANS KELSEN, é o «indivíduo contra quem é dirigida a conseqüência do ilícito» (*Teoria Pura do Direito*, Martins Fontes, São Paulo, 1998, p. 134).

[57] Na definição de VASCO BRANCO GUIMARÃES a *capacidade contributiva* corresponde à «medida da possibilidade de contribuir com bens ou serviços para os réditos tributários, por via tributária, dos entes sujeitos às normas de incidência fiscal» (*Considerações sobre a revisão do rendimento tributável*, Estudos em Homenagem ao Professor Doutor Pedro Soares Martínez, Vol. II, Ciências Jurídico-Económicas, Almedina, Coimbra, 2000, p. 443).

[58] No entendimento de FRANCISCO CANAL e PASQUALE PISTONE, «*o facto gerador é índice de capacidade contributiva, portanto seria contrário a este princípio que outro sujeito, como o responsável, deva suportar definitivamente a carga económica do tributo*» (*La Figura del Responsable Tributario en los Sistemas Jurídicos Tributarios Aléman, Espanol e Italiano*, Monografías Jurídico-Fiscales – Sujetos Pasivos y Responsables Tributarios, XVII Jornadas Latinoamericanas de Derecho Tributario, Instituto de Estudios Fiscales, Marcial Pons, Madrid, 1997, p. 609).

[59] VÂNIA PATRÍCIA FILIPE MAGALHÃES, *O (des)privilégio do beneficium excussionis do responsável tributário subsidiário*, Revista da Ordem dos Advogados, Ano 67, III, Lisboa, Dezembro 2007.

uma dívida alheia, é titular ainda assim de um *direito de regresso* contra o devedor originário (ente colectivo). Segundo considerou o Supremo Tribunal Administrativo «só há direito de regresso nos casos em que alguém paga uma dívida de outrem, pelo que se o devedor subsidiário o tem é, necessariamente, porque pagou uma dívida do devedor originário e não uma dívida própria» (Acórdão de 14 de Abril de 2010 – Proc. n.º 064/10).

Por outro lado, na lei, em sede de responsabilidade tributária vale lembrar que nem sempre o próprio devedor principal corresponde ao sujeito jurídico em relação ao qual se verifica o facto tributário, revelador da capacidade contributiva (ex: substituto no caso de retenção na fonte definitiva[60]), daí a referência a *"responsáveis"*, no plural (artigo 24.º, n.º 1, da LGT).

6. O n.º 1 do artigo 24.º, da LGT

6.1. O conceito de «dívidas tributárias»

No que respeita às dívidas tributárias, os administradores, directores e gerentes e *outras pessoas* que exerçam, *ainda que somente de facto*[61], funções de administração ou gestão[62] em pessoas colectivas e entes fiscalmente equiparados[63] são subsidiariamente responsáveis em relação a estas e soli-

---

[60] Ex: taxas liberatórias [artigo 71.º, do Código do Imposto Sobre o Rendimento das Pessoas Singulares (CIRS), aprovado pelo Decreto-Lei n.º 442-A/88, de 30 de Novembro].

[61] O administrador ou gerente de facto exerce efectivamente os poderes de gestão de uma sociedade comercial, mesmo que esteja desprovido de legitimidade formal.

[62] Não estão abrangidas as pessoas que exercem funções no processo de insolvência, uma vez que esta situação específica está prevista expressamente no artigo 26.º, da LGT. No entanto, o Supremo Tribunal Administrativo tem entendido que «A declaração de insolvência do responsável subsidiário não acarreta a impossibilidade legal do acto de reversão da execução contra si ou a irregularidade/nulidade deste acto, o qual constitui, aliás, uma condição para que a administração tributária possa apresentar-se, perante os demais credores deste devedor, a reclamar e a cobrar o montante exequendo no respectivo processo de insolvência. Só com o acto de reversão passa a dívida tributária exequenda a onerar o património do responsável subsidiário insolvente, dívida que sem esse acto nunca poderia obter pagamento no respectivo processo de insolvência. Antes da prolação desse acto, não existe sequer processo de execução contra o responsável subsidiário que importasse sustar, razão por que não tem cabimento legal a tese de que a reversão da execução contra responsável já declarado insolvente afronta o disposto no artigo 88º do CIRE» (Acórdão de 11 de Maio de 2016 – Proc. n.º 01017/14).

[63] Cfr. artigo 2.º, n.ºs 1 e 2, do Código do Imposto sobre o Rendimento das Pessoas Colectivas (CIRC), aprovado pelo Decreto-Lei n.º 442-B/88, de 30 de Novembro.

dariamente[64] entre si (artigo 24.º, n.º 1, da LGT). No conceito «*outras pessoas*», pensamos não estarem abrangidas *pessoas colectivas*[65].

Entendemos que o conceito de «*dívidas tributárias*»[66] abrange apenas os *impostos* e não outras espécies tributárias[67] como, por exemplo, as taxas[68], apesar de os tributos *lato sensu* compreenderem os impostos, incluindo os aduaneiros e especiais, bem como outras espécies tributárias. O facto de a matéria da responsabilidade tributária integrar a incidência e mesmo as garantias dos contribuintes, enquadrável no âmbito da reserva de lei inerente aos impostos [artigos 103.º, n.º 2 e 165.º, n.º 1, alínea i), da Constituição], com a tipicidade que normalmente é-lhe associada, justifica o referido entendimento.

---

[64] A obrigação é *solidária*, quando cada um dos devedores responde pela prestação integral e esta a todos libera, ou quando cada um dos credores tem a faculdade de exigir, por si só, a prestação integral e esta libera o devedor para com todos eles (artigo 512.º, n.º 1 do CC). Sendo a responsabilidade dos fundadores, gerentes ou administradores solidária (artigo 73.º, n.º 1, do CSC), o direito de regresso existe na medida das respectivas culpas e das consequências que delas advierem, presumindo-se iguais as culpas das pessoas responsáveis (n.º 2).

[65] Uma pessoa colectiva sócia não pode ser gerente, mas, salvo proibição contratual, pode nomear uma pessoa singular para, em nome próprio, exercer esse cargo (artigo 191.º, n.º 3, do CSC). Se uma *pessoa colectiva* for designada administrador, deve nomear uma pessoa singular para exercer o cargo em nome próprio. A pessoa colectiva responde solidariamente com a pessoa designada pelos actos desta (artigo 390.º, n.º 4, do CSC).

[66] No que diz respeito à responsabilidade tributária dos administradores ou gerentes, o que importa são *dívidas concretas* e não necessariamente todas as dívidas do ente colectivo.

[67] Neste mesmo sentido vide ISABEL MARQUES DA SILVA, *A responsabilidade tributária dos corpos sociais – Problemas Fundamentais do Direito Tributário*, pp. 134 e ss., e DIOGO LEITE DE CAMPOS, BENJAMIM SILVA RODRIGUES e JORGE LOPES DE SOUSA, *Lei Geral Tributária – Anotada e Comentada*, 4.ª Edição, Encontro da Escrita, Lisboa, 2012, p. 707.
Em sentido contrário vide J. CASALTA NABAIS, *Direito Fiscal*, p. 263. O Tribunal Central Administrativo Sul tem entendido que «As contribuições obrigatórias para a Segurança Social a cargo das entidades patronais, constituem verdadeiros impostos, sendo de aplicar quanto ao regime da responsabilidade subsidiária dos administradores ou gerentes pelo seu pagamento» (Acórdão de 1 de Março de 2011 – Proc. n.º 04139/10)
Os tributos compreendem os impostos, incluindo os aduaneiros e especiais, e outras espécies tributárias criadas por lei, designadamente as taxas e demais contribuições financeiras a favor de entidades públicas, sendo que o regime geral das taxas e das contribuições financeiras referidas no número anterior consta de lei especial (artigo 3.º, n.ºs 2 e 3, da LGT).

[68] Em relação à diferenciação conceptual entre o *imposto* e a *taxa*, avulta a unilateralidade e a bilateralidade, do primeiro e do segundo, respectivamente. A capacidade contributiva caracteriza apenas o imposto (artigo 4.º, n.º 1, da LGT), enquanto a equivalência jurídica caracteriza a taxa.

6.2. A (ir)responsabilidade no caso de exercício de funções após o termo do prazo legal de pagamento ou de entrega

A letra do n.º 1, do artigo 24.º, da LGT exclui a responsabilidade dos administradores ou gerentes que tenham iniciado as funções já após o termo do prazo legal de pagamento ou de entrega de imposto, uma vez que refere expressamente «cujo prazo legal de pagamento ou entrega tenha terminado depois deste».

No entanto, pode o ente colectivo no momento do fim do prazo não ter ainda procedido ao pagamento ou entrega do imposto, mas ainda assim tenha na sua esfera patrimonial um acervo de bens suficientes para o cumprimento de tais obrigações fiscais da empresa. E, apesar dessa circunstância, um novo administrador ou gerente assumir posteriormente funções de gestão que, com a sua conduta culposa, conduz à insuficiência patrimonial na sequência, por exemplo, de dissipação de bens da sociedade comercial[69], causando a impossibilidade de cumprimento.

Curiosamente, a autorização legislativa[70] contida na Lei n.º 41/98, de 4 de Agosto, que subjaz à aprovação da LGT, mormente na alínea c), do n.º 15, do seu artigo 2.º, previa expressamente «a responsabilidade subsidiária, nomeadamente fixando os pressupostos de responsabilidade, o elenco dos responsáveis, prevendo-a em relação aos gerentes, administradores e titulares de funções semelhantes, incluindo o titular do estabelecimento individual de responsabilidade limitada, assentando-a na distinção entre as dívidas tributárias vencidas no período do exercício dos respectivos cargos e as dívidas tributárias *vencidas anterior ou posteriormente*, cabendo, no primeiro caso, aos administradores ou gerentes e titulares de funções semelhantes o ónus da prova da ausência de culpa na falta do pagamento e, no segundo caso, à administração fiscal o ónus da prova de culpa dos agentes mencionados na insuficiência do património para o pagamento das dívidas tributárias».

Além da possibilidade de serem adoptadas medidas cautelares para garantir a cobrança do crédito tributário (artigo 23.º, n.º 3, da LGT), não

---

[69] O artigo 88.º, do Regime Geral das Infracções Tributárias (RGIT), aprovado pela Lei n.º 15/2001, de 5 de Junho, prevê inclusivamente o crime de frustração de créditos tributários.
[70] A autorização legislativa consiste numa "autorização" e não numa "imposição" ao Governo para legislar sobre matérias que são da competência exclusiva (reserva relativa) da Assembleia da República.

podemos deixar de referir a proibição da integração analógica, tratando-se *in casu* de uma lacuna resultante de norma abrangida na reserva de lei do Parlamento (artigo 11.º, n.º 4, da LGT), a não ser que apliquemos o artigo 78.º, do CSC[71].

Destarte, afigura-se-nos excepcional[72] a responsabilidade tributária dos administradores e gerentes por dívida alheia, uma vez que a regra não pode deixar de ser a clara separação patrimonial entre a pessoa colectiva (*maxime*, sociedade comercial) e a pessoa singular (administrador ou gerente). O administrador ou gerente exterioriza a vontade social, de modo que perante terceiros é a própria sociedade comercial, detentora de personalidade jurídica perfeitamente distinta dos seus gestores, quem assume obrigações e exerce os direitos e os poderes. Pelo que, no caso de algum terceiro se sentir lesado em consequência de um acto regular de gestão, praticado pela sociedade comercial, por regra deverá exigir apenas desta a reparação de danos e não do seu administrador ou gerente, até porque as normas excepcionais não comportam aplicação analógica (artigo 11.º, do CC).

6.3. A dualidade de regimes de responsabilidade

Para efeitos de responsabilidade tributária dos gestores, no artigo 24.º, n.º 1, da LGT o legislador distingue duas situações: a responsabilidade pela *diminuição do património da empresa* [alínea a)] e a responsabilidade pela *falta de pagamento ou entrega de imposto* [alínea b)].

6.3.1. A responsabilidade pela diminuição do património da empresa

A relação jurídica tributária constitui-se com o *facto tributário* (artigo 36.º, n.º 1, da LGT), também designado de *facto gerador de imposto*. Por sua vez, a obrigação de imposto constitui-se quando se verifica algum dos factos

---

[71] O artigo 78.º, do CSC consagra a responsabilidade dos gestores perante os credores sociais, tendo uma natureza diferente da responsabilidade tributária contida no artigo 24.º, da LGT.
[72] DIOGO LEITE DE CAMPOS, BENJAMIM SILVA RODRIGUES e JORGE LOPES DE SOUSA, *ob. cit.*, p. 215.

previstos nas normas de incidência do correspondente tributo, limitando--se a liquidação[73] a declarar o facto tributário preexistente[74].

No caso das dívidas tributárias cujo facto constitutivo se tenha verificado no período de exercício do seu cargo ou cujo prazo legal de pagamento ou entrega tenha terminado depois deste[75], respondem patrimonialmente os administradores ou gerentes quando, em qualquer dos casos, tiver sido por culpa sua que o património da pessoa colectiva ou ente fiscalmente equiparado se tornou *insuficiente* para a sua satisfação[76]. Pelo que fica claro que para que se verifique a referida responsabilidade tributária, o legislador exige sempre que exista alguma conexão temporal entre as dívidas e o período de exercício das funções de gestão, nem que seja ao nível do facto tributário que, como se sabe, consiste no elemento constitutivo da relação jurídica tributária (artigo 36.º, n.º 1, da LGT)[77]. No entanto, nada impede que nos casos em que não exista essa conexão, opere a responsabilidade perante os credores sociais, desta vez ao abrigo do artigo 78.º, do CSC.

Para que os corpos de gestão das empresas respondam pelas dívidas tributárias pressupõe-se a verificação de um incumprimento ilícito e culposo das obrigações destinadas à protecção dos credores sociais (artigo 78.º, do CSC), designadamente o credor tributário, consagrando-se uma

---

[73] Tenha-se presente que «a liquidação constitui a operação através da qual se aplica a taxa de imposto à matéria tributável, apurando-se, assim, o valor devido pelo contribuinte» (SERENA CABRITA NETO e CARLA CASTELO TRINDADE *Contencioso Tributário*, Vol. I, Almedina, Coimbra, 2017, p. 457).

[74] Como defende ANTÓNIO BRAZ TEIXEIRA «o acto tributário tem uma natureza e uma eficácia puramente declarativas, tendo como função tornar líquida uma obrigação pré--existente, pela aplicação, aos casos concretos que caibam na previsão legal, dos comandos normativos gerais e abstractos nela contidos» (*Princípios de Direito Fiscal*, Vol. I, Almedina, Coimbra, 1990, p. 254).

[75] Pelo que ficam igualmente abrangidas as situações em que o facto constitutivo se tenha verificado antes do período do exercício do cargo de administração ou gerência.

[76] Por exemplo, se fica provado que o administrador ou gerente dissipou bens da empresa.

[77] Em outra sede, já se referiu que «O tributo não nasce quando é liquidado. A obrigação de imposto nasce com a ocorrência do facto tributário, previamente, previsto e tipificado na lei – artigo 36.º, n.º 1, da Lei Geral Tributária (LGT). Para conferir liquidez a tal obrigação, o legislador exige a realização de um acto do procedimento: o acto tributário de liquidação. Com a liquidação, a obrigação torna-se certa, exigível e líquida, pela computação do imposto, conformando a relação jurídica nascida do facto tributável e fazendo operar os seus direitos e deveres» (RUI MARQUES, *A liquidação de imposto e o processo penal tributário*, Revista do Ministério Público, n.º 145, Lisboa, Janeiro-Março de 2016, p. 155).

presunção de culpa do responsável subsidiário (*juris tantum*)[78] apenas na situação em que o prazo legal de pagamento ou entrega de imposto tenha findado no período de exercício do seu cargo[79].

No entanto, pode haver um gerente ou administrador de uma empresa que tenha, pela sua actuação ou mesmo omissão, conduzido à insuficiência do património social que vai comprometer o pagamento dos impostos ao Estado, mas que cessou as suas funções mesmo nas vésperas do termo do prazo legal de pagamento ou entrega de impostos, não tendo então contra si qualquer culpa presumida. Isto, ainda que tenha provocado deliberadamente a impossibilidade de a empresa cumprir posteriormente as suas obrigações fiscais. Por seu lado, o gestor que entretanto inicia funções e que à data do termo do referido prazo legal já nada poderá fazer para cumprir as obrigações fiscais, tem contra si uma presunção de culpa, muito dificilmente ilidível[80].

A alínea a), do n.º 1, do artigo 24.º, da LGT, adopta uma solução idêntica à constante no artigo 78.º do CSC, um pouco à semelhança do Decreto-Lei n.º 68/87, de 9 de Fevereiro[81], em que não basta a mera identificação do gerente ou administrador da empresa, exigindo-se também a alegação e a prova pelo fisco da *culpa* do gestor (artigo 487.º, do CC). Dito de outra forma, a lei exige uma culpa efectiva e não uma mera culpa presumida para se poder operar então a responsabilização.

---

[78] As *presunções* consagradas nas normas de incidência tributária, designadamente de incidência subjectiva, admitem sempre prova em contrário (artigo 73.º, da LGT). No entanto, não basta ao administrador ou gerente lançar a dúvida em relação à sua culpa, devendo demonstrar que, apesar de existir falta de meios financeiros, tal não se ficou a dever a uma conduta censurável do gestor e, por outro lado, e que foram tomadas as diligências possíveis para que os créditos tributários fossem satisfeitos.

[79] A administração tributária terá sempre que provar que o revertido é o gerente ou administrador da empresa.

[80] Conforme destaca lucidamente TÂNIA MEIRELES DA CUNHA «não pode a violação do interesse público, reflectida, neste caso, no não pagamento pela sociedade das suas dívidas fiscais, ser, por si só, suficiente para presumir a culpa do gerente, administrador ou director. Com efeito, e como atrás já se deixou exposto, há demasiadas circunstâncias a ter em conta e que condicionam a actividade da sociedade, nomeadamente circunstâncias exteriores e transcendentes à actividade dos gerentes, administradores ou directores» (*A culpa dos gerentes, administradores e directores na responsabilidade por dívidas de impostos*, Boletim da Faculdade de Direito de Coimbra, Vol. 77, Coimbra Editora, Coimbra, 2001, p. 816).

[81] Aplica aos gerentes ou administradores de sociedades de responsabilidade limitada o regime dos n.ºs 1 e 5, do artigo 78.º, do CSC, por dívidas ao Estado ou à Segurança Social.

Como vimos, a alínea a), do n.º 1, do artigo 24.º, da LGT abrange as situações em que o gestor exerce o cargo no momento da ocorrência do facto constitutivo da dívida tributária, mas sempre em momento anterior ao termo do prazo legal de pagamento ou entrega de imposto, havendo culpa na insuficiência patrimonial da empresa em satisfazer a sua dívida tributária, a provar pelo fisco. O regime aqui contido não é tão severo como aquele que existe em relação ao administrador ou gerente que exerce funções no momento do termo do prazo legal de pagamento ou entrega de imposto, uma vez que cessadas as suas funções o gestor já não terá poderes para levar a empresa, enquanto devedor originário, a cumprir ou não as suas obrigações fiscais.

Portanto, o legislador quis consagrar as situações em que o facto constitutivo de imposto ocorreu tanto durante o período de exercício do seu cargo como antes mesmo do início de tais funções, mas em que as dívidas tributárias em causa apenas se vieram a vencer após o termo do exercício do cargo. Representando, esta última situação, em termos práticos, um alargamento da responsabilidade face ao antigo artigo 13.º, do vetusto Código de Processo Tributário (CPT)[82].

É ao lesado - ou seja, à administração tributária -, que incumbe provar a *culpa* do autor da lesão, como já vimos que sucede nas situações enquadradas na alínea a), do n.º 1, do artigo 24.º, da LGT. A regra do ónus probatório (artigos 342.º, n.º 1, do Código Civil e 74.º, n.º 1, da LGT)[83] assenta em que incumbe àquele que invocar um direito a prova dos factos constitutivos do direito alegado, sem prejuízo das situações em que haja *presunção legal* (artigo 344.º, n.º 1, do Código Civil). Quem tem a seu favor a

---

[82] Esse preceito legal determinava que os administradores, gerentes e outras pessoas que exerçam, ainda que somente de facto, funções de administração nas empresas e sociedades de responsabilidade limitada são subsidiariamente responsáveis em relação àquelas e solidariamente entre si por todas as contribuições e impostos relativos ao período de exercício do seu cargo, salvo se provarem que não foi por culpa sua que o património da empresa ou sociedade de responsabilidade limitada se tornou insuficiente para a satisfação dos créditos fiscais (artigo 13.º, n.º 1, do CPT). Consagrava-se então uma presunção de culpa, favorecendo a posição credora do Estado.

[83] Convém lembrar que o legislador, ao introduzir no plano do direito tributário uma orientação equilibrada e sensata como a consagrada pelo n.º 1 do artigo 74.º, da LGT, optou por não preterir em matéria probatória nem o fisco nem o contribuinte, prevalecendo a *verdade material* dos factos com relevância tributária, a *igualdade* e a *boa-fé* entre as partes.

presunção legal escusa de provar o facto a que ela conduz (artigo 350.º, n.º 1, do Código Civil).

No entanto, mesmo as presunções legais podem ser ilididas mediante prova em contrário, excepto nos casos em que a lei o proibir (artigo 350.º, n.º 2, do CC). Por sinal, as presunções consagradas nas normas de incidência tributária admitem sempre prova em contrário (artigo 73.º, da LGT), sendo que a responsabilidade tributária subsidiária integra, justamente, as regras da incidência subjectiva ou pessoal (artigos 103.º, n.º 2, da Constituição e 18.º, n.º 3, da LGT).

Recaindo o ónus probatório sobre a administração tributária (artigos 74.º, n.º 1, da LGT e 342.º, do Código Civil), acresce que, em face dos princípios da prossecução do *interesse público* e do *inquisitório* (artigo 58.º, da LGT), o fisco está vinculado a realizar todas as diligências instrutórias necessárias à descoberta da verdade material.

Deste modo, na interpretação que veiculamos, a administração tributária não está apenas adstrita a produzir a prova dos factos constitutivos dos seus direitos, estando antes obrigada a provar mesmo os factos favoráveis à pretensão do contribuinte, em conformidade com o princípio do inquisitório (artigo 58.º, da LGT)[84]. Veja-se, a este propósito, por lapidar, o princípio constitucional da tributação das empresas pelo rendimento *real*, a observar no âmbito do artigo 17.º, do CIRC (artigo 104.º, n.º 2, da Constituição).

Porém, note-se que, e sempre a coberto do princípio do inquisitório, que a administração tributária tem uma ampla liberdade na determinação dos actos instrutórios que repute necessários. No entanto, e tal como o contribuinte, deve abster-se da prática de actos inúteis ou dilatórios (artigo 57.º, n.º 1, da LGT).

O responsável pela direcção do procedimento deve procurar averiguar todos os factos cujo conhecimento seja adequado e necessário à tomada de

---

[84] Segundo o entendimento do Tribunal Central Administrativo Norte «*Cabe à Administração Tributária o dever de demonstrar os pressupostos legais (vinculativos) da sua actuação, designadamente se agressiva (positiva e desfavorável), impendendo, por seu turno, sobre os administrados apresentar prova bastante da ilegitimidade do acto, quando se mostrem verificados esses pressupostos. As regras do ónus da prova coexistem com o princípio do inquisitório, de acordo com o qual se impõe à administração tributária que ordene oficiosamente as diligências probatórias indispensáveis ao apuramento da verdade material. Porém, o princípio do inquisitório não obriga a administração a investigar pretensões sem o mínimo de suporte probatório, nos casos em que caiba ao contribuinte o ónus da prova*» (Acórdão de 12 de Janeiro de 2012 – Proc. n.º 00624/05.0BEPRT).

uma decisão legal e justa dentro de prazo razoável, podendo, para o efeito, recorrer a todos os meios de prova admitidos em direito [artigo 115.º, n.º 1, do Novo Código do Procedimento Administrativo (NCPA)[85]]. Concordamos assim com LUÍS CABRAL DE MONCADA, quando refere que «a Administração está obrigada a um esforço oficioso no sentido do completo esclarecimento da verdade material dos factos pois só com ela é que o interesse público é compatível [...] O inquisitório exige à Administração uma atitude activa na produção da prova que se distingue claramente de uma atitude passiva receptiva apenas à consideração da prova já constituída documentalmente»[86].

Se no momento da verificação do facto tributário o gestor já exercia funções na empresa mas a dívida subjacente vier a vencer-se ainda na pendência das funções do gestor, parece ser de aplicar apenas a alínea b), do n.º 1, do artigo 24.º, da LGT, beneficiando neste caso a administração tributária de uma inversão das regras normais do ónus da prova, em resultado da presunção legal de culpa do gestor.

Em suma, nas situações de incumprimento fiscal do ente colectivo abrangidas pela alínea a), do n.º 1, do artigo 24.º, da LGT, exige-se que o fisco prove: i) a verificação de *diminuição patrimonial* do ente colectivo; ii) a *impossibilidade* do ente colectivo pagar as suas dívidas fiscais; e, iii) a existência de *culpa* do gestor na mencionada diminuição patrimonial.

Assim, caso a empresa tenha bens suficientes, apesar da diminuição patrimonial causada pela conduta do gestor, não haverá base legal para accionar a responsabilidade tributária subsidiária deste último.

6.3.2. A responsabilidade pela falta de pagamento ou entrega de imposto

Os administradores ou gerentes das empresas respondem pelas dívidas tributárias cujo prazo legal de pagamento ou entrega tenha terminado no período do exercício do seu cargo, quando não provem que não lhes foi

---

[85] Aprovado pelo Decreto-Lei n.º 4/2015, de 7 de Janeiro.
[86] LUÍS S. CABRAL DE MONCADA, *Código do Procedimento Administrativo Anotado*, Coimbra Editora, Coimbra, 2015, p. 412. O procedimento visa a descoberta da *verdade material*, devendo a administração tributária adoptar *oficiosamente* as iniciativas adequadas a esse objectivo.

imputável a falta de pagamento[87]. Em face da letra da alínea b), do n.º 1, do artigo 24.º, da LGT, deparamos com algumas dificuldades de interpretação, desde logo, pelo facto de a "falta imputável" se revelar um conceito algo indeterminado[88], ainda não suficientemente detalhado pela doutrina e pela jurisprudência.

A culpa do gestor presume-se, atendendo a que o prazo legal de pagamento ou entrega do imposto findou no período de exercício do seu cargo, considerando o legislador que, em tal caso o gestor não podia ou, pelo menos, não devia desconhecer a existência da dívida tributária. Estamos, por isso, com ANA PAULA DOURADO quando prelecciona que, «Esta solução faz sentido, pois, se o gestor já não exercia o cargo quando terminou o prazo legal de pagamento, a probabilidade é que a insatisfação da dívida se deveu ao gestor que exercia o cargo quando o referido prazo terminou»[89].

Ao colocar a empresa em situação de insuficiência patrimonial[90], o gestor está a causar um dano grave ao Estado Fiscal, traduzindo então uma situação especialmente grave, indiciadora de conduta culposa, pelo que só

---

[87] Entenda-se, aqui também se inclui a falta de entrega (ex: retenções na fonte de IRS). A falta de pagamento ou de entrega de imposto constitui o acto *ilícito* em causa. Na observação atenta de TÂNIA MEIRELES DA CUNHA «exige-se do gerente, administrador ou director a prática de um acto ilícito: com efeito, só serão responsáveis os gerentes, administradores ou directores que tenham levado a cabo os actos necessários para a sociedade cumprir a sua obrigação tributária. Como representantes ad sociedade, cabe-lhes a eles, no cumprimento das suas funções, fazer com que a sociedade cumpra tempestivamente as suas obrigações. Ora, a violação das disposições legais e/ou contratuais de protecção dos credores sociais constitui um acto ilícito. O não cumprimento das obrigações da sociedade para com a Fazenda Pública representa uma destas violações, sendo, pois, um acto ilícito» (*A culpa dos gerentes, administradores e directores na responsabilidade por dívidas de impostos*, p. 811).

[88] O *conceito indeterminado* é aquele cujo conteúdo e extensão são incertos ou que não permitam comunicações claras em relação ao seu conteúdo, seja por polissemia, vaguidade, ambiguidade, porosidade ou mesmo esvaziamento. Cfr. DIOGO FREITAS DO AMARAL, *Curso de Direito Administrativo*, Vol. II, 3.ª Edição, Almedina, Coimbra, 2016, pp. 93-100 e JOÃO CAUPERS e VERA EIRÓ, *Introdução ao Direito Administrativo*, 12.ª Edição, Âncora Editora, Lisboa, 2016, pp. 89-92.

[89] ANA PAULA DOURADO, *Direito Fiscal – Lições*, p. 79.

[90] Pelo que o facto ilícito não consiste somente na falta de pagamento da obrigação tributária em questão, consubstanciando igualmente uma actuação que tenha conduzido à insuficiência patrimonial da empresa, presumindo-se a falta de diligência do gestor.

resta ao gestor ter de fazer a prova da inexistência da sua culpa, caso pretenda eximir-se da respectiva responsabilidade patrimonial[91].

Por exemplo, o administrador ou gerente da sociedade comercial pode alegar e provar que a falta de pagamento da dívida do devedor principal não lhe é imputável, uma vez que a situação de insuficiência patrimonial da empresa se ficou a dever à falta de pagamento por parte dos clientes, bem como a outros factores externos. E, outrossim, que a referida situação da empresa seria inevitável face à gestão anterior e que a sua actuação, enquanto gestor, se pautou pela diligência exigível em ordem à protecção possível dos créditos da empresa.

No entanto, se estiverem em causa dívidas tributárias cujo pressuposto da administração ou gerência efectiva se verifica apenas em parte do seu período, entendemos que a responsabilidade tributária subsidiária deve ser reduzida de forma proporcional, atendendo ao momento do vencimento da dívida[92].

Tratando-se de situações de falta de entrega de importâncias de IRS retidas na fonte ou mesmo de falta de entrega de IVA[93] liquidado e recebido dos clientes da empresa[94], não se vê como a gestão possa ter actuado

---

[91] Segundo o Tribunal Central Administrativo Norte «A prova de que a falta de pagamento do imposto não lhe é imputável passa pela demonstração da falta de fundos da sociedade originária devedora para efectuar o pagamento e que tal falta se não deve a qualquer omissão ou comportamento censuráveis do gerente» (Acórdão de 26 de Fevereiro de 2015 – Proc. n.º 01259/10.0BEBRG).

[92] Neste sentido decidiu o Tribunal Central Administrativo Sul, ao asseverar que «Considerando que no ano de 1996 o revertido apenas exerceu a de facto e de direito a gerência da devedora originária, durante 29 dias, a sua responsabilidade apenas se verifica relativamente à proporção do tempo em que exerceu a gerência e não durante todo o ano» (Acórdão de 5 de Novembro de 2015 – Proc. n.º 06039/12).

[93] No caso do IVA, um sujeito passivo não isento efectua obrigatoriamente junto dos seus clientes e/ou prestadores de serviços a liquidação do tributo, sendo então este suportado por aqueles, podendo ainda o sujeito passivo proceder facultativamente à dedução do montante de imposto suportado para a realização da sua actividade económica. Neste caso, deve o sujeito passivo entregar atempadamente o correspondente diferencial nos cofres do Estado, nisto consistindo o denominado método subtractivo indirecto ou método do crédito do imposto.

[94] Neste sentido vide ANA PAULA DOURADO, *Direito Fiscal – Lições*, p. 83.
Cfr. Tribunal Central Administrativo Norte (Acórdão de 31 de Março de 2016 – Proc. n.º 01435/12.1BEBRG).

de modo diligente, atendendo a que, em bom rigor, o imposto não pertence à empresa[95], apesar da fungibilidade do bem subjacente[96].

Convém referir que, em bom rigor, quando se trata de uma não *entrega* de imposto, esta situação não corresponde à falta de *pagamento* de imposto. Em virtude da consensual "proibição de prisão por dívidas", o legislador refere expressamente na letra do preceito incriminador (artigo 105.º, do RGIT) a «*entrega*» e não propriamente o «*pagamento*» do tributo. "Entregar", etimologicamente, provém do vocábulo latino «integrare», isto é, passar às mãos de outrem ou confiar. Neste sentido, o Tribunal da Relação do Porto veio esclarecer que, «As quantias retidas a título de IRS e IVA não são propriedade de quem as retém, mas da administração tributária. O crime de abuso de confiança fiscal consiste em "não entregar" (o que é diferente de "pagar") à administração tributária a prestação deduzida» (Acórdão de 12 de Novembro de 2003 - Proc. n.º 0313696). Donde a previsão legal de sancionamento criminal no caso de não entrega dolosa de prestação tri-

---

[95] Segundo nos dá conta o Tribunal Central Administrativo Norte (Acórdão de 18 de Setembro de 2014 - Proc. n.º 01126/06.2BEBRG) «No caso do IVA e dos impostos retidos na fonte, essa prova deve ainda ser mais exigente na medida em que se trata de impostos que traduzem um fluxo monetário na empresa que ao não serem entregues nos cofres do Estado, estão a ser «desviados» do seu destino legal único, em proveito de «objectivos» alheios à sua finalidade». Neste sentido, afirmava J. L. SALDANHA SANCHES que «No caso do IVA, a existência desse fluxo financeiro cria um forte indício de comportamento censurável que só em casos muito particulares pode ser objecto de uma demonstração de ausência de culpa por parte dos particulares. É uma demonstração difícil, mas não impossível, uma vez que a empresa não é o fiel depositário da quantia cobrada. Embora tenha o dever de entregar as quantias cobradas na aplicação do IVA no prazo previsto pela lei, a empresa pode considerá-las como uma receita normal, cabendo-lhe a devida diligência para que o pagamento seja feito. Pode haver justificação, pela verificação de um facto imprevisto e razoavelmente imprevisível, para que a entrega se não tenha verificado. No caso de uma retenção na fonte de um imposto como o IRS, a situação tem, ou pode ter, contornos diferentes. Existe, *prima facie*, um dever de comportamento criado pela lei, o qual implica que nenhum pagamento possa ser feito sem que a retenção tenha lugar. Mas a necessária conexão entre comportamento censurável do agente e a diminuição do património tem uma menor intensidade do que sucede no caso do IVA» (*Manual de Direito Fiscal*, p. 274).

[96] Cfr. artigo 41.º, do Código do Imposto sobre o Valor Acrescentado (CIVA), aprovado pelo Decreto-Lei n.º 394-B/84, de 26 de Dezembro.

butária de valor superior a €7.500 por declaração[97] (artigo 105.º, n.º 1 e 7, do RGIT), configurando tal omissão o crime de *abuso de confiança fiscal*[98].

Caso o gestor alegue, por exemplo, que o montante do IVA liquidado aos seus clientes foi utilizado para pagar aos trabalhadores da empresa, mormente o direito dos trabalhadores à retribuição estar consagrado na Constituição [artigo 59.º, n.º 1, alínea a)], o mesmo, dada a sua natureza meramente *contratual*, não pode sobrepor-se ao dever *legal* de entregar impostos nos cofres do Estado. Neste sentido, LÍGIA ROCHA tem defendido que «a obrigação de entregar os impostos é uma obrigação legal, cuja violação, por estar em causa um dos mais relevantes interesses do Estado – o da cobrança de impostos. Diferentemente, a obrigação de pagar os salários aos trabalhadores ou o pagamento das despesas correntes da empresa, tem uma natureza meramente contratual, pelo que perante um eventual conflito destes interesses, o interesse do Estado deve ser considerado, por regra, a um nível muito superior que o interesse dos administradores ou gerentes em pagar os salários aos trabalhadores e viabilizar a manutenção da entidade colectiva»[99].

No âmbito do procedimento tributário, a administração tributária não está encarcerada nos factos que lhe são trazidos, mesmo provados, pelo contribuinte. Apesar de vigorar a presunção da boa-fé daquele último (artigo 59.º, n.º 2, da LGT), o fisco está comprometido na busca da verdade material dos factos com relevância tributária. O ónus que incide sobre o administrador ou gerente da sociedade comercial, designadamente em relação a provar que não lhe foi imputável a falta de pagamento de imposto[100] (artigo

---

[97] No entanto, segundo o entendimento do Tribunal da Relação de Coimbra «A entrega da declaração tributária, constituindo uma mera obrigação acessória à obrigação de entrega do imposto, não interfere com o preenchimento do tipo legal do crime de abuso de confiança fiscal, que se pode verificar independentemente da referida entrega da declaração» (Acórdão de 30 de Outubro de 2013 - Proc. n.º 322/11.5IDAVR.C1).

[98] Cfr. PAULO MARQUES, *Crime de Abuso de Confiança Fiscal – Problemas do Actual Direito Penal Tributário*, 2.ª Edição Aumentada, Coimbra Editora, Coimbra, 2012.

[99] LÍGIA ROCHA, *O Conflito de Deveres como Causa de Justificação do Abuso de Confiança Fiscal? – Comentário ao Acórdão do Tribunal da Relação de Évora, Proc. 81/12.4IDEVR.E1 de 20-05-2014*, Revista da Faculdade de Direito da Universidade de Lisboa, Ano LVII, 2016, n.º 2, pp. 184-185.

[100] "imputável a falta de pagamento de imposto" consiste igualmente num conceito determinado.

24.º, n.º 1, alínea b), da LGT), não dispensa inevitavelmente o dever de busca da verdade material (artigos 55.º, da LGT e 6.º, do RCPIT)[101].

Por conseguinte, a administração tem a seu cargo a investigação da situação tributária do contribuinte (artigo 58.º, da LGT)[102], ainda que o desfecho possa ser favorável a este (por exemplo, pelo dever de conhecimento oficioso da prescrição, nos termos do artigo 175.º, do CPPT), em conformidade com os princípios do inquisitório[103], da legalidade, da imparcialidade, da verdade material e da boa-fé, entre outros.

Coexistindo simultaneamente o *dever de investigação* que impende em regra sobre o fisco e as regras de ónus probatório, pensamos ser de aplicar estas últimas desde que esteja cumprido o referido dever de investigação oficiosa, prevalecendo em qualquer caso este último, atentos os princípios da prossecução do interesse público fiscal e da verdade material, mesmo que a solução a que se chegue, seja *favorável* ao contribuinte[104].

---

[101] Cfr. PEDRO VIDAL MATOS, *O Princípio Inquisitório no Procedimento Tributário*, Coimbra Editora, Coimbra, 2010, pp. 72-99.

[102] Estamos assim com o Tribunal Central Administrativo Sul, quando assevera que «A Autoridade Tributária deve trazer ao procedimento todas as provas relativas à situação fáctica em que vai assentar a sua decisão, mesmo que tenham em vista demonstrar factos cuja revelação seja contrária aos interesses patrimoniais da Administração. No entanto, este dever de a AT averiguar a verdade material não dispensa os contribuintes da obrigação de colaborarem na produção da prova, nem inverte o ónus da prova» (Acórdão de 22 de Outubro de 2015 – Proc. n.º 08843/15).

[103] O órgão instrutor pode utilizar para o conhecimento dos factos necessários à decisão do procedimento todos os meios de prova admitidos em direito (artigo 72.º, da LGT). No procedimento, tal órgão utilizará todos os meios de prova legalmente previstos que sejam necessários ao correcto apuramento dos factos, podendo, designadamente, juntar actas e documentos, tomar declarações de qualquer natureza do contribuinte ou outras pessoas e promover a realização de perícias ou inspecções oculares (artigo 50.º, do CPPT). Como opinam JOÃO RICARDO CATARINO e VASCO VALDEZ «*dúvidas não restam que uma boa instrução do procedimento tributário passará por uma correcta caracterização dos factos relevantes, o que decorrerá da realização de todas as diligências investigatórias, que se mostrem necessárias à afirmação de uma realidade de facto suficientemente segura e balizada, para então depois se efectuar a subsequente tarefa de aplicação da lei aos factos*» (*Considerandos em torno da prova em Direito Administrativo e Tributário*, Revista de Finanças Públicas e Direito Fiscal, Ano VI, n.º 2, IDEFF/Almedina, Coimbra, 2013, p. 88).

[104] Cfr. ELISABETE LOURO MARTINS, *Os limites da aplicação do princípio do inquisitório e a sua articulação com as regras do ónus da prova no procedimento e no processo judicial tributário*, Estudos em Memória do Prof. Doutor J. L. Saldanha Sanches, Vol. V, Coimbra Editora, Coimbra, 2011, pp. 119-153.

Aos representantes de pessoas singulares e quaisquer pessoas que exerçam funções de administração[105] em pessoas colectivas ou entes fiscalmente equiparados incumbe, nessa qualidade, o cumprimento dos deveres tributários das entidades por si representadas (artigo 32.º, da LGT). Por exemplo, e sem prejuízo do ónus da prova, existindo indícios de que a gerência se limitou a assinar documentos e se desinteressou pelos destinos da sociedade, deve concluir-se, com base num juízo de normalidade, que não foi usada uma diligência[106] de um *bonus pater familiae*, violando-se o artigo 64.º, n.º 1, alínea a), do CSC[107]. Para ilidir a presunção da alínea b), do n.º 1, do artigo 24.º, da LGT, incumbe ao próprio administrador ou gerente visado a prova de que a falta de pagamento não lhe é imputável.

No entanto, estamos com MANUEL CARNEIRO DA FRADA, quando este realça que «Não há responsabilidade só porque uma dada gestão não teve êxito. Aceitá-la colidiria com o risco da própria empresa, com a necessidade de tornar a administração atractiva e razoavelmente protegida de acções de responsabilidade, de modo a permitir a adopção de medidas audazes; contrariaria; portanto, a agilidade das empresas e a competiti-

---

[105] A administração e a representação da sociedade competem aos gerentes (artigo 192.º, n.º 1, do CSC).

[106] O dever de diligência, nas palavras de FÁBIO ULHÔA COELHO, corresponde àquele «pelo qual o administrador deve empregar, no desempenho de suas atribuições, o cuidado e diligência que todo homem ativo e probo, costumeiramente, emprega na administração de seus próprios negócios» (*Manual de Direito Comercial*, Vol. II, 17.ª Edição, Saraiva, S. Paulo, 2013, p. 236). Compete ao conselho de administração *gerir as actividades da sociedade* (artigo 405.º, n.º 1, 1.ª parte, do CSC). Segundo nos dá conta ANTÓNIO MENEZES CORDEIRO «A gestão ou administração é um direito potestativo funcional: traduz a permissão normativa de decidir e de agir, em termos materiais e jurídicos, no âmbito dos direitos e deveres da sociedade» (Código das Sociedades Comerciais Anotado, p. 1073).
Não podem assim deixar de estar incluídas as *decisões* que tenham que ver com o objecto social da empresa, abrangendo o pagamento de impostos e o pagamento de contribuições e quotizações para a segurança social, além de outros compromissos face a terceiros (*stakeholders*).
A administração da sociedade abrange os poderes de *representação*, «*por um ou mais gerentes*» (artigo 252.º, n.º 1, do CSC), envolvendo então *actos de exteriorização da vontade social*. Os actos praticados pelos gerentes, em nome da sociedade e dentro dos poderes que a lei lhes confere, vinculam-na para com terceiros, não obstante as limitações constantes do contrato social ou resultantes de deliberações dos sócios (artigo 260.º, n.º 1, do CSC).

[107] «Os administradores no exercício do seu cargo, desempenharão as suas funções com o máximo de cuidado e zelo. Devem aplicar o seu esforço, o seu tempo, os seus conhecimentos, as suas competências técnicas a favor da sociedade e procurar estar sempre ao corrente do quotidiano da mesma e das circunstâncias que a envolvem» (FILIPE BARREIROS, *ob. cit.*, p. 54).

vidade destas, com prejuízo para toda a economia»[108]. Como, outrossim, não podemos deixar de reconhecer que existe especial complexidade em provar-se um facto *negativo* (ausência de culpa).

7. A (ir)relevância da titularidade formal da gestão

7.1. A posição maioritária

A maioria da doutrina[109] e da jurisprudência[110] tem entendido que apenas constituem sujeitos da responsabilidade tributária subsidiária os gestores que exerceram *efectivamente*[111] as funções de administração ou gestão, independentemente de para tal terem ou não sido designados. O fisco pode sempre provar que o gerente de direito praticou múltiplos actos em nome e por conta da empresa (e na esfera jurídica desta última), designadamente, a assinatura de declarações fiscais, de cheques[112] e de contra-

---

[108] MANUEL A. CARNEIRO DA FRADA, *A Responsabilidade dos Administradores na Insolvência*, Revista da Ordem dos Advogados, ano 66, n.º 2, Lisboa, Setembro de 2006, p. 678.
[109] Segundo defende o FRANCISCO ROTHES, «É inequívoco que o artigo 24.º da LGT exige a gerência efectiva ou de facto, o efectivo exercício de funções de gerência, não se bastando com a mera gerência nominal ou de direito» (*Em torno da efectivação da responsabilidade dos gerentes – Algumas notas motivadas por jurisprudência recente*, I Congresso de Direito Fiscal, Vida Económica, Porto, 2011, p. 53).
[110] No entendimento do Tribunal Central Administrativo Norte «o n.º 1 do art.º 24.º da LGT exige para responsabilização subsidiária a administração ou gerência efectiva ou de facto, ou seja, o efectivo exercício de funções de gerência, não se satisfazendo com a mera a gerência nominal ou de direito» (Acórdão de 25 de Maio de 2016 – Proc. n.º 00900/11.2BEBRG). Mais recentemente, o mesmo tribunal considerou que «Ao abrigo do regime ínsito no artigo 24º da LGT é pressuposto da responsabilidade subsidiária o exercício de facto da gerência, cuja prova impende sobre a Fazenda Pública, enquanto entidade que ordena a reversão da execução. É gerente de facto quem, actuando em nome de uma sociedade, pratica actos tendo em vista a concretização do objecto social daquela» (Acórdão de 15 de Setembro de 2016 – Proc. n.º 00489/06.4BEPNF).
[111] O Pleno do Contencioso Tributário do Supremo Tribunal Administrativo decidiu no sentido de que «A fundamentação formal do despacho de reversão basta-se com a alegação dos pressupostos e com a referência à extensão temporal da responsabilidade subsidiária que está a ser efectivada (nº 4 do art. 23º da LGT) não se impondo, porém, que dele constem os factos concretos nos quais a AT fundamenta a alegação relativa ao exercício efectivo das funções do gerente revertido» (Acórdão de 16 de Outubro de 2013 – Proc. n.º 0458/13).
[112] Segundo nos dá conta o Tribunal Central Administrativo Sul, «Relativamente à assinatura de cheques em sede de reversão, e da prova da gerência de facto, pronunciou-se este Tribunal

tos, o recebimento de remuneração em virtude da gerência[113], a aprovação de contas, as garantias pessoais prestadas em empréstimos bancários em nome da sociedade, etc.

Por outro lado, as pessoas responsáveis subsidiariamente podem *reclamar*[114] ou *impugnar* a dívida cuja responsabilidade lhes for atribuída nos mesmos termos do devedor principal (artigo 22.º, n.º 5, 1.ª parte, da LGT). Daqui poderão decorrer situações reveladoras de alguma incoerência, em que o gerente nominal da empresa - que é quem apresenta uma reclamação ou impugnação da liquidação -, vem, no entanto, em sede de oposição judicial à execução, alegar que afinal nunca exerceu a gerência efectiva da empresa.

Aliás, constitui fundamento da oposição judicial à execução a ilegitimidade da pessoa citada por esta não ser o próprio devedor que figura no título ou seu sucessor ou, sendo o que nele figura, não ter sido, durante o período a que respeita a dívida exequenda, o possuidor dos bens que a originaram, ou por não figurar no título e não ser responsável pelo pagamento da dívida [artigo 204.º, n.º 1, alínea b), do CPPT].

O *registo* por transcrição definitivo traduz-se na *presunção* de que existe a situação *jurídica*, nos precisos termos em que é definida [artigo 11.º, do Código do Registo Comercial (CRCom)[115]], não decorrendo daí, segundo

---

no douto acórdão de 30/10/2014 com o nº 06216/12 onde se pode ler o seguinte: Examinando a matéria de facto provada (cfr.nº.15 do probatório), deve constatar-se que foi produzida prova da gerência de facto por parte do opoente. Assim é, porquanto, da factualidade provada se retira que o opoente praticou actos de representação (cfr. assinatura de cheques), da sociedade "(...) Lda.", fazendo apelo à distinção doutrinária mencionada supra. E recorde-se que a assinatura de cheques necessários ao giro comercial da sociedade faz prova do exercício de facto de poderes de gerência da mesma (cfr.ac.T.C.A.Sul-2ª. Secção, 4/5/2004, proc.1179/03; ac.T.C.A.Sul-2ª. Secção, 7/3/2006, proc.933/05)» (Acórdão de 19 de Fevereiro de 2015 – Proc. n.º 05484/12).

[113] Atente-se que a gerência se presume como sendo remunerada (artigo 192.º, n.º 5, 1.ª parte, do CSC).

[114] O responsável subsidiário, enquanto sujeito passivo (artigo 18.º, 3, da LGT) pode lançar mão da *revisão do acto tributário* (artigo 78.º, da LGT), uma vez que o responsável subsidiário não poderá ficar em piores condições de defesa do que o devedor originário. Estamos com A. A. GALHARDO SIMÕES quando sublinha que «o responsável está adstrito ao pagamento em certos termos (nos termos que a lei fixa) mas o encargo não pode ser mais oneroso para ele do que era para o devedor originário, pois a obrigação fiscal nasceu e definiu-se em relação a este último» (*Subsídios para um conceito jurídico de contribuinte*, Cadernos de Ciência e Técnica Fiscal, n.º 29, Centro de Estudos Fiscais, Lisboa, 1964, p. 47).

[115] Aprovado pelo Decreto-Lei n.º 403/86, de 3 de Dezembro.

a jurisprudência[116], a presunção do exercício de facto da gestão, mas a mera gestão nominal.

Para quem sustenta a exigência do exercício efectivo da gestão para a responsabilidade tributária, incumbe ao fisco o ónus da prova desse requisito (artigo 74.º, n.º 1, da LGT), em qualquer das situações enquadráveis nas situações elencadas no n.º 1, do artigo 24.º, da LGT.

Em bom rigor, a lei não conceptualiza o que sejam afinal os *poderes de administração ou gerência*, mas somos levados a considerar que são os que também se traduzam na representação da empresa face a terceiros (ex: fisco, credores, trabalhadores, entidades bancárias, etc.), de acordo com o objecto social e mediante os quais o ente colectivo fique vinculado (artigos 259.º e 260.º, do CSC). Afinal, a administração ou gerência de uma sociedade comercial constitui o órgão que possibilita a actuação no comércio jurídico com terceiros, envolvendo *actos de exteriorização da vontade social*[117].

O administrador ou gerente de facto exterioriza a vontade do ente colectivo perante os credores, designadamente perante o sujeito activo da relação jurídica de imposto, vinculando a ente colectivo nos seus negócios e nos seus compromissos fiscais. No entanto, o gestor em causa pode ser alguém inclusivamente com nomeação irregular, que continuou a exercer funções apesar de já ter sido formalmente destituído, ou então mesmo aquele que sem aquelas circunstâncias formais exerce efectivamente os actos caracterizadores das funções de gestão do ente colectivo (*shadow director*). Neste último caso, poderíamos ter inclusivamente uma situação de exercício mediato ou oculto dos poderes de administração ou gerência

---

[116] O Supremo Tribunal Administrativo tem considerado que «A lei não presume (presunção legal) que do exercício da gerência de direito decorra a gerência de facto. Mas o tribunal, com poderes para fixar a matéria de facto, pode utilizar as presunções judiciais que entender, com base nas regras da experiência comum» (Acórdão de 11 de Março de 2009 – Proc. n.º 045/09). Mais recentemente, no entendimento do Tribunal Central Administrativo Sul «Não existe presunção legal que imponha que, provada a gerência de direito, por provado se dê o efectivo exercício da função, na ausência de contraprova ou de prova em contrário. A presunção judicial, diferentemente da legal, não implica a inversão do ónus da prova. Competindo à Fazenda Pública o ónus da prova dos pressupostos da responsabilidade subsidiária do gerente, deve contra si ser valorada a falta de prova sobre o efectivo exercício da gerência» (Acórdão de 8 de Outubro de 2015 – Proc. n.º 06977/13).

[117] Rememore-se, os actos praticados pelos gerentes, em nome da sociedade e dentro dos poderes que a lei lhes confere, vinculam-na para com terceiros, não obstante as limitações constantes do contrato social ou resultantes de deliberações dos sócios (artigo 260.º, n.º 1, do CSC).

através dos «*testas de ferro*» (ex: sócio que por intermédio de outrem pratica actos de gestão), defendendo nós o seu enquadramento no conceito de gestor de facto.

No plano tributário, todas as «pessoas que exerçam, ainda que somente de facto, funções de administração ou gestão em pessoas colectivas e entes fiscalmente equiparados são subsidiariamente responsáveis em relação a estas», nos termos do artigo 24.º, n.º 1, da LGT, «Cabendo pois à administração tributária a imputação ao sócio da prática de actos de administração ou gestão»[118]. Pensamos que se trata de um exercício efectivo (isto é, de facto)[119] da administração ou gerência de uma empresa, sob pena de se assistir à prática generalizada de actos ocultos em colisão com os princípios da transparência e da boa-fé.

No caso de gerência exercida por *procuração*[120], é de considerar que a mesma acaba por constituir uma forma indirecta de exercício da gerência de facto[121]. De resto, a gerência não é transmissível por acto entre vivos ou por morte, nem isolada, nem juntamente com a quota (artigo 252.º, n.º 4, do CSC). Mais, os gerentes não podem, em regra, fazer-se representar no exercício do seu cargo (n.º 5). Pelo que apenas existe a faculdade de a gerência nomear *mandatários*[122] ou *procuradores* da sociedade para a prática

---

[118] RUI MARQUES, *Lembrando o Bom Samaritano: O novo registo público dos beneficiários efectivos das sociedades*, p. 103.
[119] Segundo defende JOÃO SANTOS CABRAL «é o administrador oculto quem exerce de facto a administração e não o administrador *de jure*. Pelo que a tendência de evolução do conceito radica hoje na adesão a um conceito lato de administrador de facto susceptível de abarcar todo e qualquer fenómeno de uma efectiva direcção dos destinos da sociedade» (*A Responsabilidade Tributária Subsidiária do Administrador de Facto*, Estudos em Homenagem ao Prof. Doutor Manuel Henrique Mesquita, Vol. I, Coimbra Editora, Coimbra, 2010, p. 284).
[120] Diz-se *procuração* o acto pelo qual alguém atribui a outrem, voluntariamente, poderes representativos (artigo 262.º, n.º 1, do CC).
[121] Neste sentido entendeu o Supremo Tribunal Administrativo ao asseverar que «embora o facto de se ter provado que a oponente pessoalmente nunca praticou actos próprios de gestão e administração em nome da devedora originária de que era gerente nominal de direito tal seria irrelevante perante o efectivo exercício da gerência do seu procurador dado que de acordo com os preceitos legais citados os actos praticados pelo mandatário de acordo com os poderes que lhe haviam sido conferidos na procuração produziriam os seus efeitos na esfera jurídica do mandante» (Acórdão de 8 de Julho de 2015 – Proc. n.º 01659/13).
[122] O mandato consentido pelo gerente a favor de terceiro é de considerar *ineficaz* para efeitos de transmissão da administração de direito (artigos 252.º nº 5 e 261.º nº 2, do CSC), bem como para efeitos de transmissão da gerência de facto, uma vez que nesta situação existe

de determinados *actos* ou *categorias de actos*[123], sem necessidade de cláusula contratual expressa (n.º 6).

A inadmissibilidade da responsabilidade tributária subsidiária dos administradores ou gerentes meramente *nominais* (de direito, e não de facto) proposta por alguma doutrina alicerça-se na *proibição da integração analógica* em matéria abrangida na *reserva de lei*[124], no que tange à *incidência*[125] e às *garantias dos contribuintes* (artigos 103.º, n.º 2, da Constituição e 11.º, n.º 4, da LGT). A interdição da analogia[126] como forma de integração de lacu-

---

representação, nos termos do qual os actos do representante produzem os seus efeitos na esfera jurídica do representado - gerente (artigos 258.º e 1178.º, nº 1, do CC).

[123] Assim, segundo o Supremo Tribunal de Justiça «A *ratio legis* do preceito do art. 252, nº6, do CSC que consagra o *princípio da pessoalidade da gerência* visa salvaguardar um núcleo intangível de poderes que não podem ser *"delegados"*, sob pena de se perder tal *pessoalidade* que passaria, de modo completo e incontrolável para mandatários ou procuradores que, dispondo de poderes amplos, controlariam a gestão e representação da sociedade, à margem dos gerentes. Existe uma *relação de confiança* na designação do (s) gerente (s) tendo em conta as suas qualidades e competência para o exercício do cargo, que é a um de tempo de representação e administração, pelo que, se os gerentes através de procuração com latíssimos poderes de administração da vida da sociedade, outorgam procuração a um terceiro poderes compreendidos na gestão, representação e administração da sociedade, objectivamente demitem-se do *comando* dos destinos do ente societário, *abdicando das funções de gerência*, cometendo-as integralmente a outrem, ficando, assim, sem qualquer controle dos destinos e gestão, alienando a sua responsabilidade ante os sócios que os incumbiram da gerência, mais a mais se, como no caso, a procuração passada a favor do Réu é irrevogável. A nomeação de mandatários ou procuradores só é válida se se reportar *"à prática de determinados actos ou categorias de actos"*, o que exclui um mandato geral» (Acórdão de 24 de Novembro de 2011 – Proc. n.º 16/08.9TBZOAZ.S1).

[124] Neste sentido *vide* SÉRGIO VASQUES, *Manual de Direito Fiscal*, p. 408. A legalidade tributária, enquanto reserva de lei parlamentar (*no taxation without representation*), constitui uma importante limitação ao poder de tributar do Governo e, naturalmente, por maioria de razão, também da actividade do Estado-administração (fisco). Incumbe assim apenas aos representantes democraticamente eleitos pelos contribuintes a decisão legislativa sobre a tributação do rendimento, do património e do consumo dos cidadãos e das empresas. A legalidade tributária (reserva de lei) e a segurança jurídica (tutela da confiança) constituem assim dois alicerces indispensáveis na sustentação e na credibilidade do Estado de Direito.

[125] O responsável é justamente um dos sujeitos passivos da relação jurídica tributária (artigo 18.º, n.º 3, da LGT).

[126] Na *analogia* não existe pura e simplesmente norma reguladora para a hipótese. No caso da *interpretação extensiva*, a qual, por sinal, é permitida, já existe uma norma disciplinando a hipótese, devendo apenas o intérprete ampliar seu significado além da letra da lei. «Só se recorre à integração quando não há lei que regule o caso, ou seja, o caso a regular não está previsto na lei, nem na letra nem no espírito» (GERMANO MARQUES DA SIVA, *Introdução ao Estudo do Direito*, 2.ª Edição, Universidade Católica Editora, Lisboa, 2007, p. 277).

nas decorre do princípio da legalidade e da tipicidade tributária (artigos 103.º, n.º 2, da Constituição e 8.º, da LGT). Por seu lado, o regime de responsabilidade tributária dos administradores e gerentes reveste carácter excepcional, sendo sabido que as normas excepcionais não comportam integração analógica, mas admitem ainda assim interpretação extensiva (artigo 11.º, do Código Civil).

Acresce que a letra da lei ao referir *funções* e não apenas *actos* (isolados)[127] poderia conduzir a que se conclua pela (in)admissibilidade da responsabilização da gerência meramente *ocasional*[128]. Assim, segundo RICARDO COSTA «Não basta que se desempenhe ou influencie o desempenho de um ou mais actos próprios da gestão das sociedades para se ser administrador de facto jussocietariamente relevante. Para este efeito – desde logo aplicativo, porque dele depende a convocação do regime do administrador de direito, se for o caso, ou do regime também aplicável literalmente ao administrador de facto -, só a prova em concreto desse conjunto de pressupostos de legitimação material – que suprem a ilegitimidade formal (originária ou superveniente) para o sujeito ser e actuar como administrador – o faz dispor de um título executivo-funcional que, uma vez atribuído, permite (também) a constituição de uma relação orgânica com a sociedade e a sua equiparação tendencial ao administrador de direito, com a consequente aplicação a esse administrador de facto legitimado

---

[127] O Tribunal Central Administrativo Sul tem considerado que «a lei não exige que os gerentes, para que sejam responsabilizados pelas dívidas da sociedade, exerçam uma administração continuada, apenas exigindo que eles pratiquem actos vinculativos da sociedade, exercitando desse modo a gerência de facto» (Acórdão de 9 de Outubro de 2007 – Proc. n.º 01937/07). O mesmo tribunal já havia asseverado anteriormente no sentido de que «Mesmo que a maior parte das funções em que se traduz a gerência de facto seja exercidas por terceiro, não pode deixar de se considerar gerente de facto que aprova as contas, assina as declarações mod. 22 de IRC, preside às assembleias gerais ordinárias e recebe remuneração, de valor razoável, pelo exercício de gerente único de uma sociedade» (Acórdão de 22 de Fevereiro de 2000 – Proc. n.º 2207/09).

[128] Neste sentido, o Tribunal Central Administrativo Norte entende que «a prática de um acto isolado por parte do gerente não permite concluir que este exerceu efectivamente a gerência de facto da sociedade. Nestes termos e analisando a factualidade constante dos autos não se pode concluir que o revertido exerceu efectivamente a gerência de facto, pelo que o mesmo não pode ser responsabilizado pelo pagamento das dívidas exequendas» (Acórdão de 30 de Abril de 2014 – Proc. n.º 01210/07).

do regime legal societário ou insolvencial (por extensão ou por aplicação directa da própria lei)»[129].

De igual modo, SÓNIA DAS NEVES SERAFIM defende que «impõe-se igualmente que a administração de facto não se restrinja à prática de actos isolados, exigindo-se o carácter de permanência, pontuada pela estabilidade característica da função, bem como a aceitação por parte dos sócios e dos administradores de direito. Temos, assim, que os indivíduos que actuem sobre a administração da sociedade nos termos das circunstâncias supra descritas, serão considerados administradores de facto, os quais se entendem abrangidas pelas disposições legais relativas, genericamente, à administração. Situando-nos no âmbito da definição dos deveres impostos aos administradores, e tendo concluído que os administradores de facto exercem as suas funções de forma autónoma e soberana, impondo as suas decisões e contribuindo activamente para a condução dos negócios da sociedade em determinado sentido, conferindo à sua posição a qualidade de um verdadeiro administrador, forçoso será aplicar-se-lhes também o círculo de deveres funcionais que a lei impõe aos sujeitos devidamente investidos na sua função»[130].

A quaisquer pessoas que exerçam funções de administração ou gerência em pessoas colectivas ou entes fiscalmente equiparados incumbe, nessa qualidade, o cumprimento dos deveres tributários das entidades por si representadas (artigo 32.º, da LGT). Ou seja, não propriamente o pagamento das dívidas tributárias mas a sua efectiva promoção, conduzindo a sua omissão culposa à correspondente responsabilização patrimonial. É a violação culposa deste dever que justifica a responsabilização patrimonial dos gerentes e administradores da empresa e não o incumprimento *per si* da empresa.

---

[129] RICARDO COSTA, *Administrador de Facto e Representação das Sociedades*, Boletim da Faculdade de Direito da Universidade de Coimbra, Vol. XC, Tomo II, Coimbra, 2014, p. 720.
[130] SÓNIA DAS NEVES SERAFIM, *Os Deveres Fundamentais dos Administradores*, Temas de Direito das Sociedades, Coimbra Editora, Coimbra, 2011, p. 508. Segundo o Tribunal Central Administrativo Norte, «De actos isolados praticados pela Oponente, em que, aparentemente, terá agido em representação da executada originária em momentos concretos, não é viável, à luz das regras de experiência comum, extrair a conclusão de que a mesma exerceu, de facto, a gerência da dita sociedade, principalmente em concatenação com outros factos apurados que revelam o seu alheamento da gestão e representação da mesma» (Acórdão de 29 de Setembro de 2016 – Proc. n.º 02374/06.0BEPRT).

Convém lembrar que o mencionado Decreto-Lei n.º 68/87, de 9 de Fevereiro, que veio aplicar aos gerentes ou administradores de sociedades de responsabilidade limitada o regime do artigo 78.º do CSC, já referia que «o titular de um cargo directivo, que não o exerce efectivamente estará, com isso, pelo menos numa perspectiva virtual, a inobservar um dever de diligência, não justificando, pois, um regime de favor».

7.2. A repartição interna de tarefas

Mesmo que se entenda que a gerência ou a administração *efectiva* constitui um requisito indispensável à reversão do processo de execução por dívidas ao fisco, pensamos que a mesma não necessita de abranger forçosamente todas as áreas da administração da empresa (financeira, comercial, etc.), bastando que seja exercida efectivamente, quanto muito, apenas alguma das respectivas funções[131], sobretudo em estruturas societárias mais complexas, desde que fique assegurada a «*adequada organização e gestão empresarial*»[132].

Entendemos que a divisão da gerência por pelouros ou áreas (ex: financeira, comercial, técnica, etc) constitui um mero acto *interno* da vida da sociedade comercial, não vinculando *externamente* o ente colectivo perante terceiros[133]. Como observa PAULO OLAVO CUNHA «Os terceiros têm

---

[131] Em sentido diferente, o Supremo Tribunal Administrativo considerou que «*Não exerce tal gerência de facto* um membro da administração que apenas desempenha funções de director-técnico comercial, *sem qualquer intervenção na gestão administrativa e financeira da sociedade*, não participando nas reuniões da administração nem sequer sendo ouvido quanto às decisões ali tomadas» (Acórdão de 8 de Março de 1995 – Proc. n.º 018834).

[132] PAULO MARQUES, *A Responsabilidade Tributária Subsidiária dos Gerentes e a Repartição Interna de Tarefas na Sociedade Comercial* – Comentário de Jurisprudência, *Revista de Finanças Públicas e de Direito Fiscal*, n.º 4, Ano VIII, Faculdade de Direito de Lisboa, IDEFF/Almedina, Coimbra, 2016, pp. 299-310. Veja-se também ANA PAULA DOURADO, *Substituição e responsabilidade tributária*, p. 81.

[133] O Tribunal Central Administrativo Sul considerou que «É insuficiente para se concluir pelo não exercício de facto da gerência do Oponente quando resulta da prova testemunhal que este exerça de funções na área técnica e o outro sócio gerente na área financeira da sociedade, quando resulta da prova documental que a sociedade se vincula com a assinatura dos dois únicos gerentes da sociedade, não ficando afastada portanto a conclusão de que o Oponente vinculava por meio da sua assinatura a sociedade, e porque consubstancia também a prática de actos de gerência os que são praticados com *animus decidendi* em outras áreas empresarias por todas estes actos condicionarem, directa ou indirectamente, com maior ou menor in-

de conhecer a situação-regra da sociedade com que contratam – como ela resulta dos indicadores de que, pela aparência (*maxime*, pelas menções externas obrigatórias), dispõem -, mas não as suas especificidades, tais como o número exacto de administradores daquela sociedade e regras próprias de vinculação»[134].

A não ser que o contrato de sociedade o proíba, pode o conselho encarregar especialmente algum ou alguns administradores de se ocuparem de certas matérias de administração (artigo 407.º, n.º 1, do CSC)[135]. No entanto, o encargo especial referido não exclui a competência normal dos outros administradores ou do conselho nem a responsabilidade daqueles, nos termos da lei (n.º 2, 2.ª parte), tratando-se então de competência concorrente ou cumulativa (n.ºs 2 e 8), uma vez que os outros administradores são igualmente responsáveis, nos termos da lei, pela *vigilância*[136] geral da actuação do administrador ou administradores-delegados ou da comissão executiva e, bem assim, pelos prejuízos causados por actos ou omissões destes, quando, tendo conhecimento de tais actos ou omissões ou do propósito de os praticar, não provoquem a intervenção do conselho para tomar as medidas adequadas. Estamos, por isso, com ALEXANDRE DE SOVERAL MARTINS quando afirma que, «Encarregar especialmente não é o mesmo que delegar. Aquele encargo não conduz à modificação do regime de responsabilidade dos administradores que não receberam o encargo, pois constitui apenas uma repartição interna de tarefas no âmbito do conselho de administração. Por isso também, não nos parece possível afirmar que o administrador encarregado (chamemos-lhe assim) fique com

---

tensidade, os destinos da sociedade» (19 de Novembro de 2015 – Processo n.º 05690/12). O mesmo tribunal havia entendido que mesmo o administrador que não tem a seu cargo a área financeira tem a obrigação de alertar o administrador dessa área para as faltas de pagamento dos impostos e segurança social (Acórdão de 19 de Fevereiro de 2008 – Proc. n.º 02135/07).

[134] PAULO OLAVO CUNHA, *Direito das Sociedades Comerciais*, 3.ª Edição, Coimbra, 2007, p. 716. Segundo MIGUEL J. A. PUPO CORREIA, «imprescindível é que os administradores da sociedade disponham de competência para praticar todos os actos pertinentes à realização do escopo social» (*ob. cit.*, p. 256). Veja-se o artigo 11.º, do CRCom.

[135] É de destacar que o regime jurídico das sociedades anónimas funciona como *paradigma* do regime das sociedades comerciais.

[136] O próprio CC, no seu artigo 491.º, prevê a responsabilidade das pessoas obrigadas à vigilância de outrem.

"poderes individuais de decisão na matéria de administração em causa"[137].
Se os administradores encarregados são especialmente encarregados de certas matérias de administração, os restantes administradores permanecem encarregados das mesmas: geralmente encarregados»[138].

Daqui decorre que mesmo estando provado que um dos administradores ou gerentes apenas exercia funções na área técnica e não na área financeira da sociedade, tal não deverá conduzir, só por si, à sua desresponsabilização patrimonial, sob pena de frustração das legítimas expectativas jurídicas dos terceiros (ex: credores).

7.3. Uma releitura da letra da lei

Apomos várias dúvidas ao referido entendimento maioritário da doutrina e da jurisprudência que tem vindo a considerar ser apenas relevante a gestão *efectiva* para efeitos de responsabilidade tributária subsidiária. Pensamos que apesar de a lei referir «*ainda que somente de facto*», tal não impede necessariamente a responsabilidade tributária subsidiária dos administradores, directores e gerentes *meramente de direito*, ou seja, que comprovadamente não exerçam as funções de administração e gestão na empresa devedora. Esta expressão («*ainda que somente de facto*») significará apenas que o gestor de facto para ser responsabilizado não necessita de ser simultaneamente gestor de direito[139], ou seja a responsabilidade deste último estende-se ao gestor meramente de facto (artigo 80.º, do CSC).

O gerente ou administrador, ao figurar no contrato de sociedade e respectivo registo na Conservatória de Registo Comercial (artigo 11.º, do

---

[137] ISABEL MOUSINHO DE FIGUEIREDO, *O administrador delegado (A delegação de poderes de gestão no Direito das Sociedades)*, O Direito, 137.º, III, Coimbra, 2005, p. 561.
[138] ALEXANDRE DE SOVERAL MARTINS, *Código das Sociedades Comerciais em Comentário*, Vol. VI (Coord.: J. M. Coutinho de Abreu), Almedina, Coimbra, 2013, pp. 423-424.
[139] Para J. CASALTA NABAIS o artigo 24.º, da LGT «alargou esta responsabilidade [...] aos administradores nominais» (*ob. cit.*, p. 269). Já JOSÉ COSTA ALVES observa que «não se exige que a administração ou gerência seja em simultâneo de direito e de facto, pois segundo o mesmo basta o exercício ainda que somente de facto (exercício efectivo). À Administração compete provar a gerência de facto quando a mesma não for acompanhada da gerência de direito. Do mesmo modo, um *gerente que o seja de direito*, mas que *não exerça de facto*, e que cause com essa omissão, por exemplo o não pagamento dos impostos legalmente devidos no período do exercício do cargo, *pode vir a responder em termos de responsabilidade subsidiária*» (*ob. cit.*, p. 397).

CRCom)¹⁴⁰, vincula-se perante terceiros, criando legítimas expectativas no fisco, nos fornecedores, clientes, credores, trabalhadores e na sociedade civil em geral (artigo 64.º, do CSC). Pelo que, ao serem nomeados, os gestores consideram-se, para estes efeitos, investidos em deveres ou poderes funcionais. A própria *renúncia* pode, igualmente, evidenciar a gerência de facto, dado que a responsabilidade subsidiária pressupõe a existência de culpa funcional¹⁴¹.

Como é consabido, as *presunções* são as ilações que a lei ou o julgador retira de um facto conhecido para firmar um facto desconhecido (artigo 349.º, do CC). A gerência efectiva traduz-se na execução da gerência nominal, valendo a presunção de quem é nomeado para um cargo na sociedade exerce-o na realidade, sob pena de inutilidade do registo comercial. Ao gerente meramente nominal caberia assim a prova de que, apesar dessa qualidade jurídica, não exerceu a gerência real ou de facto.

Pela nossa parte, chamamos mais uma vez a atenção para o facto de a letra da 1.ª parte, do n.º 1 do artigo 24.º, da LGT também permitir uma interpretação no sentido de ser abrangida igualmente a responsabilidade tributária dos gestores *de direito*, já que neste preceito legal estão abrangidas duas categorias de sujeitos jurídicos: por um lado, os *administradores, directores* e *gerentes* e, por outro lado, *outras pessoas*¹⁴² que exerçam, ainda que

---

¹⁴⁰ Segundo o Tribunal Central Administrativo Sul «Para que o gerente de uma sociedade comercial limitada seja responsável subsidiário pelas dívidas tributárias da sociedade, é necessário que se verifique uma concorrência da gerência de direito com a gerência de facto e a culpa na insuficiência do património da empresa para satisfação da dívida fiscal. Do registo comercial decorre uma presunção da gerência de direito que é ilidível mediante prova em contrário, enquanto que a presunção da gerência de facto será ilidível mediante contraprova. No caso em concreto, o gerente provou que tinha renunciado ao cargo de gerente em momento anterior à contracção da dívida, sendo, portanto, parte ilegítima na execução fiscal. O facto de haver prova da renúncia ao cargo não exime desde logo a responsabilidade do gerente, mas tratando-se de dívida exequenda resultante de transacções posteriores à cessação da gerência, afasta-se completamente a sua responsabilidade» (Acórdão de 4 de Maio de 2010 – Proc. n.º 03895/10). Para MIGUEL VIEIRA «inexiste no nosso ordenamento jurídico qualquer norma que estabeleça uma presunção legal relativa ao exercício da gerência de facto, designadamente, que ela se deva presumir a partir da gerência de direito» (*Reversão Fiscal – A Responsabilidade Subsidiária dos Gerentes ou Administradores por Dívidas, Multas e Coimas*, II Congresso de Direito Fiscal, Vida Económica, Porto, 2012, p. 287).

¹⁴¹ A renúncia de gerentes deve ser comunicada por escrito à sociedade e torna-se efectiva oito dias depois de recebida a comunicação (artigo 258.º, n.º 1, do CSC).

¹⁴² Entendemos que *"outras pessoas"* são outros sujeitos jurídicos que não já os gestores de direito, independentemente de estes terem ou não exercido as funções de gestão.

somente de facto, funções de administração ou gestão em pessoas colectivas e entes fiscalmente equiparados.

As disposições respeitantes à responsabilidade dos gerentes ou administradores aplicam-se a *outras pessoas a quem sejam confiadas funções de administração* (artigo 80.º, do CSC). Daqui decorre que o legislador pretendeu que a responsabilidade abrangesse igualmente os gerentes ou administradores *de facto*, funcionando a administração ou gerência nominal como o paradigma, mas estendendo o mesmo regime à administração ou gerência meramente de facto[143]. Neste sentido, TÂNIA MEIRELES DA CUNHA refere que «Estende-se, pois, a responsabilidade a quem, não sendo gerente, administrador ou director de direito, o seja de facto»[144]. Somos pois refractários a que, em face do credor tributário, o legislador se tenha limitado a responsabilizar o gestor de facto, deixando afinal imune o gestor de direito.

Quando o contrato o autorize, o gerente pode *delegar* os seus poderes em sócio comanditário ou em pessoa estranha à sociedade (artigo 470.º, n.º 2, do CSC). Não obstante, mesmo quando delegante, o gerente de direito é igualmente responsável subsidiário, uma vez que a própria delegação de poderes de gerência pressupõe o exercício efectivo da gerência pelo delegante, repercutindo-se os actos praticados pelo delegado na esfera patrimonial da empresa como se fossem praticados pelo próprio gerente. A não se entender assim, mediante a delegação o gerente conseguiria eximir-se da sua responsabilidade tributária subsidiária.

7.4. Da gestão à vigilância

Algumas das dívidas tributárias pressupõem justamente uma conduta *omissiva* (ex: falta de entrega de IVA liquidado aos clientes ou de IRS retido nos salários dos trabalhadores). Pelo que, se apenas considerarmos a responsabilização patrimonial dos gestores *de facto*, assistiremos a um injustificado "prémio" para quem tem responsabilidades ante os terceiros em geral, mas nada faz, embora seja destinatário de obrigações muito concretas (artigo

---

[143] Este preceito legal consagra uma «regra geral de equiparação entre a responsabilidade dos administradores de direito e os de facto» (J. M. SANTOS CABRAL, *O Administrador de Facto no Ordenamento Jurídico Português*, Revista do CEJ, nº 10, 2.º Semestre, Lisboa, 2008, p. 142).

[144] TÂNIA MEIRELES DA CUNHA, *A culpa dos gerentes, administradores e directores na responsabilidade por dívidas de impostos*, Boletim da Faculdade de Direito de Coimbra, Vol. 77, Coimbra Editora, Coimbra, 2001, p. 795.

64.º, do CSC) e, nalguns casos, possa mesmo auferir uma remuneração para o exercício de funções de gestão do ente colectivo. Por outro lado, quem actua e assume de facto o risco, confronta-se com actos coercivos praticados pelo órgão de execução fiscal em consequência de uma reversão (ex: penhoras, vendas, publicitação do devedor subsidiário, entre outros). O legislador, cuidamos, não terá pretendido um completo alheamento do gerente ou administrador em relação aos assuntos fiscais da empresa.

Em virtude da gerência constituir um cargo *intuitu personae*, a lei não permite que o gerente se possa representar no exercício do seu cargo, estando-lhe vedada a designação de um terceiro para assumir a titularidade do órgão que desempenha (artigo 252.º, n.º 5, do CSC). Deste modo, parece-nos evidente uma responsabilidade patrimonial subsidiária dos corpos de gestão dos entes colectivos por dívidas tributárias fundada na culpa *in omittendo* ou *in vigilando*.

Aqui chegados, concluímos pela existência de um *dever de vigilância*[145] (*duty to monitor* ou *duty to supervise*)[146] que incumbe a todos e a cada um dos administradores da empresa, inserido inclusivamente no seu *dever de*

---

[145] «É um dever que implica um comportamento activo por parte do administrador, que deve exercer uma verdadeira vigilância organizativo-funcional, de forma a gerar um constante fluxo de informação, que controle e lhe permita estar ao corrente da evolução económico--financeira da sociedade» (FILIPE BARREIROS, *ob. cit.*, p. 56)

[146] Importará particularizar que «o conteúdo essencial do dever de vigilância consubstancia--se no acompanhamento e no conhecimento que o administrador deve ter sobre a actividade da sociedade a diversos níveis, sobretudo o económico-financeiro, efectivado através ad implementação de procedimentos de recolha da informação e da sua cuidada análise» (SÓNIA DAS NEVES SERAFIM, *ob. cit.*, p. 540). Assim sendo, «Os administradores que não se informem sobre a evolução da situação financeira da sociedade, ou que, informando-se sobre a situação económico-financeira da sociedade, não investiguem quais são as suas causas (desempenho de um administrador ou de um trabalhador de direcção), ou que, investigando--as, não diligenciem para que o problema seja resolvido, podem ser responsabilizados pelos danos causados à sociedade ou aos seus credores» (NUNO MANUEL PINTO OLIVEIRA, que *Responsabilidade Civil dos Administradores: entre Direito Civil, Direito das Sociedades e Direito da Insolvência*, Coimbra Editora, Coimbra, 2015, p. 58).

cuidado (duty of care)[147] e *de diligência*[148] (artigos 64.º, n.º 1, alínea a), 405.º e 407.º, n.º 2 e 8, do CSC)[149].

Outrossim, reportando-se ao dever de *controlo* ou *vigilância organizativo-funcional*, J. M. COUTINHO DE ABREU diz-nos que «que é obrigação dos administradores prestarem atenção à *evolução económico-financeira da sociedade e ao desempenho de quem gere* (administradores e outros sujeitos, designadamente trabalhadores de direcção). Isto implica que os administradores hão-de aceder à *informação* correspondente. Produzindo-a eles mesmos ou solicitando-a»[150]. Mais concludentemente, ISABEL MOUSINHO DE FIGUEIREDO enfatiza que «A principal fiscalização interna da administração da sociedade acaba por ser a dos próprios membros do Conselho de Administração pela vigilância da actuação dos seus pares»[151]. Também, de modo lapidar, JOSÉ FERREIRA GOMES conclui que «Ao órgão colectivo, no seu conjunto, cabe vigiar a conduta de cada um dos seus membros; a cada destes cabe vigiar os demais; a um e outros cabe a vigilância das estruturas administrativas subordinadas»[152].

Para a compreensão da responsabilidade tributária subsidiária, não podemos assim deixar de destacar o dever de vigilância que impende sobre *todos* e *cada um* dos gerentes da sociedade comercial.

Partilhamos do entendimento de ABÍLIO MORGADO segundo o qual «não estamos perante uma transformação da administração em órgão de fiscalização, porque não fica excluída a competência do conselho para deliberar sobre os assuntos objecto da delegação e porque os outros administradores passam a ter a responsabilidade pela vigilância geral das condutas dos delegados e pelos prejuízos causados por estas condutas, quando,

---

[147] Os administradores da sociedade devem «procurar estar sempre ao corrente do quotidiano da mesma e das circunstâncias que envolvem» (FILIPE BARREIROS, *ob. cit.*, p. 54).
[148] Entre os diversos parâmetros de concretização da *«diligência de um gestor criterioso e ordenado»*, é de referir a *disponibilidade*, o *conhecimento* da actividade da empresa e a competência técnica para as funções. Cfr. PEDRO PAIS DE VASCONCELOS, *Responsabilidade dos gestores das sociedades comerciais*, Direito das Sociedades em Revista, Vol. I, Ano 1, Coimbra, 2009, p. 18.
[149] PAULO MARQUES, *A Responsabilidade Tributária Subsidiária dos Gerentes e a Repartição Interna de Tarefas na Sociedade Comercial*, pp. 299-310.
[150] J. M. COUTINHO DE ABREU, *Responsabilidade civil de gerentes e administradores em Portugal*, Questões de Direito Societário em Portugal e no Brasil, Almedina, Coimbra, 2012, pp. 133-134.
[151] ISABEL MOUSINHO DE FIGUEIREDO, *ob. cit.*, p. 550.
[152] JOSÉ FERREIRA GOMES, *Da Administração à Fiscalização - A Obrigação de Vigilância dos Órgãos da Sociedade Anónima*, Almedina, Coimbra, 2015, p. 931.

conhecendo os actos ou omissões respectivos ou o propósito de os levar a cabo, não promovam a intervenção do conselho para tomar as medidas adequadas»[153].

É ainda de realçar que o próprio conselho ou a assembleia geral pode declarar a nulidade ou anular deliberações do conselho viciadas, a requerimento de qualquer administrador, do conselho fiscal ou de qualquer accionista com direito de voto, dentro do prazo de um ano a partir do conhecimento da irregularidade, mas não depois de decorridos três anos a contar da data da deliberação (artigo 412.º, n.º 1, do CSC).

As simples *omissões* (ex: falta de entrega nos cofres do Estado de importâncias de IRS retidas aos trabalhadores) dão lugar à obrigação de reparar os danos, quando, independentemente dos outros requisitos legais, haveria, por força da lei, o dever de praticar o acto omitido (artigo 486.º, do CC)[154]. Em nosso entender não é, por isso, compreensível, a existência de titulares dos órgãos da administração ou gerência *irresponsáveis*. Ao assumir a administração ou gerência da sociedade comercial, o titular passa a estar investido num complexo conjunto de deveres genéricos e específicos, sem esquecer os de representação, com vista à realização do objecto social, gerando expectativas legítimas na comunidade em geral e, em especial, nas partes interessadas (*stakeholders*).

Deste modo, reafirmamos que existe uma responsabilidade patrimonial subsidiária dos corpos de gestão dos entes colectivos por dívidas tributárias, também fundada na culpa *in omittendo* ou *in vigilando*, que se atém ao conhecimento da actividade da sociedade)[155]. Conforme destaca PEDRO CAETANO NUNES «a inobservância das normas jurídicas que impõem condutas à sociedade tende a constituir uma violação do dever de gestão»[156]. A quaisquer pessoas que exerçam funções de administração em pessoas colectivas ou entes fiscalmente equiparados incumbe, nessa mesma qualidade, o cumprimento dos deveres tributários das entidades

---

[153] ABÍLIO MORGADO, *Responsabilidade Tributária: Ensaio Sobre o Regime do Artigo 24.º da Lei Geral Tributária*, Ciência e Técnica Fiscal, n.º 415, Centro de Estudos Fiscais, Janeiro-Junho de 2005, Lisboa, p. 113.
[154] Exige-se a verificação de um nexo de causalidade entre a omissão e o dano.
[155] Cfr. Artigos 64.º, n.º 1, alínea a), 405.º, n.º 2 e 407.º, n.º 8, do CSC.
[156] PEDRO CAETANO NUNES, *Dever de Gestão dos Administradores de Sociedades Anónimas*, Almedina, Coimbra, 2012, p. 498.

por si representadas (artigo 32.º, da LGT), abrangendo-se igualmente nesta incumbência os gerentes meramente nominais.

A coerência e a unidade do sistema jurídico[157] recomendam que os gerentes sejam também responsabilizados pelas suas omissões no plano tributário, dada a importância dos impostos para a realização e a concretização das tarefas fundamentais do Estado e do direito à segurança social (artigos 9.º e 63.º, da Constituição da República). Como nos dá conta, lapidarmente, EDUARDO PAZ FERREIRA, «Ao pagarmos impostos estamos a decidir em que modelo de sociedade queremos viver e que meios estamos dispostos a proporcionar ao Estado»[158].

8. O caso da pluralidade de gestores

Quando a execução reverta contra vários gestores, enquanto responsáveis subsidiários, o órgão da execução fiscal mandá-los-á citar todos, depois de obtida informação no processo sobre as quantias por que respondem (artigo 160.º, n.º 1, do CPPT), uma vez que são *subsidiariamente* responsáveis em relação aos entes colectivos mas *solidariamente* entre si (artigo 24.º, n.º 1, da LGT). Entendemos que o mesmo será de aplicar se, a par dos gestores, existirem igualmente outros devedores subsidiários - por exemplo, os contabilistas - a quem o credor tributário possa exigir o pagamento da dívida exequenda, não tendo de ser seguida qualquer ordem de prioridade entre eles.

Não obstante, havendo uma pluralidade de responsáveis subsidiários (*maxime*, os vários gestores de uma mesma empresa), poderão ocorrer situações não necessariamente unívocas, como a de dois gestores que sejam citados em momentos diferentes, não efectuando o primeiro qualquer pagamento enquanto o segundo paga a dívida, ainda que com isenção de custas e de juros (artigo 23.º, n.º 5, da LGT).

---

[157] Nunca é demais termos presente a lição de que «o Direito é um sistema, porque as suas regras objectivas têm de ser interpretadas de acordo com certos critérios lógicos e técnicos, em harmonia com a sua função num dado conjunto, e não apenas segundo o mero teor literal de cada uma das disposições normativas aplicáveis, desinseridas de todo a que pertencem» (DIOGO FREITAS DO AMARAL, *Manual de Introdução ao Direito*, Vol. I, Almedina, Coimbra, 2012, p. 51).

[158] EDUARDO PAZ FERREIRA, *Encostados à Parede: Crónicas de Novos Anos de Chumbo*, Lisboa, 2015, p. 104.

Restam algumas dúvidas sobre esta isenção de custas e de juros no tocante ao gestor incumpridor. Segundo o Supremo Tribunal Administrativo «O responsável subsidiário fica isento de custas e de juros de mora liquidados no processo de execução fiscal se, citado para cumprir a dívida constante do título executivo, efectuar o respetivo pagamento no prazo de oposição. E em caso de citação de vários responsáveis subsidiários, o responsável subsidiário que fica isento é aquele que foi citado para cumprir a dívida tributária principal, e não um outro, sendo este quem deve efectuar o pagamento no prazo de oposição. A lei encara a responsabilidade de cada devedor subsidiário no circunstancialismo concreto de cada um deles, pelo que nos casos em que a dívida exequenda não tenha sido paga, dentro do prazo de oposição, por responsável subsidiário revertido e primeiramente citado, a isenção de que venha a beneficiar, posteriormente, um outro responsável subsidiário igualmente revertido e citado em data posterior, não aproveita àquele primeiro. A isenção conferida a este último não se comunica àquele. Assim, o responsável subsidiário revertido e primeiramente citado, que não efetuou o pagamento durante o prazo de oposição, entra em situação de mora, passando a ser responsável pelo pagamento não só da dívida tributária principal mas também dos juros moratórios que forem devidos pelo devedor originário e dos juros de mora que se forem vencendo, tal como os encargos a pagar no processo de execução fiscal» (Acórdão de 19 de Setembro de 2015 – Proc. n.º 0917/12).

Importa rememorar, a obrigação é *solidária*, quando cada um dos devedores responde pela prestação integral e esta a todos libera, ou quando cada um dos credores tem a faculdade de exigir, por si só, a prestação integral e esta libera o devedor para com todos eles (artigo 512.º, n.º 1, do CC)[159]. Pelo que o órgão de execução fiscal pode encetar a reversão contra a totalidade dos responsáveis subsidiários com a finalidade de apurar as respectivas quotas-partes de responsabilidade, ou então optar por reverter somente contra um dos responsáveis, caso em que o devedor que satis-

---

[159] No entanto, a falta de citação de qualquer dos responsáveis não prejudica o andamento da execução contra os restantes (artigo 160.º, n.º 2, do CPPT). O Supremo Tribunal Administrativo tem entendido que «A falta de citação de todos os responsáveis subsidiários em sede de execução fiscal constitui preterição de ato que lei prescreve e que, na medida em que pode influir no exame da causa, é suscetível de configurar nulidade, contudo tal nulidade não equivale à nulidade insanável do processo de execução decorrente da falta de citação» (Acórdão de 19 de Julho de 2016 - Proc. n.º 0808/16).

fizer o direito do credor além da parte que lhe competir tem direito de regresso contra cada um dos co-devedores na parte que a estes compete (artigo 524.º, do CC). [160].

Por outro lado, entendemos que a garantia prestada por um dos devedores subsidiários tendo em vista a suspensão do processo de execução fiscal (artigos 52.º, da LGT e 169.º, do CPPT) não aproveita necessariamente aos demais responsáveis subsidiários.

Não estando prevista no CPPT a coligação de oponentes, parece-nos ser de aplicar o artigo 36.º, do Código de Processo Civil (CPC), aprovado pela Lei n.º 41/2013, de 26 de Junho, o qual permite a *coligação de autores* contra um réu, quando a causa de pedir seja a mesma e única[161]. Será, por exemplo, o caso em que os diversos oponentes aleguem que não exerceram a gerência efectiva da empresa, mesmo estando em causa momentos temporais distintos.

9. A (in)comunicabilidade da dívida ao cônjuge

O artigo 15.º, do Código Comercial estabelece que as dívidas comerciais do cônjuge comerciante presumem-se contraídas no exercício do seu comércio[162]. Por outro lado, são da *responsabilidade de ambos os cônjuges* as dívidas contraídas por qualquer dos mesmos no *exercício do comércio*, salvo se se provar que não foram contraídas em proveito comum do casal ou se vigorar entre os cônjuges o regime de separação de bens [artigo 1691.º, n.º 1, alínea d), do CC]. Existe pois uma presunção ilidível de comunhão acerca de tais dívidas. Segundo o ensinamento de JORGE AUGUSTO PAIS DO AMARAL «actualmente, é admitida a alegação e a prova de que, embora a dívida tenha sido contraída pelo cônjuge comerciante no exercício do comércio, a mesma não reverteu em proveito comum do casal. Permite-se

---

[160] Neste sentido, *vide* JOSÉ DE CAMPOS AMORIM e PATRÍCIA ANJOS AZEVEDO, *Lições de Direito Fiscal*, Calendário de Letras, Vila Nova de Gaia, 2016, p. 132.
[161] Há identidade de causa de pedir quando a pretensão deduzida nas duas acções procede do mesmo facto jurídico. Nas acções de anulação a *causa de pedir* é o facto concreto ou a nulidade específica que se invoca para obter o efeito pretendido (artigo 581.º, n.º 4, do CPC).
[162] No entanto, segundo o Tribunal da Relação do Porto «A qualidade de gerente/administrador de sociedade não confere à pessoa singular titular desse cargo social a qualidade de comerciante; o mandato mercantil não se inclui na espécie de actos susceptíveis de se subsumir ao conceito económico de "comércio"» (Acórdão de 19 de Junho de 2012 – Proc. n.º 639/10.6TVPRT-A.P1).

assim que um dos cônjuges afaste a sua responsabilidade por uma dívida que não trouxe qualquer proveito para o casal. Todavia, esta possibilidade traz uma maior insegurança para os credores»[163].

Tratando-se de uma dívida *comum*, responderão pela mesma os bens do casal e, no caso da sua falta ou insuficiência, os bens próprios de qualquer um dos cônjuges (artigo 1695.º, n.º 1, do CC). Assim, caso o cônjuge administrador ou gerente tenha contraído a dívida com vista a um fim comum, ambos os cônjuges são responsáveis pelo pagamento. Neste mesmo sentido tem entendido o Tribunal Central Administrativo Sul: «São da responsabilidade de ambos os cônjuges as dívidas contraídas por qualquer dos cônjuges no exercício do comércio, salvo se se provar que não foram contraídas em proveito comum do casal ou se vigorar entre os cônjuges o regime de separação de bens (artº1691 nº 1 al. d) do CC) e, a essa luz, por princípio, julgamos que face a este preceito a responsabilidade que advém ao marido de ter praticado actos de gerência numa sociedade, é susceptível de se tornar extensiva à própria mulher» (Acórdão de 23 de Março de 2011 – Proc. n.º 04543/11).

No fundo, este entendimento acaba por reflectir a relação de grande proximidade entre os administradores ou os gerentes e as sociedades comerciais. Como sublinha J. M. COUTINHO DE ABREU, «os órgãos são parte componente das sociedades, a vontade e os actos daqueles são a vontade e os actos destas, a estas são os mesmos referidos ou imputados»[164].

No entanto, o Supremo Tribunal Administrativo tem vindo a entender que «As dívidas tributárias que um dos cônjuges seja chamado a pagar por força da sua responsabilidade subsidiária enquanto *gerente* da sociedade devedora, são da sua *exclusiva* responsabilidade[165], porque respeitantes a

---

[163] JORGE AUGUSTO PAIS DO AMARAL, *Direito da Família e das Sucessões*, 3.ª Edição, Almedina, Coimbra, 2016, p. 134. Segundo o Supremo Tribunal de Justiça «Preenchidos os requisitos da primeira parte da alínea d) do n.º1 do artigo 1691.º do Código Civil, cabe àqueles contra quem é invocada a solidariedade a prova de que a dívida não foi contraída em proveito comum do casal ou de que entre os cônjuges vigorava o regime de separação geral de bens» (Acórdão de 26 de Setembro de 2013 – Proc. n.º 2991/10.4TBSXL.L1.S1).

[164] J. M. COUTINHO DE ABREU, *Curso de Direito Comercial*, Vol. II, 4.ª Edição, Almedina, Coimbra, 2014, p. 208.

[165] Na execução para cobrança de coima fiscal ou com fundamento em responsabilidade tributária exclusiva de um dos cônjuges, podem ser imediatamente penhorados bens comuns, devendo, neste caso, citar-se o outro cônjuge para requerer a separação judicial de bens, prosseguindo a execução sobre os bens penhorados se a separação não for requerida no

indemnizações por facto imputável a cada um dos cônjuges (alínea b) do artigo 1692.º do C.Civil). Não tendo o gerente da sociedade a qualidade de comerciante, atento o facto de o autor dos concretos actos de comércio ser a sociedade e não o respectivo gerente, não pode responsabilizar-se o seu cônjuge à luz da alínea d) do artigo 1691.º do C.Civil. Tais dívidas também não são comunicáveis à luz da alínea c) do artigo 1691.º do C.Civil, por ser patente que não emergem de uma actividade de administração dos bens do casal. Para além disso, e sabido que, em princípio, o proveito comum do casal não se presume, sempre teria o credor, para responsabilizar ambos os cônjuges pelo pagamento da dívida ao abrigo dessa alínea, de articular factos demonstrativos da existência do proveito comum» (Acórdão de 9 de Maio de 2012 – Proc. n.º 0224/12).

No mesmo sentido, o Conselheiro JORGE LOPES DE SOUSA dá-nos conta de que entre as dívidas tributárias da exclusiva responsabilidade de um dos cônjuges, «incluem-se as dívidas derivadas de responsabilidade subsidiária, nos casos em que ela tem por base uma actuação real ou presumivelmente culposa[166] do responsável subsidiário que tenha provocado condições para a falta de pagamento de dívidas tributárias»[167].

Uma interpretação actualista[168] do artigo 13.º., 1.º parágrafo do Código Comercial, o qual considera terem a qualidade de comerciante «as pessoas que, tendo capacidade para praticar actos de comércio, fazem deste profissão», pode levar-nos a considerar que é comerciante, por exemplo o único sócio e gerente de uma sociedade unipessoal, que não tenha inclusivamente nenhum outro rendimento, ou mesmo numa sociedade de quo-

---

prazo de 30 dias ou se se suspender a instância por inércia ou negligência do requerente em promover os seus termos processuais (artigo 220.º, do CPPT). A falta de citação do cônjuge do executado, quando possa prejudicar a defesa do interessado, constitui nulidade insanável de conhecimento oficioso, a qual pode ser arguida até ao trânsito em julgado da decisão final (artigo 165.º, n.ºs 1 e 4, do CPPT).

[166] A responsabilidade tributária dos administradores ou gerentes das sociedades comerciais pressupõe sempre a sua *culpa* (artigo 24.º, n.º 1, da LGT), donde o seu cariz inequivocamente individualizador.

[167] JORGE LOPES DE SOUSA, *Código de Procedimento e de Processo Tributário*, Vol. III, 6.ª Edição, Áreas Editora, Lisboa, 2011, p. 605.

[168] A interpretação actualista visa aferir o sentido do comando legislativo tomando em linha de conta o momento da sua aplicação. Com esta interpretação almeja-se o verdadeiro sentido de uma norma jurídica apenas no momento em que ela está a ser aplicada.

tas, em que são sócios o marido e a mulher, mas apenas um deles exerce a gerência da empresa, sem ter nenhum outro rendimento.

Em relação ao assunto em questão, importa ainda ter sempre presente que a responsabilidade tributária subsidiária dos gestores reveste cariz excepcional, não sendo susceptível de integração analógica, dado estarmos perante a incidência pessoal[169] de imposto, a qual se enquadra na reserva de lei (artigos 103.º, n.º 2, da Constituição, e 11.º, n.º 4, da LGT).

10. A responsabilidade tributária dos advogados e a gestão de bens ou direitos de não residentes

Na prática, ocorrem muitas situações em que os advogados são, no decurso da sua actividade profissional, mandatados para a gestão de bens ou direitos da entidade que representam, importando então aferir das suas eventuais implicações para efeitos de responsabilidade tributária *solidária*.

10.1. A gestão de bens ou direitos

No âmbito da LGT, os gestores de bens ou direitos de *não residentes* são definidos como sendo todas aquelas pessoas singulares ou colectivas que assumam ou sejam incumbidas, por qualquer meio, da *direcção de negócios* de entidade não residente[170] em território português, agindo no interesse e por conta dessa entidade (artigo 27.º, n.º 2)[171].

O n.º 2 do artigo 27.º, da LGT, não compreende no seu âmbito de aplicação o mandato judicial referente à prestação de serviços forenses, ainda que em causas fiscais (artigos 40.º e seguintes, do CPC), ou tão pouco a

---

[169] O responsável é sujeito passivo da relação jurídica de imposto (artigo 18.º, n.º 3, da LGT).
[170] Cfr. artigos 16.º e 17.º-A, do CIRS, e 2.º, n.º 3, do CIRC. Recorde-se que a gestão de bens ou direitos já vinha prevista no Código de Processo Tributário (CPT), pelo seu artigo 14.º-A
[171] «A actuação em nome e por conta do não residente, juntamente com a falta de pagamento dos impostos devido, é o facto constitutivo da responsabilidade solidária que o presente preceito regula» (ANTÓNIO LIMA GUERREIRO, *Lei Geral Tributária Anotada*, Editora Rei dos Livros, Lisboa, 2000, p. 154). O Ofício-Circulado n.º 60.084, de 28 de Novembro de 2011, da Direcção de Serviços de Justiça Tributária, inclui nas situações de eventual responsabilidade solidária a gestão de negócios e mesmo o mandato sem representação. Os interessados ou seus representantes legais podem conferir mandato, sob a forma prevista na lei, para a prática de actos de natureza procedimental ou processual tributária que não tenham carácter pessoal (artigo 5.º, n.º 1, do CPPT).

entrega da declaração de rendimentos, seja na qualidade de gestor de negócios, de mandatário ou procurador[172].

No entanto, «*a intervenção, mediante procuração ou mandato representativo, por exemplo, em escritura de compra e venda de imóvel, poderá ser susceptível de constituir o procurador ou mandatário em responsabilidade tributária solidária, ao abrigo dos números 1 e 2 do art. 27º da LGT, quanto ao cumprimento dos deveres de pagamento do imposto e de salvaguarda dos meios financeiros necessários para o efeito. Neste caso, é indispensável, para efeitos do respectivo enquadramento legal, atender aos limites da procuração ou mandato concreto conferido pelos sujeitos passivos não residentes ao advogado, podendo a administração fiscal, em caso de dúvida, socorrer-se dos elementos complementares de que possa dispor para o seu esclarecimento*»[173].

Existe pois uma autonomia e capacidade de intervenção do gestor de bens ou direitos ao nível da obtenção dos rendimentos sujeitos a tributação e na gestão do património por parte do sujeito passivo não residente. No fundo, desempenhando o papel do sujeito passivo não residente, titular de rendimentos passíveis de tributação.

A figura jurídico-tributária da gestão de negócios encontra-se prevista nos artigos 464.º a 472.º, do CC[174], exigindo a direcção de negócios a prática material de actos de gestão. Assim, «não é o simples interveniente formal, sem qualquer capacidade decisória ao nível do cumprimento das obrigações tributárias e da afectação de quaisquer rendimentos a esse mesmo cumprimento, que é solidariamente responsável, mas, sim, quem é cometido com um nível de intervenção tal que lhe permita decidir ou interferir aquando da decisão de cumprimento das obrigações fiscais legalmente previstas»[175].

Não é pois de presumir a partir da mera existência de um mandato (artigo 5.º, do CPPT)[176]. Ademais, o advogado pratica actos próprios, defi-

---

[172] *Vide* o Ofício-Circulado n.º 60.084, de 28 de Novembro de 2011, da Direcção de Serviços de Justiça Tributária.
[173] *Idem*. O ónus da prova dos factos constitutivos dos direitos da administração tributária ou dos contribuintes recai sobre quem os invoque (artigo 74.º, n.º 1, da LGT).
[174] «Dá-se a gestão de negócios, quando uma pessoa assume a direcção de negócio alheio no interesse e por conta do respectivo dono, sem para tal estar autorizada» (artigo 464.º, do CC).
[175] Parecer n.º E-22/05, de 17 de Fevereiro de 2006, do Conselho Geral da Ordem dos Advogados (Relatores: Bernardo Diniz de Ayala e Ricardo Guimarães).
[176] Vejam-se também os artigos 1157.º a 1184.º, do CC. «Mandato é o contrato pelo qual uma das partes se obriga a praticar um ou mais actos jurídicos por conta da outra» (artigo 1157.º, do CC).

nidos *ex lege* na Lei n.º 49/2004, de 24 de Agosto, que define o sentido e o alcance dos actos próprios dos advogados e dos solicitadores e tipifica o crime de procuradoria ilícita

Do exposto, compreende-se que o gestor de bens ou direitos de um não residente (não tendo este estabelecimento estável em território português) seja *solidariamente* responsáveis em relação ao gestido e entre si por todas os impostos e contribuições deste último. Mas apenas quanto às dívidas tributárias relacionadas directamente com o exercício com o cargo de gestor[177].

Donde que se compreende a adopção de um regime de responsabilidade especialmente gravoso, em paridade com o próprio sujeito passivo, e não meramente subsidiária. Não tendo, portanto, a seu favor a chamada excussão prévia do património do devedor nem o direito de audição.

Porém, um mesmo advogado (como outra pessoa) pode exercer, para além da função de bens e direitos, a função de representante fiscal, importando destrinçar ambas.

10.1.1. A representação fiscal

Nos termos do artigo 19.º, da LGT, os sujeitos passivos não residentes[178] estão obrigados a designar um representante com residência em território nacional (n.º 6). Trata-se, pois, de um representante para efeitos fiscais que poderá, inclusive, ser uma pessoa colectiva.

No caso de não residentes em Estados-Membros da União Europeia ou do Espaço Económico Europeu - neste último caso desde que o Estado--Membro esteja vinculado a cooperação administrativa no domínio da fiscalidade equivalente à estabelecida no âmbito da União Europeia – a designação é meramente facultativa (n.º 8).

---

[177] Pelo Ofício-Circulado n.º 60.084, de 28 de Novembro de 2011, da Direcção de Serviços de Justiça Tributária, divulgaram-se instruções de que a responsabilidade solidária é circunscrita ao imposto resultante dos actos praticados pelo gestor no exercício do seu cargo, devendo o acto de liquidação ser-lhe notificado nos mesmos termos do devedor principal ou contribuinte directo, com indicação de que lhe aproveitam os mesmos meios de defesa.

[178] Aliás, bem como os sujeitos passivos que, embora residentes no território nacional, se ausentem deste por período superior a seis meses, e as pessoas colectivas e outras entidades legalmente equiparadas que cessem a actividade.

Os não residentes que obtenham rendimentos sujeitos a IRS, bem como os que, embora residentes em território nacional, se ausentem deste por um período superior a seis meses devem, para efeitos tributários, designar uma pessoa singular ou coletiva com residência ou sede em Portugal para os representar perante a Autoridade Tributária e Aduaneira e garantir o cumprimento dos seus deveres fiscais (artigo 130.º, n.º 1, do CIRS)[179].

De igual modo, as entidades que, não tendo sede nem direcção efectiva em território português, não possuam estabelecimento estável[180] aí situado mas nele obtenham rendimentos[181] são obrigadas a designar uma pessoa singular ou colectiva com residência, sede ou direcção efectiva naquele território para as representar perante a administração fiscal quanto às suas obrigações referentes a IRC (artigo 126.º, n.º 1, do CIRC)[182].

Quando obrigatória, o exercício dos direitos do sujeito passivo não residente (incluindo os de reclamação, recurso ou impugnação) depende da designação de representante fiscal (n.º 7).

A Lei n.º 82-E/2014, de 31 de Dezembro (Orçamento do Estado para 2015) revogou a presunção, anteriormente consagrada no n.º 3, do artigo 27.º, da LGT, de que o representante fiscal é igualmente gestor dos bens ou direitos. Na verdade, pode dar-se o facto do contribuinte não residente ter confiado a sua representação fiscal e a gestão dos seus bens ou direitos a duas pessoas diferentes, não fazendo então qualquer sentido, nessas situa-

---

[179] O representante pode renunciar à representação nos termos gerais, mediante comunicação escrita ao representado, enviada para a última morada conhecida deste (artigo 130.º-A, n.º 1, do CIRS), tornando-se a renúncia eficaz relativamente à Autoridade Tributária e Aduaneira quando lhe for comunicada, devendo esta, no prazo de 90 dias a contar dessa comunicação, proceder às necessárias alterações (n.º 2). É de notar que a renúncia não produz efeitos nos casos em que se verifique o eventual exercício de actividade sujeita a IVA, bem como a existência de imóveis ou veículos registados em nome do representado.
No entanto, a renúncia à representação, por parte do representante, não dispensa o representado da obrigação de nomeação de novo representante, desde que se verifique qualquer uma das situações em que tal designação seja legalmente obrigatória.
[180] Considera-se estabelecimento estável qualquer instalação fixa através da qual seja exercida uma actividade de natureza comercial, industrial ou agrícola (artigo 5.º, n.º 1, do CIRC).
[181] Assim como os sócios ou membros referidos no artigo 5.º, n.º 9.
[182] Esta figura está também prevista no artigo 19.º, n.º 4 da LGT e vem ainda especificamente regulada nos artigos 130.º, do CIRS, 126.º, do CIRC, e 30.º do CIVA e 24.º do Regime do IVA nas Transacções Intracomunitárias (RITI), aprovado pelo Decreto-Lei n.º 290/92, de 28 de Dezembro.

ções, operar a responsabilidade solidária (artigo 27.º, da LGT)[183]. Nesses casos, o representante fiscal do contribuinte não residente tem a seu cargo o cumprimento das obrigações declarativas mas não as contributivas deste.

Como sublinham DIOGO LEITE DE CAMPOS, BENJAMIM SILVA RODRIGUES e JORGE LOPES DE SOUSA, «O representante fiscal, a pessoa a quem o não residente concedeu o mandato para levar a cabo a gestão fiscal dos seus negócios em Portugal, pode ser pessoa diferente do gestor dos bens ou direitos. O não residente pode ter confiado a administração dos seus bens a uma pessoa e a sua representação fiscal a outra. No caso de se tratar de pessoas diferentes, o representante fiscal não será responsável solidário»[184].

Neste sentido, «A circunstância de alguns advogados de clientes domiciliados fora de Portugal intervirem, em representação destes, perante as autoridades fiscais, praticando actos diversos como a assinatura das respectivas declarações de rendimentos, não basta para que os mesmos possam ser considerados como "gestores de bens ou direitos", apesar de serem, em tal contexto, "representantes fiscais"»[185].

Por exemplo, a mera outorga de procuração forense a advogado em causas fiscais, independentemente do imposto não implica, salvo quando dos termos em que o mandato tiver sido conferido resulte de outro modo, a qualificação do advogado como gestor de bens ou direitos[186]. Digamos que, na representação fiscal, falta uma suficiente liberdade de actuação para estarmos diante de uma direcção de negócio alheio.

O representante fiscal constitui o elo de ligação entre o contribuinte não residente e a Autoridade Tributária e Aduaneira. No entanto, enquanto tal, o representante fiscal não dispõe de qualquer poder decisório ao nível do cumprimento das obrigações de pagamento ou de entrega de imposto,

---

[183] As normas relativas à *incidência* estão sujeitas ao princípio da legalidade (artigo 103.º, n.º 2, da Constituição) e não são susceptíveis de integração analógica (artigo 11.º, n.º 4, da LGT).
[184] DIOGO LEITE DE CAMPOS, BENJAMIM SILVA RODRIGUES e JORGE LOPES DE SOUSA, *ob. cit.*, p. 260. De igual modo, *vide* JOSÉ DE CAMPOS AMORIM e PATRÍCIA ANJOS AZEVEDO, *ob. cit.*, p. 129.
[185] Parecer n.º E-22/05, de 17 de Fevereiro de 2006, do Conselho Geral da Ordem dos Advogados.
[186] Ofício-Circulado n.º 60.084, de 28 de Novembro de 2011, da Direcção de Serviços de Justiça Tributária.

limitando-se ao cumprimento das obrigações acessórias[187] do contribuinte em questão (ex: apresentação da declaração de rendimentos, obtenção do número de identificação fiscal do contribuinte e a prestação de todos os esclarecimentos solicitados pela administração tributária).

Uma vez que não incumbe ao mero representante fiscal a gestão de bens ou direitos do contribuinte não residente, não pode o mesmo vir a ser responsabilizado solidariamente (artigo 27.º, da LGT) pelo imposto que o contribuinte tem de pagar ou entregar nos cofres do Estado.

10.1.2. A mera gestão de negócios

Os actos em matéria tributária que não sejam de natureza puramente pessoal[188] podem ser praticados pelo *gestor de negócios*[189], produzindo efeitos em relação ao dono do negócio nos termos da lei civil (artigo 17.º, n.º 1, da

---

[187] São obrigações acessórias do sujeito passivo as que visam possibilitar o apuramento da obrigação de imposto, nomeadamente a apresentação de declarações, a exibição de documentos fiscalmente relevantes, incluindo a contabilidade ou escrita, e a prestação de informações (artigo 31.º, n.º 2, da LGT).
Segundo ANTÓNIO LIMA GUERREIRO «O legislador entendeu que a função do representante fiscal se esgota em possibilitar o cumprimento dessas obrigações acessórias por quem é presumido não dispor do necessário conhecimento do Direito Tributário português e assegurar um ponto de contacto para efeitos de eventuais notificações a efectuar pela Administração Tributária ao não residente, inexistindo qualquer conexão obrigatória entre o laço de representação e o não pagamento dos impostos pelo não residente» (*ob. cit.*, p. 152).
[188] Serão exemplos de actos de natureza pessoal a audição prévia do contribuinte, a autorização do levantamento do sigilo bancário para efeitos fiscais, entre outros.
[189] O cumprimento das obrigações acessórias, na prática, são a situação em mais se recorre à figura da gestão de negócios. Atente-se, por exemplo, no preenchimento e entrega da Declaração Modelo 3 do IRS, que deve ser assinada pelos sujeitos passivos ou pelos seus representantes ou por gestor de negócios, devidamente identificados, sendo recusadas as declarações que não estiverem devidamente assinadas, sem prejuízo das sanções estabelecidas para a falta da sua apresentação (artigo 146.º, do CIRS).

LGT)[190]. A gestão de negócios[191] verifica-se quando uma pessoa assume a direcção de negócio alheio no interesse e por conta do respectivo dono, sem para tal estar autorizada (artigo 464.º, do CC)[192]. É o caso de um man-

[190] O legislador fiscal prevê que os actos em matéria tributária possam ser praticados por um terceiro (gestor), por conta do contribuinte, pressupondo a assunção de interesse ou assunto alheio (gestor), que actuação deste último actue, mesmo que não exclusivamente, no interesse e por conta do dono do negócio e, por último, a inexistência de autorização deste (falta de mandato e de poderes de representação e de administração). O mandato forense pode consubstanciar o exercício do mandato com representação, com poderes para negociar a constituição, alteração ou extinção de relações jurídicas, bem como o exercício de qualquer mandato com representação em procedimentos administrativos, incluindo tributários, perante quaisquer pessoas colectivas públicas ou respectivos órgãos ou serviços, ainda que se suscitem ou discutam apenas questões de facto [artigo 67.º, n.º 1, alíneas b) e c), do Estatuto da Ordem dos Advogados, aprovado pela Lei n.º 145/2015. de 9 de Setembro]. No plano tributário, um terceiro pode assim agir no interesse e por conta do contribuinte, atribuindo a este, na sua esfera jurídica, os efeitos da sua actividade.

[191] Na lição de INOCÊNCIO GALVÃO TELLES, o mestre ensinava que «Alguém interfere em assunto de outrem, praticando um ou mais actos. Fá-lo no interesse e por conta da pessoa a quem o assunto diz respeito. Mas não está autorizado a essa intromissão [...] Com efeitos, ocorrem com frequência situações em que uma pessoa se encontra impedida de adoptar as providências necessárias para acautelar os seus interesses, não podendo agir por si nem incumbir outrem de o fazer. Será então louvável que, para lhe evitar prejuízos, um terceiro intervenha espontaneamente na defesa de tais interesses, apesar de para isso não estar autorizado. Corresponde esta intervenção a um princípio de altruísmo ou solidariedade que é de desejar inspire as relações entre os homens» (*ob. cit.*, pp. 142-144).

[192] «O gestor não pode estar habilitado a actuar» (PEDRO ROMANO MARTÍNEZ, *Direito das Obrigações – Apontamentos*, p. 50). Nas palavras de LUÍS MENEZES LEITÃO «a falta de autorização, num sentido restrito, corresponderia ao facto de o *dominus* não ter celebrado esse negócio jurídico que legitimaria a intervenção do gestor» (*A Responsabilidade do Gestor Perante o Dono do Negócio no Direito Civil Português*, Cadernos de Ciência e Técnica Fiscal, n.º 166, Direcção-Geral das Contribuições e Impostos, Centro de Estudos Fiscais, Lisboa, 1991, p. 201). Enquanto a gestão de negócios não for ratificada, o gestor de negócios assume os direitos e deveres do sujeito passivo da relação tributária», podendo ter igualmente responsabilidade própria de natureza sancionatória (criminal ou contra-ordenacional). Neste caso, a necessidade de ratificação visa tornar eficaz quanto ao *dominus* o processado pelo gestor. A não ratificação gera o vício de ineficácia quanto ao contribuinte em nome do qual agiram. A necessidade de ratificação torna esta a gestão em gestão de negócios representativa, tendo então efeitos retroactivos. Os actos em matéria tributária praticados pelo representante em nome do representado produzem efeitos na esfera jurídica deste, nos limites e dos poderes de representação que lhe forem conferidos por lei ou por mandato (artigo 16.º, n.º 1, da LGT). Mas, se estiver em causa uma obrigação acessória, cumprida pelo gestor ou pelo representante fiscal, esta ratificação presume-se com o fim do prazo legal do seu cumprimento (artigo 17.º, n.º 3, da LGT).

datário que praticou actos para além dos poderes que lhe forem conferidos. Este instituto corresponde à consagração legal da colaboração não solicitada, em que alguém actua com o propósito de beneficiar o dono do negócio e não exclusivamente o seu próprio interesse, sendo justamente um dos deveres do gestor o de conformar-se com o interesse e a vontade, real ou presumível, do dono do negócio [artigo 465.º, alínea a), do CC]. Pelo que estamos perante a intervenção, não autorizada, de pessoa na direcção de negócio alheio, efectuada no interesse e por conta do respectivo dono.

Um sujeito assume a condução, a gestão, de um assunto de outrem, mas no interesse e sem autorização deste. A condução desse assunto alheio deve ser realizada igualmente por conta do titular do interesse que está a ser gerido pelo sujeito que assume a condução dele. Uma vez iniciada, ao gestor já não é inteiramente livre de interrompê-la, não apenas pelas expectativas que a sua conduta eventualmente despoletou, mas igualmente pelo óbice que ela pode ter constituído para a intervenção de outras pessoas, dispostas a conduzir a gestão a bom termo. Pelo que a lei prevê a responsabilização do gestor pelos danos que resultarem da injustificada interrupção dela (artigo 466.º, n.º 1, do CC).

Nos termos do artigo 468.º, n.º 2, do CC, se a gestão de negócios não foi exercida em conformidade com o interesse e a vontade, real ou presumível, do dono do negócio, este responde apenas segundo as regras do enriquecimento sem causa[193], a menos que tenha depois aprovado a gestão.

A exigência de requisitos formais, designadamente a outorga de uma procuração forense a advogado para a gestão de bens ou direitos, marca a diferença entre o mero gestor de negócios e o gestor de bens ou direitos.

Pelo Ofício-Circulado n.º 60.084, de 28 de Novembro de 2011, da Direcção de Serviços de Justiça Tributária, «a responsabilidade tributária solidária a que se refere o artigo 27º, nº 2, não é apenas aplicável aos gestores que simultaneamente actuem como representantes dos não residentes. Abrange, na verdade, independentemente de qualquer vínculo de representação, todos os que assumam ou sejam por qualquer meio incumbidos da direcção dos negócios de qualquer entidade não residente em territó-

---

[193] Nos termos do artigo 473.º, do CC, aquele que, sem causa justificativa, enriquecer à custa de outrem é obrigado a restituir aquilo com que injustamente se locupletou. Sendo que a obrigação de restituir, por enriquecimento sem causa, tem de modo especial por objecto o que for indevidamente recebido, ou o que for recebido por virtude de uma causa que deixou de existir ou em vista de um efeito que não se verificou.

rio português, agindo no interesse e por conta dessa entidade». Assim, a gestão de negócios e o mandato sem representação podem, desde que estejam reunidos os respectivos pressupostos legais, originar a referida responsabilidade solidária tributária.

10.2. Uma responsabilidade solidária

A responsabilidade tributária por dívidas de outrem é, salvo determinação em contrário, apenas subsidiária (artigo 22.º, n.º 4, da LGT). No entanto, os gestores de bens ou direitos de não residentes sem estabelecimento estável em território português são *solidariamente*[194] responsáveis em relação a estes e entre si por todas as contribuições e impostos do não residente relativos ao exercício do seu cargo (artigo 27.º, n.º 1, da LGT)[195], sendo então o regime legal vigente particularmente severo em relação aos gestores de bens ou direitos, até pelo carácter *objectivo*, ou seja, não depende de culpa[196], da responsabilidade em causa[197].

Por outro lado, os gestores de bens ou direitos não têm ao seu dispor o direito de audição prévia (artigo 60.º, da LGT), nem o benefício da excussão prévia dos bens que integram o acervo patrimonial do devedor originário

---

[194] A obrigação é *solidária*, quando cada um dos devedores responde pela prestação integral e esta a todos libera, ou quando cada um dos credores tem a faculdade de exigir, por si só, a prestação integral e esta libera o devedor para com todos eles (artigo 512.º, n.º 1, do CC). Na explicação de SUZANA FERNANDES DA COSTA «Este regime de responsabilidade é um dos mais gravosos do nosso sistema tributário, na medida em que se afasta da regra geral da responsabilidade subsidiária, prevista no artigo 22.º, n.º 3, da LGT, e cria um regime de responsabilidade solidária por dívidas tributárias» (*A responsabilidade do advogado enquanto gestor de bens e direitos de não residentes*, III Congresso de Direito Fiscal, Vida Económica, Porto, 2013, p. 517).

[195] A responsabilidade subsidiária efectiva-se por reversão do processo de execução fiscal (artigo 23.º, n.º 1, da LGT). No entanto, tendo havido incumprimento do dever de pagamento ou de entrega de imposto pelo contribuinte não residente, nada impede, antes recomenda que, por razões de economia processual, se lance mão de reversão do processo de execução fiscal contra o responsável solidário.

[196] Nas palavras de ANTÓNIO LIMA GUERREIRO «É uma responsabilidade objectiva, dependendo da cumulação das circunstâncias do exercício da gestão de bens e direitos dos não residentes e do não pagamento dos impostos» (*ob. cit.*, p. 153).

[197] A responsabilidade solidária do gestor de bens ou direitos de não residentes opera uma vez verificada a falta de pagamento ou de entrega dos tributos devidos. Por sinal, a responsabilidade civil em relação a coimas no que respeita ao gestor de bens ou direitos de não residentes, não está prevista no artigo 8.º, do RGIT.

(artigo 23.º, n.º 2, da LGT), até por não existir sequer um estabelecimento estável em território nacional.

O mandato[198] em causa pode ou não ter cariz representativo, pelo que a procuração não integra a estrutura típica do mandato, logo tornando-se necessária a associação de procuração, se se tratar de mandato representativo[199]. No caso particular do exercício da advocacia, existe sempre na sua base um acto jurídico unilateral, através de procuração, mediante a qual o advogado fica investido dos poderes do seu constituinte[200].

Se o mandato for conferido somente a um dos advogados, mas vários colaboraram na gestão de bens ou de direitos do contribuinte, apenas aquele deve responder patrimonialmente perante a administração tributária, sem prejuízo do direito de regresso face aos restantes advogados.

10.3. Os meios de defesa

As pessoas *solidária* ou subsidiariamente responsáveis poderão reclamar ou impugnar a dívida cuja responsabilidade lhes for atribuída nos mesmos termos do devedor principal[201], devendo, para o efeito, a notificação

---

[198] Os interessados ou seus representantes legais podem conferir mandato, sob a forma prevista na lei, para a prática de actos de natureza procedimental ou processual tributária que não tenham carácter pessoal (artigo 5.º, n.º 1, do CPPT).

[199] PEDRO LEITÃO PAIS DE VASCONCELOS, *A Procuração Irrevogável*, 2.ª Edição, Almedina, Coimbra, 2016, p. 79.

[200] ORLANDO GUEDES DA COSTA, *Direito Profissional do Advogado*, 8.ª Edição Revista e Actualizada, Almedina, Coimbra, 2015, p. 98.

[201] Convém lembrar que as pessoas colectivas ou sociedades são notificadas na sua caixa postal electrónica ou na pessoa de um dos seus administradores ou gerentes. Neste último caso, se a notificação não for possível realizar-se, a notificação efectuar-se-á então «na pessoa de qualquer empregado, capaz de transmitir os termos do ato, que se encontre no local onde normalmente funcione a administração da pessoa colectiva ou sociedade» (artigo 41.º, n.ºs 1 e 2, do CPPT). Conforme já assinalámos em outra sede «Não é, pois, válida a notificação da pessoa colectiva na pessoa do seu técnico oficial de contas, como também não é na pessoa de um profissional liberal ou empregado em regime de *outsourcing* ou trabalho temporário. Para afastar a caducidade é apta a notificação da liquidação ao contribuinte, ou seja, ao devedor originário do tributo. Sendo irrelevante, para estes efeitos, a notificação aos responsáveis solidários ou subsidiários da liquidação cujo não pagamento tenha gerado a instauração da execução fiscal e subsequente reversão contra aqueles responsáveis. O ónus da prova quanto à realização de uma notificação válida impende sobre a Administração, pois trata-se de um pressuposto do direito por si invocado quanto a exigir a obrigação tributária, nos termos do artigo 74.º, n.º 1, da LGT. Afinal, se dúvidas houvesse, recai sobre a quem aproveita ou interessa

ou citação conter os elementos essenciais da sua liquidação, incluindo a fundamentação nos termos legais (artigo 22.º, n.º 4, da LGT).

A reclamação graciosa, bem como a impugnação judicial, constituem meios de sindicância do acto tributário (artigos 70.º, n.º 1 e 99.º, ambos do CPPT) e não propriamente da exigibilidade do imposto.

Já na sequência da citação realizada em sede de execução fiscal, o responsável solidário (ex: gestor de bens ou direitos do contribuinte não residente) pode deduzir, querendo, a oposição judicial à execução fiscal, de modo a sindicar contenciosamente a pretensão do fisco no sentido de executar o património do gestor de bens ou direitos, a título de responsável solidário [artigos 203.º e 204.º, n.º 1, alínea b), ambos do CPPT]. Designadamente, pode alegar como fundamento a ilegitimidade da pessoa citada por esta não ser responsável pelo pagamento da dívida [alínea b), do artigo 204.º, do CPPT].

A utilização dos meios de defesa não suspende, só por si, o processo de execução fiscal, sendo ainda necessária, pelo menos em regra, a prestação de garantia idónea (artigos 52.º, da LGT e 169.º, do CPPT).

11. A responsabilidade tributária dos contabilistas certificados

Os contabilistas certificados exercem funções de consultoria nas áreas da contabilidade e da fiscalidade, podendo, inclusivamente, intervir em representação dos seus clientes, no procedimento de reclamação graciosa ou mesmo no processo tributário, excepto em questões em que seja obrigatória a constituição de advogado, ou seja, nas causas judiciais cujo valor exceda €10.000, assim como nos processos da competência do Tribunal Central Administrativo e do Supremo Tribunal Administrativo[202].

11.1. Deveres nas relações com o fisco

---

a afirmação do direito de liquidar o imposto. E não sobre o destinatário, que sempre teria grandes dificuldades em comprovar um facto negativo (probatio diabolica), com a excepção das presunções lidíveis» (*A caducidade do direito de liquidação do imposto*, Vida Económica, Porto, 2016, pp. 70-71).

[202] É obrigatória a constituição de advogado nas causas judiciais cujo valor exceda o dobro da alçada do tribunal tributário de 1.ª instância, bem como nos processos da competência do Tribunal Central Administrativo e do Supremo Tribunal Administrativo (artigo 6.º, n.º 1, do CPPT).

Nas suas relações com a Autoridade Tributária e Aduaneira, constituem deveres dos contabilistas certificados [artigo 73.º, do Estatuto da Ordem dos Contabilistas Certificados (EOCC)[203]]: a) assegurar que as declarações fiscais que assinam estão de acordo com a lei e as normas técnicas em vigor; b) acompanhar, quando para tal forem solicitados, o exame aos registos, documentação e declarações fiscais das entidades a que prestem serviços, prestando os esclarecimentos e informações directamente relacionados com o exercício das suas funções; c) abster-se da prática de quaisquer actos que, directa ou indirectamente, conduzam a ocultação, destruição, inutilização, falsificação ou viciação dos documentos e das declarações fiscais a seu cargo; d) assegurar, nos casos em que a lei o preveja, o envio por via eletrónica das declarações fiscais dos seus clientes ou entidades patronais.

Os funcionários tributários no desempenho de funções de inspecção têm igualmente direito ao esclarecimento, pelos contabilistas certificados, da situação tributária das entidades a quem prestem ou tenham prestado serviço (artigo 28.º, n.º 2, alínea f), do RCPIT). Mas, por outro lado, os contabilistas certificados têm o direito de obter dos serviços da Autoridade Tributária e Aduaneira todas as informações necessárias inerentes ao exercício das suas funções e relacionadas com as entidades por cujas contabilidades são responsáveis[204] (artigo 69.º, n.º 3, do EOCC)[205].

---

[203] Aprovado pelo Decreto-Lei n.º 452/99, de 5 de Novembro.
[204] Os contabilistas certificados, no exercício das suas funções, têm direito a obter das entidades a quem prestam serviços toda a informação e colaboração necessárias à prossecução das suas funções com elevado rigor técnico e profissional [artigo 12.º, n.º 1, do Código Deontológico dos Contabilistas Certificados (CDCC), aprovado pelo Decreto-Lei n.º 310/2009, de 26 de Outubro]. No entanto, a negação das referidas informações ou de colaboração, pontual ou reiterada, desresponsabiliza os contabilistas certificados pelas consequências que daí possam advir e confere-lhes o direito à recusa de assinatura das declarações fiscais (artigo 12.º, n.º 2, do CDCC).
[205] O princípio da confidencialidade implica que os contabilistas certificados e seus colaboradores guardem sigilo profissional sobre os factos e os documentos de que tomem conhecimento, directa ou indirectamente, no exercício das suas funções [artigo 3.º, n.º 1, alínea f), do CDCC]. Quem, sem consentimento, revelar segredo alheio de que tenha tomado conhecimento em razão do seu estado, ofício, emprego, profissão ou arte é punido com pena de prisão até 1 ano ou com pena de multa até 240 dias (artigo 195.º, do Código Penal).

11.2. Uma responsabilidade tributária subsidiária

No exercício da sua profissão, o contabilista certificado é responsável por todos os actos que pratique, incluindo os dos seus colaboradores[206] (artigo 5.º, n.º 1, do CDCC)[207]. Daqui decorre que o contabilista certificado nominal[208] responde mesmo pelos actos praticados pelos contabilistas de facto da empresa, ainda que não estejam inscritos na Ordem[209], desde que sejam afinal seus colaboradores. Entendemos que a responsabilidade tributária subsidiária pode operar contra o contabilista de direito, ou seja aquele que assina a documentação fiscal, bem como contra o contabilista que exerce efectivamente essas funções mesmo não assinando a respectiva documentação fiscal[210].

A responsabilidade subsidiária prevista no artigo 24.º, da LGT, aplica-se aos contabilistas certificados desde que a administração tributária demonstre a violação *culposa* dos deveres de assunção de responsabilidade pela

---

[206] O contabilista certificado tem como dever planear e *supervisionar* a execução de qualquer serviço por que sejam responsáveis, bem como avaliar a qualidade do trabalho realizado [artigo 6.º, alínea b), do CDCC].

[207] O recurso à colaboração de empregados ou de terceiros, mesmo no âmbito de sociedades de profissionais, não afasta a responsabilidade individual do contabilista certificado (artigo 5.º, n.º 2, do CDCC).

[208] A assinatura do contabilista certificado garante que os elementos contabilísticos correspondem à verdade pelo menos formal, mas ainda assim, o contabilista certificado não substitui a administração tributária. O princípio da independência implica que os contabilistas certificados se mantenham equidistantes de qualquer pressão resultante dos seus próprios interesses ou de influências exteriores, por forma a não comprometer a sua independência técnica [artigo 3.º, n.º 1, alínea c), do CDCC]. Presumem-se verdadeiras e de boa-fé as declarações dos contribuintes apresentadas nos termos previstos na lei, bem como os dados e apuramentos inscritos na sua contabilidade ou escrita, quando estas estiverem organizadas de acordo com a legislação comercial e fiscal, sem prejuízo dos demais requisitos de que depende a dedutibilidade dos gastos (artigo 75.º, n.º 1, da LGT).

[209] Impende sobre o contabilista certificado, por forma continuada e actualizada, desenvolver e incrementar os seus conhecimentos e qualificações técnicas e as dos seus colaboradores (artigo 6.º, alínea a), do CDCC).

[210] Em relação ao contabilista certificado suplente, há que referir que se trata de um contabilista certificado que está indicado como suplente do contabilista certificado para o exercício da actividade profissional das entidades em que for nomeado como tal, pelo representante legal das referidas entidades (artigo 12.º, n.º 1, do EOCC). Em todas as normas legais que se refiram ao contabilista certificado, aplicar-se-á ao contabilista certificado suplente as mesmas disposições, mas apenas nos actos declarativos que sejam praticados por este (artigo 12.º, n.º 5).

regularização técnica nas áreas contabilística e fiscal ou de assinatura de declarações fiscais[211], demonstrações financeiras e seus anexos (artigo 24.º, n.º 3, da LGT)[212].

Entende-se por *regularidade técnica* a execução da contabilidade nos termos das disposições previstas nos normativos aplicáveis, tendo por suporte os documentos e as informações fornecidos pelo órgão de gestão ou pelo empresário, e as decisões do profissional no âmbito contabilístico, com vista à obtenção de uma imagem fiel e verdadeira da realidade patrimonial da empresa, bem como o envio para as entidades públicas competentes, nos termos legalmente definidos, da informação contabilística e fiscal definida na legislação em vigor (artigo 10.º, n.º 3, do EOCC).

Estamos com JOANA SANTOS quando defende que «Mediante o exposto podemos concluir que o TOC não está sujeito, nem deve obediência, ao pedido do seu cliente no sentido do não envio das declarações fiscais em tempo útil, devendo actuar com independência técnica e profissional relativamente a eventuais pressões dos seus clientes [...] Assim, entendemos que o TOC deve preencher e enviar as declarações fiscais, respeitando o prazo legal, comunicando ao seu cliente o valor do imposto liquidado, para efeitos de pagamento. A obrigação de pagamento impende sobre o contribuinte. O TOC é inteiramente alheio ao dever de pagamento desde que, atentamente, tenha apurado o valor do imposto a pagar e o tenha comunicado ao cliente»[213].

Com a entrada em vigor da Lei n.º 60-A/2005, de 30 de Dezembro (que aprovou o Orçamento do Estado para 2006), a responsabilidade tributária subsidiária dos técnicos oficiais de contas (agora contabilistas certificados), apesar de pressupor necessariamente uma conduta *culposa*, deixou de estar dependente, necessariamente, da existência de motivação *dolosa*, abran-

---

[211] Segundo o Tribunal da Relação de Lisboa «Faz parte das funções do técnico oficial de contas o dever de informar o cliente sobre a possibilidade de optar por um regime tributário mais favorável» (Acórdão de 12 de Janeiro de 2012 – Proc. n.º 441/07.2TBCBC.L1-6).
[212] No ensinamento preciso de SÉRGIO VASQUES fica claro que «Estes são os casos em que a responsabilidade subsidiária assenta na *culpa em vigilando* de pessoas cujas funções envolvem a fiscalização da empresa e a garantia da sua prática contabilística, uma preocupação que não parece excessiva numa época e país em que a evasão fiscal das empresas passa em larga medida pelo exercício quotidiano da contabilidade criativa» (*Manual de Direito Fiscal*, p. 415).
[213] JOANA PATRÍCIA DE OLIVEIRA SANTOS, *ob. cit.*, pp. 53-54.

gendo também as situações de negligência consciente ou inconsciente[214], aplicando-se então o critério do *profissional médio*[215].

Para aferir a eventual negligência, pensamos ser de utilizar como critério a diligência profissional imposta pelo EOTOC, bem como pelo CDCC, com vista a concretizar o conceito vago de «*regularização técnica nas áreas contabilística e fiscal*».

Em suma, o que releva é verificar se um contabilista certificado normalmente diligente actuaria afinal de modo similar.

A responsabilidade tributária do contabilista certificado pressupõe assim a verificação de *inexistência* ou pelo menos *insuficiência de bens* do devedor originário e, por outro lado, a *violação culposa* dos deveres de regularização técnica no âmbito contabilístico e fiscal.

Dito de outra forma, a lei pressupõe a responsabilidade *subjectiva* desde que fiquem provados dois requisitos: a determinação no *incumprimento de dívidas tributárias*, bem como na *insuficiência patrimonial*.

Na observação de JÓNATAS MACHADO «a imposição de uma responsabilidade subsidiária aos TOC's deve ser interpretada restritivamente, estando a sua aplicação pela administração tributária sujeita a um ónus especialmente agravado de fundamentação[...] Todavia, um entendimento constitucionalmente adequado das normas legais relevantes, determina que, no caso dos TOC's, a responsabilidade do devedor subsidiário pela inexistência de património na esfera jurídica patrimonial do devedor deva decorrer de condutas violadoras dos *deveres funcionais* que lhe sejam efectivamente imputáveis, dolosa ou negligentemente [...] O responsável subsidiário deve ter culposamente dissipado ou maltratado o património social»[216].

---

[214] A *negligência consciente* consiste na actuação de quem, por não proceder com o cuidado a que está obrigado e de que é capaz, actuando ainda assim sem se conformar com essa realização. Por seu lado, a *negligência inconsciente* corresponde à actuação de quem, por não proceder com o cuidado a que está obrigado e de que é capaz, não chega sequer a representar a possibilidade da realização do facto.

[215] Esta alteração legislativa, em virtude do princípio da segurança jurídica, apenas se aplica quando os pressupostos de tal responsabilidade se verifiquem após 1 de Janeiro de 2006 (artigos 12.º, n.º 1, do Código Civil e 12.º, n.º 1, da LGT).

[216] JÓNATAS MACHADO, *A responsabilidade subsidiária dos TOC's (Algumas considerações constitucionais a propósito do art. 24.º/3 da LGT)*, Fiscalidade n.º 30, Instituto Superior de Gestão, Lisboa, Abril-Junho de 2007, p. 12.

Em face da exigência de *culpa*[217] (imputação subjectiva) na conduta do técnico oficial de contas, parece ser de exigir, igualmente, a verificação de um *nexo de causalidade* adequada entre o comportamento ilícito do contabilista e o incumprimento fiscal do contribuinte em relação ao qual o contabilista exerce as suas funções profissionais[218], sendo então um instrumento necessário ao incumprimento fiscal, pelo que pode falar-se em comparticipação na mesma causa. Se forem vários os autores, instigadores ou auxiliares do acto ilícito, todos eles respondem pelos danos que hajam causado (artigo 490.º, do Código Civil).

Mais duvidosa será a aplicação aos contabilistas das regras sobre o ónus da prova constantes no n.º 1, do artigo 24.º, da LGT, designadamente, a presunção de culpa consignada na alínea b), dada a excepcionalidade da mesma. Pelo que entendemos que incumbe à administração tributária a prova do incumprimento das funções do contabilista, tendo resultado desta mesma conduta a inobservância dos deveres tributários da empresa, operando-se assim uma interpretação não demasiado ampla do artigo 24.º, n.º 3, da LGT.

12. A responsabilidade tributária dos auditores e dos revisores oficiais de contas

Nos termos do artigo 28.º, n.º 2, alínea f), do RCPIT, os funcionários em serviço de inspecção tributária têm direito ao esclarecimento, pelos revisores oficiais de contas, da situação tributária das entidades a quem prestem ou tenham prestado serviço.

Segundo o artigo 24.º, n.º 2, da LGT, são subsidiariamente responsáveis em relação à pessoa colectiva e solidariamente entre si os membros dos órgãos de fiscalização e revisores oficiais de contas nas pessoas colectivas

---

[217] A lei exige a *culpa* do contabilista certificado, já que só existe obrigação de indemnizar independentemente de culpa nos casos especificados na lei (artigo 483.º, n.º 2, do Código Civil).
[218] Segundo assinala ANA ISABEL VALENTE «as pessoas a quem pode ser imputada a responsabilidade no pagamento da dívida de imposto em vez do devedor originário, têm necessariamente de ter agido de forma a tornar a prestação impossível por parte deste, sendo por isso, sujeitos a consequências patrimoniais ou pessoais. Estabelece-se, assim, uma *relação de causalidade entre uma acção ou omissão culposa do responsável subsidiário* relativamente à obrigação tributária e o seu não pagamento através do património do devedor principal» (*A responsabilidade tributária dos técnicos oficiais de contas*, Fiscalia – Revista da Direcção-Geral dos Impostos, n.º 33, Lisboa, Novembro de 2006/Janeiro de 2007, p. 13).

em que os houver, desde que se demonstre que a violação dos deveres tributários destas resultou do incumprimento das suas funções de fiscalização. Esta norma tem os seus antecedentes no artigo 13.º, n.º 2, do CPT.

Esta responsabilidade tributária também abrange as sociedades de revisores oficiais de contas[219], de que o revisor pode ser sócio ou desempenhar as suas funções mediante contrato. Nas relações com terceiros, as certificações, relatórios e outros documentos de uma sociedade de revisores oficiais de contas, no exercício de funções de interesse público, são assinados em nome e em representação da sociedade por um sócio revisor oficial de contas que seja administrador ou gerente ou que tenha poderes bastantes para o acto [artigo 128.º, n.º 1, do Estatuto da Ordem dos Revisores Oficiais de Contas (EOROC)[220]], mesmo que apoiada a certificação na opinião do auditor[221].

12.1. A fiscalização nas sociedades

O contrato de sociedade pode determinar que a sociedade tenha um conselho fiscal, que se rege pelo disposto a esse respeito para as sociedades anónimas. As sociedades que não tiverem conselho fiscal devem designar um revisor oficial de contas para proceder à revisão legal desde que, durante dois anos consecutivos, sejam ultrapassados dois dos três seguintes limites (artigo 262.º, do CSC): total do balanço: €1.500.000; total das vendas líquidas e outros proveitos: €3.000.000; número de trabalhadores empregados em média durante o exercício: 50[222].

---

[219] Podem revestir a natureza de sociedades civis dotadas de personalidade jurídica ou a natureza de sociedades comerciais com pluralidade de sócios.
[220] Aprovado pela Lei n.º 140/2015, de 7 de Setembro.
[221] O Código do IRS, na lista anexa (artigo 151.º) acaba por distinguir a actividade de auditor (4011) e de revisor oficial de contas (9030).
[222] Se a sociedade passar a ter conselho fiscal ou dois dos três requisitos não se verificarem durante dois anos consecutivos, a designação do revisor oficial de contas deixa de ser necessária. De acordo com o artigo 5.º, do Decreto-Lei n.º 257/96, de 31 de Dezembro, as sociedades anónimas ou por quotas com conselho fiscal poderão, no prazo de seis meses a contar da data da entrada em vigor do referido diploma, ou seja, 5 de Julho de 1997, independentemente de escritura pública, deliberar a passagem ao regime de fiscal único, devendo, nesse caso, fazer registar tal alteração no registo comercial, mediante apresentação de cópia da acta de que conste a deliberação.

DA RESPONSABILIDADE TRIBUTÁRIA

A competência para deliberar a designação do revisor oficial de contas reside nos sócios que, não a exercendo, será a falta colmatada oficiosamente pela Ordem dos Revisores Oficiais de Contas (artigo 416.º, do CSC) ou pelo Tribunal (artigos 417.º e 418.º).

A fiscalização das sociedades anónimas que adoptem a modalidade de conselho de administração e conselho fiscal[223] compete a um fiscal único (que deve ser revisor oficial de contas ou sociedade de revisores oficiais de contas) ou a um conselho fiscal[224], ou então a um conselho fiscal e a um revisor oficial de contas ou uma sociedade de revisores oficiais de contas que não seja membro daquele órgão (artigo 278.º)[225]. Ao fiscal único ou conselho fiscal compete-lhe, entre outras competências, as de fiscalizar a administração da sociedade, vigiar pela observância da lei e do contrato de sociedade e verificar a regularidade dos livros, registos contabilísticos e documentos que lhe servem de suporte (artigo 420.º).

12.2. As funções e actos dos revisores oficiais de contas

As empresas ou outras entidades ficam sujeitas à intervenção de revisor oficial de contas, no âmbito das suas funções de revisão ou auditoria[226] às

---

[223] Prevista no artigo 278.º, n.º 1, alínea a), do CSC. Esta modalidade é obrigatória, nos casos previstos na lei, a existência de um revisor oficial de contas que não seja membro do conselho fiscal.

[224] Devendo incluir um revisor oficial de contas ou uma sociedade de revisores oficiais de contas.

[225] Sendo assim obrigatório quanto a sociedades que sejam emitentes de valores mobiliários admitidos à negociação em mercado regulamentado e a sociedades que, não sendo totalmente dominadas por outra sociedade, que adopte este modelo, durante dois anos consecutivos, ultrapassem dois dos seguintes limites: total do balanço: € 100.000.000; total das vendas líquidas e outros proveitos € 150.000.000; número de trabalhadores empregados em média durante o exercício: 150.

[226] A *revisão legal de contas* realiza-se através da emissão de certificação legal das mesmas, evidenciando a apreciação efectuada pelo próprio revisor oficial de contas, segundo a qual as demonstrações financeiras por si examinadas, apresentam, ou não, uma imagem verdadeira e apropriada de acordo com a estrutura de relato financeiro aplicável.
A certificação legal de contas deve ainda incluir uma opinião de *auditoria*, que pode ser emitida com ou sem reservas, ou constituir uma opinião adversa, e apresentar claramente a opinião do revisor oficial de contas ou da sociedade de revisores oficiais de contas, entre outros aspectos, se as contas cumprem os requisitos legais aplicáveis. A auditoria consubstancia-se assim no exame das demonstrações financeiras de uma empresa, que tendo como base os princípios

contas quando tal resulte de disposição legal, estatutária ou contratual e possuam ou devam possuir contabilidade organizada nos termos do referencial contabilístico aplicável e preencham os requisitos estabelecidos no artigo 262.º, n.º 2, do CSC.

Nos termos do artigo 41.º, do EOROC, constituem actos próprios e exclusivos dos revisores oficiais de contas e das sociedades de revisores oficiais de contas os praticados no exercício das funções de interesse público de *auditoria*[227] às contas, bem como o exercício de quaisquer outras funções que por *lei* exijam a sua intervenção própria e autónoma sobre determinados factos patrimoniais de empresas ou de outras entidades. Ou seja, trata-se de funções de *interesse público*.

O revisor oficial de contas desempenha as suas funções contempladas em regime de completa independência funcional e hierárquica relativamente às empresas ou outras entidades a quem presta serviços (artigo 49.º, n.º 1, do EOROC).

No exercício da *revisão legal das contas*, compete ao revisor oficial de contas ou à sociedade de revisores oficiais de contas[228]: a) elaborar documento de certificação legal das contas, numa das suas modalidades, ou declaração de impossibilidade de certificação legal; b) elaborar quaisquer outros relatórios decorrentes de exigência legal ou estatutária, em conformidade com as normas ou as recomendações emanadas da Ordem; subscrever o relatório e ou parecer do órgão de fiscalização em que se integre, sem pre-

e as normas de contabilidade e de auditoria, culmina então na opinião expressa do auditor sobre as mesmas.

[227] A actividade de auditoria às contas integra os exames e outros serviços relacionados com as contas de empresas ou de outras entidades efectuados de acordo com as normas de auditoria em vigor, compreendendo: a) a revisão legal das contas, exercida em cumprimento de disposição legal ou estatutária; b) a revisão voluntária de contas, exercida em cumprimento de vinculação contratual; c) os serviços relacionados com os referidos nas alíneas anteriores, quando tenham uma finalidade ou um âmbito específicos ou limitados (artigo 42.º).
Deve ser objecto de relatório de auditoria elaborado por revisor oficial de contas ou sociedade de revisor oficial de contas a informação financeira anual contida em documento de prestação de contas ou em prospectos que: devam ser submetidos à CMVM; devam ser publicados no âmbito de pedido de admissão à negociação em mercado regulamentado; ou respeitem a instituições de investimento colectivo (artigo 8.º, do Código dos Valores Mobiliários).

[228] Os revisores oficiais de contas que realizem a revisão legal de contas integram o órgão de fiscalização da entidade examinada ou actuam autonomamente. São inamovíveis antes de terminado o mandato ou, na falta de indicação deste ou de disposição contratual, por períodos de quatro anos.

juízo de declaração de voto, se o entender; d) sendo caso disso, requerer isoladamente a convocação da assembleia geral, quando o conselho fiscal, devendo fazê-lo, o não tenha feito; e) praticar outros actos que lhe sejam legalmente exigíveis (artigo 52.º).

A certificação legal das contas, sendo elaborada por escrito, deve incluir uma opinião de auditoria, que pode ser emitida com ou sem reservas, ou constituir uma opinião adversa, e apresentar claramente a opinião sobre se as contas dão uma imagem verdadeira e apropriada, de acordo com a estrutura de relato financeiro aplicável, ou, se for caso disso, se as contas cumprem os requisitos legais aplicáveis. Com base nos trabalhos realizados durante a revisão legal das contas, deve conter um parecer sobre a coerência do relatório de gestão com as contas do mesmo período e sobre a sua elaboração de acordo com os requisitos legais aplicáveis e ainda uma declaração sobre se foram identificadas incorreções materiais no relatório de gestão e, em caso afirmativo, indicações sobre a natureza de tais incorreções. E ainda uma declaração sobre qualquer incerteza material relacionada com acontecimentos ou condições que possam suscitar dúvidas significativas sobre a capacidade da entidade para dar continuidade às suas actividades (artigo 45.º, n.º 2, do EOROC).

O revisor oficial de contas ou a sociedade de revisores oficiais de contas deve escusar-se, de forma fundamentada, a emitir opinião de auditoria e declarar a impossibilidade de certificação legal de contas quando conclua ser inexistente, ser significativamente insuficiente ou ter sido ocultada matéria de apreciação, só podendo emitir certificação legal de contas em data posterior caso as contas sejam entretanto disponibilizadas e supridas as insuficiências identificadas aquando da escusa (n.º 4).

12.3. A responsabilidade tributária subsidiária

Os revisores oficiais de contas respondem[229] para com os credores da sociedade quando, pela inobservância culposa das disposições legais ou contratuais destinadas à protecção destes, o património social se torne insuficiente para a satisfação dos respectivos créditos (artigo 78.º, n.º 1, do CSC, *ex vi* do artigo 82.º, n.º 2).

---

[229] Trata-se de uma responsabilidade civil extracontratual.

No entanto, no plano tributário a responsabilidade advém das dívidas tributárias cujo facto constitutivo se tenha verificado no período de exercício do seu cargo ou cujo prazo legal de pagamento ou entrega tenha terminado depois deste, ou das dívidas tributárias cujo prazo legal de pagamento ou entrega tenha terminado no período do exercício do seu cargo. Trata-se de uma responsabilidade subsidiária que, como vimos, apenas tem lugar no caso de fundada insuficiência dos bens penhoráveis do devedor principal, isto é, a pessoa colectiva a quem prestou serviços de revisão ou auditoria.

Na configuração do legislador, esta responsabilidade surge assimilada à dos gerentes, directores e administradores («*A responsabilidade prevista neste artigo aplica-se aos membros dos órgãos de fiscalização e revisores oficiais de contas nas pessoas colectivas em que os houver*», diz-nos o n.º 2, do artigo 24.º, da LGT), podendo o órgão de execução fiscal determinar a reversão, indistintamente, contra uns e outros, sem estar vinculado a uma ordenação.

Não obstante, existem diferenças. Por exemplo, não é de admitir o exercício somente de facto das funções de revisão ou auditoria às contas, uma vez que estas pressupõem um vínculo contratual pré-existente com a entidade revisada (artigo 53.º, do EOROC). Como, ao contrário dos gerentes, directores e administradores, a prova de culpa na insuficiência do património da sociedade para a satisfação das dívidas, cabe sempre à administração tributária[230].

Nas palavras de J. L. SALDANHA SANCHES, quanto ao artigo 24.º, da LGT, «Igualmente responsabilizados no mesmo artigo da LGT, mas com uma posição jurídica inteiramente distinta (culpa in vigilando), são os titulares dos órgãos da sociedade ou da pessoa colectiva encarregados de garantir a observância por estas da lei civil ou fiscal (n.º 2). Assim, poderão responder pelas dívidas tributárias os membros dos órgãos de fiscalização e os revisores oficiais de contas (auditores financeiros) se não cumprirem as suas funções de fiscalização. Aqui não se trata da responsabilidade pela prática do acto de não entrega de imposto em dívida ou, eventualmente, de violação de outros deveres de cooperação (falsificação da escrita comercial), mas, sim, da falta de revelação de tais factos, se deverem ser por eles

---

[230] Recorde-se que, no caso das dívidas tributárias cujo prazo legal de pagamento ou entrega tenha terminado no período do exercício do seu cargo, são os gerentes, directores ou administradores que ficam onerados com a prova de que não lhes foi imputável a falta de pagamento.

conhecidos na necessária certificação das contas das sociedades ou das pessoas colectivas que têm por dever auditar»[231].

Como assinala ANTÓNIO LIMA GUERREIRO «É sempre da administração tributária o ónus de prova dos factos constitutivos da responsabilidade subsidiária dos revisores e demais órgãos de fiscalização». Ou seja, «cabe ao Fisco simultaneamente demonstrar a violação de dever de fiscalização de que sejam legalmente incumbidos os revisores oficiais de contas e demais membros dos órgãos de fiscalização e um nexo de causalidade entre o incumprimento desse dever e o incumprimento dos deveres tributários da sociedade. Não basta, pois, a mera invocação da violação de qualquer dever de fiscalização para fazer reverter a execução fiscal, sendo igualmente essencial a demonstração de que o incumprimento desse dever resultou o incumprimento das obrigações fiscais da sociedade. É causal o facto constitutivo da responsabilidade. O comportamento do revisor oficial de contas ou do órgão de fiscalização pode ser, porque a lei não distingue, doloso ou negligente»[232].

O incumprimento que funda a responsabilidade tem de ser, forçosamente, culposo, seja por negligência ou mesmo por dolo. Parte-se do pressuposto de que estes profissionais não terão cumprido cabalmente as suas funções de fiscalização, tal como vêm previstas no EOROC. Ou seja, torna-se mister aferir da culpa *funcional*.

Atente-se que no EOROC se procedeu à transposição da Directiva 2014/56/UE, do Parlamento Europeu e do Conselho, de 16 de Abril de 2014, que altera a Directiva 2006/43/CE relativa à revisão legal das contas anuais e consolidadas[233]. Por outro lado, tendo em conta a relevância pública significativa das *entidades de interesse público*[234], em virtude quer da sua escala e complexidade quer da natureza das suas actividades, julgou-se

---

[231] J. L. SALDANHA SANCHES, *Ob. Cit.*, p. 271.
[232] ANTÓNIO LIMA GUERREIRO, *ob. cit.*, p. 146.
[233] Esta Directiva ainda foi não transposta por vários Estados-Membros (Bélgica, Bulgária, Chipre, Croácia, Eslovénia, Estónia, Grécia, Letónia, Lituânia, República Checa, Países Baixos e Polónia).
[234] Segundo a Directiva 2006/43/CE, para além dos emitentes de valores mobiliários admitidos à negociação num mercado regulamentado, das instituições de crédito e das empresas de seguro, os Estados-Membros poderão qualificar como *entidades de interesse público* - e portanto sujeitas a auditorias mais exaustivas e à obrigação de contar com um *comité de auditoria* -, por exemplo, entidades de «*relevância pública significativa em razão do seu tipo de actividades, da sua dimensão ou do seu número de trabalhadores*».

necessário reforçar a credibilidade das demonstrações financeiras auditadas dessas entidades. Dado à luz, junto da mencionada Directiva, o Regulamento (UE) n.º 537/2014, do Parlamento Europeu e do Conselho, de 16 de Abril de 2014, relativo aos requisitos específicos para a revisão legal de contas de tais entidades, foi o mesmo parcialmente transposto pelo EOROC.

No fundo, a administração tributária tem que demonstrar, para além do incumprimento dos deveres, os danos resultantes desse incumprimento., estabelecendo o nexo causal.

Segundo as instruções veiculadas pelo Oficio-Circulado n.º 60.043/2005, de 25 de Janeiro, da Direcção de Serviços da Justiça Tributária[235], os requisitos dessa responsabilidade podem ser fundamentados por uma gama muito ampla de elementos, como o relatório anual e a certificação legal de contas elaborados pelos revisores oficiais de contas[236], informações, recomendações e advertências prestadas à administração no exercício das suas funções de fiscalização, etc. Instando-se os serviços fundamentar sempre os seus despachos de reversão com os elementos concretos que tenham apurado em face das averiguações, uma vez que o ónus da prova nestes casos compete à Fazenda Pública.

O referido Ofício Circulado esclarece também que os serviços deverão comunicar à Ordem dos Revisores Oficiais de Contas quando verifiquem que os revisores oficiais de contas não participaram ao Ministério Público os factos por si detectados no exercício das suas funções, que constituam crimes públicos, nos quais se integram os crimes fiscais[237].

Os revisores oficiais de contas e as sociedades de revisores oficiais de contas devem exercer a sua actividade profissional com independência, responsabilidade, competência e urbanidade, em conformidade com a lei

---

Ainda assim resulta numa exigência muito superior à adoptada, por exemplo, na legislação doméstica portuguesa, em que apenas se alargou a qualificação às *empresas públicas* que, durante dois anos consecutivos, apresentem um volume de negócios superior a 50 milhões de euros, ou um activo líquido total superior a 300 milhões de euros [artigo 3.º, alínea l), do *Regime Jurídico da Supervisão de Auditoria* (RJSA)].

[235] A administração tributária está vinculada às orientações genéricas constantes de circulares, regulamentos ou instrumentos de idêntica natureza, independentemente da sua forma de comunicação, visando a uniformização da interpretação e da aplicação das normas tributárias (artigo 68.º-A, da LGT).

[236] Nos termos do artigo 452.º, do CSC.

[237] Este dever surge imposto aos revisores oficiais de contas pelo disposto no artigo 113.º, do EOROC.

e os regulamentos aplicáveis, as normas de auditoria em vigor e as regras sobre informação, publicidade e segredo profissional (artigo 61.º, n.º 2, do EOROC).

Ademais, ao longo de todo o processo de revisão ou auditoria, o revisor oficial de contas ou a sociedade de revisores oficiais de contas devem manter uma atitude de *cepticismo profissional*, ou seja, uma atitude caracterizada pela dúvida e por um espírito crítico, atento às condições que possam indiciar eventuais distorções devidas a erros ou fraude, e por uma apreciação crítica dos elementos e da prova de auditoria. Reconhecendo a possibilidade de distorções materiais devidas a factos ou comportamentos que indiciem irregularidades, incluindo fraude ou erros (artigo 70.º).

Note-se, porém, que a revisão legal das contas não inclui uma garantia quanto à viabilidade futura da entidade auditada, nem quanto à eficiência ou eficácia com que o órgão de administração conduziu as actividades da entidade auditada (artigo 44.º, n.º 5).

13. As providências cautelares contra o responsável subsidiário

A garantia geral dos créditos tributários reside no *património do devedor* (artigo 50.º, da LGT). Por isso mesmo, a reversão contra o responsável subsidiário depende da fundada insuficiência dos *bens* penhoráveis do devedor principal e dos responsáveis solidários, ainda que sem prejuízo do benefício da excussão (artigo 23.º, n.º 2).

Ressalve-se que os bens integrantes do património do executado deverão ser susceptíveis de penhora e venda e, assim, de realizar o interesse do credor.

Em caso de fundado receio de frustração da cobrança dos créditos tributários, na sua totalidade ou em parte, o legislador prevê que possam ser adoptadas algumas providências cautelares, com ou sem necessidade de intervenção dos Tribunais, consoantes os casos.

13.1 As providências administrativas

O artigo 51.º, n.º 1, 1.ª parte, da LGT preceitua que a administração tributária pode, nos termos da lei, tomar *providências cautelares* para garantia dos créditos tributários em caso de *fundado receio de frustração da sua cobrança*. Ou seja, a competência para adopção destas medidas cautelares é conferida ao próprio fisco, não existindo nesse caso a necessidade do recurso aos tribunais[238].

As providências cautelares consistem na apreensão de bens, direitos ou documentos ou na retenção, até à satisfação dos créditos tributários, de prestações tributárias a que o contribuinte tenha direito (n.º 3).

Na pendência do procedimento inspectivo[239], estas providências cautelares têm como finalidade essencial garantir a aquisição e conservação da prova, mesmo antes de ser tomada uma decisão definitiva pela administração tributária[240], não se exigindo então a audição do requerido, uma vez que se tem em vista impedir a frustração da utilidade de uma eventual decisão posterior. Deste modo, o legislador consciente de que a natural e inevitável demora do procedimento inspectivo, da liquidação do tributo e do eventual processo de execução fiscal subsequente, não deverão prejudicar a concretização do interesse público na arrecadação das receitas tributárias e da realização efectiva da justiça fiscal, consagra uma tutela cautelar específica no âmbito do Direito Tributário.

Parece claro que o procedimento cautelar visa garantir não propriamente os efeitos da decisão de mérito mas a manutenção do *statu quo* de facto e de direito relativamente a uma situação jurídico-fiscal da qual emergem interesses tutelados pelo Direito Tributário.

---

[238] JORGE LOPES DE SOUSA, *Código de Procedimento e de Processo Tributário – Anotado e Comentado*, Vol. II, 6.ª Edição, Áreas Editora, Lisboa, 2011, p. 443.
A apreensão de bens que tenham constituído objecto de contra-ordenação pode ser efectuada no momento do levantamento do auto de notícia ou no decurso do processo pela entidade competente para a aplicação da coima, sempre que seja necessária para efeitos de prova ou de garantia da prestação tributária, coima ou custas (artigo 73.º, n.º 1, do RGIT), acaba por equivaler, na prática, a um arresto.

[239] Os funcionários da Autoridade Tributária e Aduaneira incumbidos da acção de inspecção tributária podem adoptar, atendendo ao princípio da proporcionalidade, as seguintes medidas cautelares de aquisição e conservação da prova (artigo 30.º, n.º 1, do RCPIT): a) Apreender os elementos de escrituração ou quaisquer outros elementos, incluindo suportes informáticos, comprovativos da situação tributária do sujeito passivo ou de terceiros; b) Selar quaisquer instalações, apreender bens, valores ou mercadorias, sempre que se mostre necessário à demonstração da existência de um ilícito tributário; c) Visar, quando conveniente, os livros e demais documentos.

[240] O procedimento de inspecção tributária tem um carácter meramente preparatório ou acessório dos actos tributários ou em matéria tributária, sem prejuízo do direito de impugnação das *medidas cautelares* adoptadas ou de quaisquer outros actos (artigo 11.º, do RCPIT)

A nossa melhor doutrina é especialmente fértil na conceptualização das medidas cautelares. Assim, para JOAQUIM FREITAS DA ROCHA os procedimentos cautelares são «instrumentos de tutela provisória de situações jurídicas, mantendo determinado estado ou efeito, ou antecipando--o»[241], isto é, almejam assegurar o efeito útil e eficaz do acto definitivo, *in casu*, da penhora ulterior.

13.2. As providências judiciais

13.2.1. O arresto

Em processo judicial tributário [artigo 97.º, n.º 1, alínea i), do CPPT] são admitidas como providências cautelares avulsas a favor da administração tributária o *arresto* e o *arrolamento* (artigo 135.º, n.º 1, do mesmo Código). Ocupar-nos-emos do primeiro, uma vez que pressupõe o receio de diminuição patrimonial do devedor e não de um mero extravio ou de dissipação de bens ou de documentos conexos com obrigações tributárias, donde o seu maior interesse no que tange aos responsáveis tributários subsidiários.

A lei prevê expressamente que o credor tributário possa lançar mão do *arresto* dos bens[242], se for caso disso, antes mesmo da reversão[243] (artigo 23.º, n.º 3, *in fine*, da LGT), consubstanciando um meio de conservação da garantia patrimonial do credor e de antecipação da penhora[244] mediante a

---

[241] JOAQUIM FREITAS DA ROCHA, *Lições de Procedimento e Processo Tributário*, p. 335.
[242] Na observação de MARCO CARVALHO GONÇALVES «o arresto traduz-se num "remédio de tutela indirecta do crédito", na medida em que não satisfaz directamente o crédito invocado pelo requerente da providência, conservando, antes os bens que serão objecto de execução patrimonial contra o devedor» (*Providências Cautelares*, 2.ª Edição, Almedina, Coimbra, 2016, p. 222).
[243] Conforme observam JOAQUIM FREITAS DA ROCHA e JOÃO DAMIÃO CALDEIRA a reversão «nem sequer é um pressuposto que a lei exige como fundamento para que o arresto seja decretado contra bens do responsável subsidiário pelo pagamento das dívidas, mas tão só que o mesmo se encontre em condições de vir a ser chamado através dessa reversão» (*Regime Complementar do Procedimento de Inspecção Tributária*, Coimbra Editora, Coimbra, 2013, p. 162).
[244] Segundo esclareceu o Tribunal da Relação de Coimbra «Configura-se o arresto (artigos 391º e segs. do CPC), no plano processual, como antecipação da penhora em vista da ulterior necessidade de adjectivação executiva, assegurando cautelarmente a conservação da garantia patrimonial do credor. Existe, neste sentido, uma sobreposição funcional entre a garantia cautelar mediante arresto e a execução» (Acórdão de 16 de Setembro de 2014 – Proc. n.º 1782/14.8TBLRA-A.C1). De igual modo, o Tribunal da Relação do Porto já havia considerado

apreensão *judicial* de bens, tendo em vista assegurar a efectiva cobrança dos créditos (artigo 391.º, n.º 1, do CPC). Conforme esclarece o Tribunal Central Administrativo Sul «O arresto é um meio de conservação da garantia patrimonial previsto na lei civil com um estreito vínculo funcional com a penhora e, grosso modo e na vertente processual, a providência cautelar especificada que consiste na apreensão judicial de bens, fundada no receio do credor de perder a garantia patrimonial do seu crédito» (Acórdão de 16 de Dezembro de 2015 – Proc. n.º 09201/15).

Recorde-se que, na lição de ANTUNES VARELA, o Mestre ensinava que o arresto «consiste na apreensão jurídica de bens do devedor, quando haja justo receio de que este os inutilize, que os venha ocultar»[245]. Como preleciona, igualmente, LUÍS MENEZES LEITÃO, basta «que exista um risco de o devedor ir proceder à ocultação, alienação ou dissipação dos seus bens ou que se verifiquem quaisquer outras circunstâncias que indiciem a possibilidade de futuro desaparecimento dos bens que constituem a garantia patrimonial do crédito»[246].

13.2.1.1. Pressupostos

Mesmo antes da instauração de processo de execução fiscal, o Representante da Fazenda Pública pode ter a iniciativa de requerer ao Tribunal (artigo 138.º, do CPPT) o *arresto* de bens do devedor originário de tributos ou mesmo do responsável solidário ou subsidiário, muitas vezes apoiado em

---

que «A penhora é a fase em que a garantia provisória adquirida por arresto, passa a definitiva» (Acórdão de 7 de Dezembro de 2006 – Proc. n.º 0634625). Por sua vez, o Tribunal da Relação de Lisboa entendeu que, «O arresto dos bens do devedor constitui uma penhora antecipada dos mesmos que habilita o credor a obter o pagamento do seu crédito, com preferência aos demais credores e pode ser decretado ainda que a aquisição do bem ou objecto do arresto por adquirente dos bens do devedor» (Acórdão de 23 de Novembro de 2006 – Proc. n.º 9000/06-6).
[245] JOÃO DE MATOS ANTUNES VARELA, *Das Obrigações em Geral*, Vol. II, 7.ª Edição, 10.ª Reimpressão, Almedina, Coimbra, 2015, p. 463. Já MARCO CARVALHO GONÇALVES esclarece que «o arresto permite garantir a satisfação de um determinado direito de crédito, obviando a dissipação, ocultação ou oneração do património do devedor até que o mesmo seja vendido em sede executiva» (*Lições de Processo Civil Executivo*, Almedina, Coimbra, 2016, p. 289).
[246] LUÍS MENEZES LEITÃO, *Direito das Obrigações*, Vol. II, 8.ª Edição, Almedina, Coimbra, 2011, p. 326.

informação prévia da inspecção tributária²⁴⁷ (artigo 31.º, n.º 2, do RCPIT)²⁴⁸ quando ocorram, *cumulativamente*, as seguintes circunstâncias: i) existência de fundado receio da *diminuição* de garantia de cobrança de créditos tributáveis²⁴⁹ (ex: celebração de contrato-promessa de compra e venda de bens imóveis); o tributo estar liquidado ou então estar, pelo menos, em fase de liquidação²⁵⁰ (artigo 136.º, n.º 1, do CPPT)

Em face do interesse público subjacente, o legislador permite um acesso menos restrito do credor fiscal (a administração tributária, entenda-se) ao arresto – «diminuição» (artigo 136.º, n.º 1, do CPPT) –, se compararmos com o credor comum – «perder» (artigo 391.º, n.º 1, do CPC) –, tendo o fisco, ademais, que demonstrar a existência efectiva ou, pelo menos, provável do crédito tributário.

---

²⁴⁷ Na verdade, «podem ser accionados os procedimentos *cautelares* (arresto e arrolamento), logo na pendência do procedimento de inspecção tributária, antes da própria liquidação e da instauração subsequente do processo de execução fiscal (artigos 135.º e seguintes, do CPPT, e 31.º, do RCPIT)» (RUI MARQUES, *Panama Papers: Subsídios para a sua compreensão fiscal*, p. 205).
²⁴⁸ A propositura das providências cautelares tem por base informação contendo (artigo 31.º, n.º 2, do RCPIT): a) a descrição dos factos demonstrativos do tributo ou da sua provável existência; b) a fundamentação do fundado receio de diminuição das garantias de cobrança do tributo; c) a relação de bens suficientes para garantir a cobrança da dívida e acrescido, com a indicação do valor, localização e identificação de registo predial ou outras menções que permitam concretizar a descrição.
²⁴⁹ Consideramos que não basta que a administração tributária demonstre a situação de diminuição das garantias de cobrança dos créditos por parte do devedor, sendo ainda necessário que demonstre que existe uma conduta do devedor susceptível de causar essa diminuição no momento da cobrança. O Tribunal Central Administrativo tem entendido que «No âmbito do processo tributário, para que proceda o arresto é necessário haver fundado receio da diminuição da garantia de cobrança de créditos tributários e o tributo estar liquidado ou em fase de liquidação. Na ausência da definição de fundado receio, afigura-se como adequado o recurso à figura de justo receio, que se verifica perante um perigo justificado, ou seja, uma probabilidade séria de que os patrimónios dos titulares de bens que servem de garantia à cobrança de créditos tributários diminuam de valor a ponto de se tornarem insuficientes para cobrança dos mesmos» (Acórdão de 16 de Dezembro de 2015 – Proc. n.º 09201/15).
²⁵⁰ A liquidação tem um mero efeito *declarativo* de uma realidade pré-existente, sendo que a relação tributária constitui-se com o facto tributário (artigo 36.º, n.º 1, da LGT) e é a partir desse momento que o crédito tributário se torna indisponível. Cfr. ANTÓNIO BRAZ TEIXEIRA, *ob. cit.*, p. 258 e JÓNATAS MACHADO e PAULO NOGUEIRA DA COSTA, *ob. cit.*, p. 236. No caso de tributo ainda não liquidado, apenas poderá ser decretado arresto a partir da verificação do facto tributário (imposto de obrigação única) ou a partir do termo do período de tributação (imposto periódico). Cfr. artigo 136.º, n.ºs 2 e 3, do CPPT.

No caso de já ter sido instaurado o processo de execução[251] e havendo *justo receio de* insolvência ou de ocultação ou alienação de bens, pode o Representante da Fazenda Pública requerer, junto do competente tribunal tributário, arresto em bens suficientes para garantir a dívida exequenda (artigo 214.º, n.º 1, do CPPT)[252]. No entanto, tal apenas se justifica na impossibilidade de realizar a penhora (por exemplo, após a citação do responsável subsidiário e depois do termo do prazo para a oposição judicial à execução fiscal[253], se considerarmos que ainda não é possível penhorar os bens do responsável subsidiário).[254].

O arresto fica sem efeito com o pagamento da dívida ou quando, no processo de liquidação do ou dos tributos para cuja garantia é destinado, se apure até ao fim do ano posterior àquele em que se efectuou não haver lugar a qualquer acto tributário e, ainda, se, a todo o tempo, for prestada garantia[255] (artigo 137.º, n.º 1, do CPPT). Ainda numa afirmação do princípio da celeridade, vale referir a norma específica contida no n.º 2, do artigo 137.º, do CPPT, a qual impõe que o arresto fica igualmente sem efeito quando, tendo sido decretado na pendência de procedimento de inspecção tributária, a entidade inspeccionada não for notificada do relatório de inspecção no prazo de 90 dias a contar da data do seu decretamento, a menos que, findo este período, ainda não tenha terminado o prazo legal para a conclusão daquele procedimento de inspecção, com as eventuais

---

[251] Aos serviços da administração tributária incumbe instaurar os processos de execução fiscal e realizar os actos a estes respeitantes, salvo os previstos no n.º 1, do artigo 151.º, do CPPT.

[252] Para efeitos de arresto ou penhora dos bens do contribuinte, pode ser requerida às instituições bancárias informação acerca do número das suas contas e respectivos saldos (artigo 214.º, n.º 4, do CPPT). Parece admitir-se apenas esta possibilidade, se já estivermos na pendência do processo de execução fiscal, apesar de o Representante da Fazenda Pública ter o dever de relacionar os bens que devem ser arrestados, com as menções necessárias ao arresto (artigo 136.º, n.º 4, do CPPT).

[253] Cfr. SERENA CABRITA NETO, *Contencioso Tributário*, Vol. II, p. 360.

[254] Neste sentido, estamos com RUI DUARTE MORAIS, quando este autor defende que «o arresto só fará sentido quando, apesar de a execução estar já instaurada, não possa ainda ser efectuada a penhora. Tal acontece nos casos em que a penhora só pode ter lugar depois da citação do executado e de ter decorrido o prazo para este deduzir oposição» (*Manual de Procedimento e Processo Tributário*, Almedina, Coimbra, 2012, p. 312).

[255] Cfr. artigos 52.º, da LGT e 169.º, do CPPT.

prorrogações legais, caso em que o arresto fica sem efeito no termo deste último prazo legal[256].

13.2.1.2. Efeitos

Os actos de disposição dos bens arrestados, embora válidos, são *ineficazes* em relação ao requerente do *arresto*, de acordo com as regras próprias da *penhora* (artigo 622.º, n.º 1, do C). Nas palavras esclarecedoras de PIRES DE LIMA e ANTUNES VARELA «Pode, portanto, o arrestado dispor ou onerar livremente os bens apreendidos. Somente esses actos não produzem efeitos em relação ao arrestante. Este continua a ter preferência, em relação aos demais credores»[257]. Posto isto, o facto de o arresto implicar a ineficácia em relação ao requerente dos actos de disposição dos bens arrestados, em conformidade com as regras próprias da penhora[258], e de lhe serem extensíveis os respectivos efeitos, conduz a que o revista a natureza de *garantia real*[259], mesmo que não tenha sido convertido em penhora[260].

---

[256] Convém lembrar que o procedimento de inspecção é contínuo e deve ser concluído no prazo máximo de seis meses a contar da notificação do seu início (artigo 36.º, n.º 2, do RCPIT), não se aplicando o prazo geral de quatro meses (artigo 57.º, n.º 1, da LGT).

[257] PIRES DE LIMA e ANTUNES VARELA, *Código Civil Anotado*, Vol. I, 4.ª Edição Revista e Actualizada, Coimbra Editora, Coimbra, 2011, p. 640.

[258] Salvo nos casos especialmente previstos na lei, o exequente adquire pela penhora o direito de ser pago com preferência a qualquer outro credor que não tenha garantia real anterior (artigo 822.º, n.º 1, do CC).

[259] Neste sentido *vide* MÁRIO JÚLIO DE ALMEIDA COSTA, *ob. cit.*, pp. 986-987 e LUÍS MENEZES LEITÃO, *Garantias das Obrigações*, 5.ª Edição, Almedina, Coimbra, 2016, p. 92. No entendimento do Tribunal da Relação do Porto «Com o arresto pretendem os interessados que o bem se mantenha no património do devedor, até que a sua acção executiva conduza à penhora do mesmo bem, cumprindo a sua função de garantia do crédito. A penhora tem-se como válida a partir da data do arresto. O arresto converte-se em penhora, assumindo a posição de direito real de garantia» (Acórdão de 7 de Dezembro de 2006 – Proc. n.º 0636600). Já o Tribunal da Relação de Lisboa considerou que «O arresto, antes da sua conversão em penhora, não consubstancia uma garantia real, não conferindo, por esse motivo, preferência ao respectivo credor sobre os demais credores, na venda em execução» (Acórdão de 17 de Janeiro de 2006 – Proc. n.º 412/2006-6). Posteriormente, o Supremo Tribunal de Justiça veio a entender que, «O arresto não concede preferência enquanto não convertido em penhora. Quando convertido, a penhora fica com a data do arresto. O arresto não é garantia real» (Acórdão de 3 de Maio de 2007 – Proc. n.º 07B747).

[260] Segundo o Supremo Tribunal Administrativo «o arresto não convertido em penhora confere ao arrestante preferência igual à que dá a penhora» (Acórdão de 16 de Maio de 2012

Tendo sido previamente arrestados os bens do executado, a anterioridade da penhora reporta-se à data do arresto (artigo 822.º, n.º 2, do CC), ou seja, a penhora acaba então por beneficiar do mesmo grau de anterioridade derivado do arresto previamente decretado pelo tribunal. Estamos assim com o Supremo Tribunal Administrativo, quando asseverou que, «Não é controvertido que o arresto e a penhora são dois institutos diferentes, apesar de próximos. Um e outro produzem os efeitos que a lei lhes atribui. Donde se retira que quando o arresto é convertido em penhora já não há aresto, mas penhora. Os efeitos do arresto convertido em penhora são, consequentemente, os da penhora. Com a vantagem, para o arrestante, da sua retroacção ao momento do arresto. Nem de outro modo se compreenderia, pois se não houvesse a falada retroacção o arrestante sairia prejudicado com a conversão do arresto em penhora: esta, sendo necessariamente posterior, colocá-lo-ia em desvantagem absoluta (face à sua anterior preferência) e relativa (perante os demais credores). Assim, quando a lei indica quais os efeitos do arresto, não está a referir-se aos do que já foi convertido em penhora - estes são já da penhora, e não do arresto - mas aos do arresto não convertido em penhora» (Acórdão de 15 de Julho de 2007 – Proc. n.º 01131/06).

O arresto efectuado antes ou depois da instauração do processo de execução, será convertido em *penhora* se o pagamento não tiver sido efectuado (artigo 214.º, n.º 3, do CPPT). Note-se que, em face da celeridade na tramitação do processo de execução fiscal (artigo 177.º, do CPPT), imprimida pela profunda modernização operada nos últimos anos, serão relativamente raros os casos de arresto após a instauração da execução. Por outro lado, retenha-se que na *graduação de créditos* não é atendida a preferência resultante de hipoteca judicial, nem a proveniente da *penhora*, [artigo 140.º, n.º 3, do Código da Insolvência e da Recuperação de Empresas (CIRE), aprovado pelo Decreto-Lei n.º 53/2004, de 18 de Março], assegurando-se a *par conditio creditorium*, mas as custas respectivas passam a ser consideradas dívidas da massa insolvente (artigos 46.º, n.º 1, 51.º e 172.º). Posto isto,

– Proc. n.º 01156/11).

a própria penhora constitui, em certo sentido, um direito real de garantia[261] *imperfeito*, dado que se extingue em caso de insolvência do devedor[262].

13.2.1.3. A situação de imposto não entregue nos cofres do Estado

As circunstâncias referidas nos artigos 136.º e 214.º, do CPPT *presumem-se* no caso de dívidas por impostos que o executado tenha retido ou repercutido a terceiros e não entregue nos prazos legais (artigo 214.º, n.º 2), o que sucede, por exemplo, com as situações de falta de entrega nos cofres do Estado das importâncias de IRS retidas na fonte pelas entidades patronais aos seus trabalhadores[263], bem como das prestações de IVA liquidadas aos clientes. Estes casos poderão também configurar a prática de um crime

---

[261] Na lição de A. SANTOS JUSTO ensina-se que «Os direitos reais de garantia conferem ao credor o poder ou faculdade de se pagar pelo valor (ou rendimentos) de certos bens, com preferência sobre os demais credores do devedor. São, portanto, direitos que visam assegurar a satisfação de direitos de crédito, colocando os seus titulares numa posição preferencial em relação aos restantes credores do mesmo devedor» (*Direitos Reais*, 2.ª Edição, Coimbra Editora, Coimbra, 2010, p. 46). Defendendo que a penhora constitui um direito real de garantia, LUÍS MENEZES LEITÃO prelecciona que «não há dúvida que a penhora atribui ao exequente um direito sobre uma coisa corpórea, oponível *erga omnes*, que lhe atribui preferência no pagamento no pagamento sobre a venda desse mesmo bem» (*Direitos Reais*, 5.ª Edição, Almedina, Coimbra, 2015, p. 510).

[262] RUI PINTO DUARTE, *Curso de Direitos Reais*, Principia, Lisboa, 2002, pp. 245 e segs. Para ALEXANDRE SOVERAL MARTINS «A penhora não é verdadeiramente uma garantia real, mas apenas uma *fase processual de apreensão de bens*. Porém, a questão assume aqui pouco interesse prático tendo em conta o disposto no art. 140.º, 3, que dispõe não ser atendível na graduação de créditos a preferência proveniente da hipoteca predial e da penhora» (*Um Curso de Direito da Insolvência*, 2.ª Edição, Almedina, Coimbra, 2016, p. 277). Já segundo MIGUEL LUCAS PIRES, «atribuindo a penhora um direito ao seu beneficiário de ser pago, pelo produto da venda, com preferência a qualquer credor que não disponha de uma garantia real anterior, não pode a mesma deixar de ser considerada como uma garantia real e, mais do que isso, como um verdadeiro direito real de garantia, pois recai sobre bens certos e determinados» (*Dos Privilégios Creditórios: Regime Jurídico e Sua Influência no Concurso de Credores*, Almedina, Coimbra, 2004, p. 438).

[263] Estamos com MÁRIO FERREIRA MONTE quando sublinha que «está presente uma *relação de confiança*. Trata-se de uma relação estabelecida entre o Estado, que também é o credor tributário, e o contribuinte, que, por certo tempo, vem a ser o devedor originário (se existir coincidência) ou o substituto, no caso em que exista retenção (na fonte) e que, por esta razão, este último passe a ser o devedor em virtude de ter a obrigação de reter a quantia correspondente ao imposto e de a entregar ao Estado» (*Da legitimação do Direito Penal Tributário em particular, os paradigmáticos casos de facturas falsas*, Coimbra Editora, Coimbra, 2007, pp. 279-280).

de abuso de confiança fiscal[264] sempre que o montante em falta ultrapasse o valor de €7500 por *declaração* (artigo 105.º, n.º 1 e 7, do RGIT)[265]. O tipo legal do crime de abuso de confiança fiscal vem confirmar que o legislador considera que o montante não entregue dolosamente integra, afinal, o património do Estado e não o património do devedor[266], já que constitui uma coisa *alheia* a este último, um pouco à semelhança do crime de abuso de confiança comum [artigo 205.º, do Código Penal (CP)][267], embora aquele revele a especificidade de o lesado ser o Estado Fiscal e não um particular. Compreende-se assim, nestes casos e sem dificuldade, a presunção legal das circunstâncias subjacentes aos procedimentos cautelares.

---

[264] A lei não almeja a criminalização da *falta de pagamento* em si, para a qual prevê a utilização de mecanismos coercivos em sede de execução fiscal (artigos 148.º e segs. do CPPT) mas apenas o *sancionamento criminal de comportamentos dolosos do contribuinte* que atentem com gravidade contra a *lealdade* e *cooperação* que é devida na relação jurídico-tributária prejudicando de modo especialmente censurável os contribuintes cumpridores.

[265] O dever *tributário* de entrega de IVA vigora independentemente do efectivo recebimento, sendo na conjuntura actual de crise económica e financeira cada vez mais frequentes as situações em que os sujeitos passivos efectuam o pagamento do imposto com sacrifício das suas próprias disponibilidades financeiras, não tendo recebido o imposto dos seus clientes, logo não se podendo falar, em bom rigor, de entrega, mas de pagamento de imposto, divergindo a prática do espírito que subjaz ao próprio imposto. Neste caso, o "cobrador de imposto" é responsável no plano estritamente tributário não apenas pelo que recebeu mas, igualmente, pelo que se previa que tivesse recebido, mesmo que tal não tenha sucedido. No entanto, no plano *penal* tributário, o sancionamento criminal deve estar confinado somente às situações de não entrega dolosa de imposto nos cofres do Estado do imposto previamente recebido dos seus clientes, dada a excepcionalidade da privação da liberdade (artigo 27.º, n.º 1, da Constituição) e sobretudo devido ao princípio da culpabilidade em direito penal (artigo 2.º, n.º 1, do RGIT). O Acórdão uniformizador de jurisprudência proferido pelo Supremo Tribunal de Justiça em 29 de Abril de 2015 (Proc. n.º 85/2014) veio esclarecer de modo lapidar e muito oportuno que o *recebimento efectivo* do imposto (IVA) integra o tipo legal de crime constante no artigo 105.º, do RGIT (crime de abuso de confiança fiscal).

[266] Neste sentido, o Tribunal da Relação do Porto veio esclarecer que «As quantias retidas a título de IRS e IVA não são propriedade de quem as retém, mas da admin*istração tributária*» (Acórdão de 12 de Novembro de 2003 - Proc. n.º 0313696).

[267] Quem ilegitimamente se apropriar de coisa móvel que lhe tenha sido entregue por título não translativo da propriedade é punido com pena de prisão até 3 anos ou com pena de multa, sendo que o agente tiver *recebido a coisa em depósito imposto por lei* em razão de ofício, emprego ou profissão, ou na qualidade de tutor, curador ou depositário judicial, é punido com pena de prisão de 1 a 8 anos (artigo 205.º, n.º 1 e 5, do Código Penal).

13.2.1.4. O arresto dos bens dos gestores

A lei, como já vimos, admite inclusivamente o arresto de bens do administrador ou gerente *(responsável subsidiário)*, mesmo antes de ser decretada a reversão, já que esta medida cautelar pode ser decretada mesmo em momento anterior ao da instauração do processo de execução fiscal - «*o tributo estar liquidado ou em fase de liquidação*» (artigo 136.º, do CPPT) - ou mesmo após essa instauração (artigo 214.º, n.º 1, do CPPT)[268]. No entendimento do Tribunal Central Administrativo Sul, «A Administração Tributária pode, para garantia dos créditos tributários, tomar providências cautelares, que se podem traduzir em arresto de bens do devedor ou do *responsável subsidiário* nos casos em que haja fundado receio da diminuição de garantia de cobrança de créditos tributáveis e estar o tributo liquidado ou em fase de liquidação ou, depois de instaurada a execução fiscal, havendo justo receio de insolvência ou de ocultação ou alienação de bens, quer por parte do executado, quer por parte do responsável subsidiário, solidário ou sucessor (cfr. artigos 51.º da Lei Geral Tributária e 135.º a 139.º, 214.º e 215.º a 236.º, todos do CPPT)» (Acórdão de 14 de Abril de 2015 - Proc. n.º 08383/15).

O requerente (administração tributária) pode e deve alegar e provar, mesmo que de modo sumário[269], que se encontram reunidos os pressupostos previstos na lei para a efectivação da responsabilidade tributária subsidiária, nomeadamente a inexistência[270] de bens ou a insuficiência patrimonial do devedor originário, bem como o exercício efectivo do cargo

---

[268] Conforme sublinha JORGE LOPES DE SOUSA «poderá justificar-se também o decretamento de arresto na pendência de execução fiscal relativamente a bens de responsáveis subsidiários, nos casos em que venha a ocorrer reversão na constatação da insuficiência dos bens do devedor originário e dos responsáveis solidários» (*Código de Procedimento e de Processo Tributário – Anotado e Comentado*, Vol. III, p. 576).

[269] O Tribunal Central Administrativo Sul tem entendido que «Não é de exigir que a Administração Tributária descreva ou prove no despacho de reversão os factos materiais em que se traduz o exercício da gerência» (Acórdão de 22 de Outubro de 2015 - Proc. 05482/12).

[270] Segundo o Supremo Tribunal Administrativo, «A inexistência de bens da sociedade devedora originária, enquanto pressuposto da reversão da execução fiscal contra os responsáveis subsidiários, deve reportar-se ao momento em que a reversão ocorre e não ao momento em que o administrador ou gerente/responsável subsidiário exerceu esse cargo societário» (Acórdão de 16 de Março de 2016 - Proc. n.º 0647/15).

de administração ou gerência da empresa²⁷¹, se considerarmos que não pode abranger o gestor meramente nominal.

Segundo o entendimento muito esclarecedor do Tribunal Central Administrativo Sul, «Não é, em nenhuma medida, questionável, por tão explícita e objectiva letra da lei – cfr. art. 136.º n.º 1 CPPT, a possibilidade do arresto poder incidir sobre bens propriedade de um responsável subsidiário, por dívidas fiscais de outrem. Mais, é permitido e, por isso, legal, o arresto de bens do responsável subsidiário antes da instauração de um qualquer processo de execução fiscal ou sem que este haja sido chamado ao mesmo por via de reversão, ou seja, "é desnecessário demonstrar a efectivação da responsabilidade subsidiária do requerido. Outrossim, indiscutível é a necessidade de a administração tributária/AT, mediante a representação da Fazenda Pública, alegar e comprovar, ao requerer o arresto, mesmo que sumariamente, por estarmos no âmbito de uma providência/procedimento cautelar, factos idóneos a demonstrar a reunião, o preenchimento, dos pressupostos legais para a efectivação do mecanismo da reversão, isto é, que estão verificados os requisitos positivados nos arts. 24.º LGT e 153.º n.º 2 CPPT» (12 de Janeiro de 2010 – Proc. n.º 03687/09).

No que respeita ao arresto²⁷² de bens de responsável subsidiário, não podemos esquecer que incumbe à administração tributária na qualidade

---

²⁷¹ Cfr. RUY DE ALBUQUERQUE e ANTÓNIO MENEZES CORDEIRO, *Da Responsabilidade Fiscal Subsidiária: A Imputação aos Gestores dos Débitos das Empresas à Previdência e o Artigo 16.º do Código de Processo das Contribuições e Impostos*, Ciência e Técnica Fiscal n.ºs 334-336, Centro de Estudos Fiscais, Lisboa, Outubro-Dezembro de 1996, p. 159. No entendimento do Tribunal Central Administrativo Norte «A responsabilidade subsidiária dos gerentes, por dívidas da executada originária, tem por pressuposto o exercício efectivo do cargo de gerente. O n.º 1 do artigo 24.º da LGT exige para responsabilização subsidiária a gerência efectiva ou de facto, ou seja, o efectivo exercício de funções de gerência, não se satisfazendo com a mera a gerência nominal ou de direito. De actos isolados praticados pela Oponente, em que, aparentemente, terá agido em representação da executada originária em momentos concretos, não é viável, à luz das regras de experiência comum, extrair a conclusão de que a mesma exerceu, de facto, a gerência da dita sociedade, principalmente em concatenação com outros factos apurados que revelam o seu alheamento da gestão e representação da mesma» (Acórdão de 29 de Setembro de 2016 – Proc. n.º 02374/06.0BEPRT).

²⁷² Nas palavras de JORGE AUGUSTO PAIS DO AMARAL «Quando o devedor não cumpre as suas obrigações pecuniárias, o credor tem o direito de promover a execução dos seus bens. Por isso, o credor tem todo o interesse em que o devedor não aliene ou onere os bens susceptíveis de garantir o pagamento da importância em dívida. Trata-se, portanto, de uma providência de carácter preventivo» (*Direito Processual Civil*, 12.ª Edição, Almedina, Coimbra, 2016, p. 69).

de arrestante, a demonstração da verificação dos pressupostos legais de que depende o chamamento do responsável subsidiário[273] pela via da reversão. Acompanhamos o entendimento do Tribunal Central Administrativo Sul, quando sanciona que «para que possa ser decretado arresto sobre bens do responsável subsidiário importa apenas verificar se ocorrem os requisitos referidos e ainda se se encontram preenchidos os pressupostos exigidos por lei para poder ordenar-se contra o responsável subsidiário a reversão da execução» (Acórdão de 30 de Outubro de 2007, Processo n.º 02077/07).

14. A impugnação pauliana

Por sua vez, a *impugnação pauliana* constitui uma faculdade que permite aos credores a «desconstituição» da alienação fraudulenta e o retorno do objecto ao património do devedor, tendo em vista a satisfação do crédito pré-existente (artigos 610.º e seguintes, do CC). Trata-se de impugnar um acto, mesmo que este seja nulo[274], que envolveu diminuição da garantia patrimonial do crédito, mesmo que este seja posterior, logo que o acto tenha sido realizado dolosamente com o fim de impedir a satisfação do direito do futuro credor. De qualquer forma, é necessário que tenha resultado do acto a impossibilidade para o credor de obter a satisfação integral do seu crédito ou agravamento dessa impossibilidade (artigo 610.º).

Não impede a caracterização como negócio gratuito a doação de um prédio, ficando o donatário obrigado à entrega de uma quantia monetária aos doadores para a satisfação de dívidas e ao pagamento mensal do empréstimo contraído pelos doadores, garantido por hipoteca que recai sobre o imóvel doado[275].

Ficando onerado o Estado (o impugnante, através do Ministério Público, perante os tribunais comuns) com a prova do montante das dívidas, parece ser exigível que já tenha sido produzida a liquidação de imposto (artigo 611.º). No caso de um acto de disposição patrimonial pelo responsável subsidiário (*maxime*, uma alienação ou doação), a respectiva impugnação

---

[273] Segundo o Tribunal Central Administrativo Sul «A mera qualidade jurídica de administrador/gerente, constante do registo, não permite presumir, por si só, o exercício das inerentes funções» (Acórdão de 21 de Setembro de 2010 – Proc. n.º 04201/10).
[274] Artigo 615.º, n.º 1, do CC.
[275] Assim o entendeu o Tribunal da Relação de Guimarães, em Acórdão de 18 de Fevereiro de 2012 (Proc. n.º 134/14.0TBAMR-G1).

pauliana deverá ter sido precedida da instauração do processo de execução fiscal contra o devedor principal.

Por sua vez, sobre o devedor (neste caso, subsidiário) ou um terceiro interessado na manutenção do acto[276] recai o *onus probandi* de que o obrigado possui bens penhoráveis de igual ou maior valor.

Não obstante, salvo no caso de acto gratuito (doação), o legislador impõe a verificação do requisito da má-fé na actuação do devedor e do terceiro, isto é, que ambos estivessem conscientes do prejuízo causado pelo acto ao credor (artigo 612.º).

Ademais, podem ser invalidadas as transmissões posteriores desde que verificados os requisitos acima enunciados no que tange à primeira transmissão, mantendo-se a exigência do requisito da má-fé tanto do alienante como do posterior adquirente, no caso de a nova transmissão ser a título oneroso. O mesmo sendo de aplicar a respeito da constituição de direitos sobre os bens transmitidos em benefício de terceiro (artigo 613.º).

O facto de o devedor ter impugnado judicialmente a liquidação (artigo 22.º, n.º 5, da LGT) não obsta à dedução da impugnação pauliana, como decorre do artigo 614.º, n.º 1, do CC[277].

Mesmo que o cônjuge não seja considerado responsável pela dívida, tal não obsta à impugnação da alienação de bem comum por ambos os cônjuges, porque o mesmo passara a integrar o património de terceiro[278].

No processo de insolvência, a impugnação pauliana mantém a sua utilidade com vista à liquidação de todo o património do devedor (incluindo os bens que foram objecto do acto impugnado). Outrossim, no processo de revitalização, a impugnação pauliana mantém a sua utilidade com vista à garantia das obrigações decorrentes do plano de revitalização[279].

---

[276] Via de regra, o adquirente do bem.

[277] Veja-se, neste sentido, o Acórdão do Tribunal da Relação de Lisboa, de 26 de Março de 2015 (Proc. n.º 1594/10.8TVLSB.L1-8).

[278] Neste mesmo sentido, veja-se o Acórdão do Supremo Tribunal de Justiça, de 9 de Dezembro de 2014 (Proc. n.º 3573 / 11.9TBGDM.P1.S1).

[279] Acórdão do Tribunal da Relação do Porto, de 29 de Setembro de 2016 (Proc. n.º 1252/14.4TBPRD.P1). Note-se porém que, no entendimento do Supremo Tribunal de Justiça, se o executado é declarado insolvente na pendência de acção de impugnação pauliana movida pelo exequente, por razões de justiça material e respeito pela execução universal que a insolvência despoleta, os bens alienados, objecto da acção de impugnação pauliana julgada procedente, devem, excepcionalmente, regressar ao património do devedor, para, integrando

O direito de impugnação caduca ao fim de cinco anos, contados da data do acto impugnável (artigo 618.º).

Segundo dissemos em outra sede «A disposição patrimonial (ex: venda pelo devedor de bem imóvel a uma sociedade *offshore*, seguida de contrato de arrendamento com o mesmo),envolvendo diminuição da garantia patrimonial do crédito, pode ser atacada mediante *impugnação pauliana*, nos termos do artigo 610.º, do Código Civil. A procedência da impugnação faculta a execução do bem no património do obrigado (o adquirente), sem necessidade de fazê-lo reverter ao património do alienante (artigo 818.º, 2.ª parte, do mesmo Código)»[280].

Nos termos do n.º 1, do artigo 616.º do CC, julgada procedente a impugnação, o credor tem direito à restituição dos bens na medida do seu interesse, podendo executá-los no património do obrigado à restituição e praticar os actos de conservação da garantia patrimonial autorizados por lei. Assim, são três os direitos conferidos: o direito à restituição na medida do interesse do credor, o direito de praticar os actos de conservação da garantia patrimonial autorizados por lei e o direito de execução no património do obrigado à restituição[281].

A sentença da impugnação pauliana constitui um título executivo perfeitamente válido no processo de execução fiscal onde, via de regra, se tomou conhecimento da alienação do bem do executado.

Para que possa ocorrer a penhora e posterior venda de bem imóvel objecto de acção de impugnação pauliana oportunamente julgada procedente, é indispensável que o adquirente seja chamado ao processo de execução fiscal por via da citação.

Não por acaso, o artigo 49.º, n.º 4, da LGT, preceitua que desde a instauração até ao trânsito em julgado da acção de impugnação pauliana *intentada pelo Ministério Público, tem lugar a suspensão do prazo de prescrição da dívida tributária*[282].

---

a massa insolvente, responderem perante os credores da insolvência (Acórdão de 11 de Julho de 2013 – Proc. n.º 283/09.0TBVFR-C.P1.S1).

[280] RUI MARQUES, *Panama Papers: Subsídios para a sua compreensão fiscal*, p. 205.
[281] Cfr. PIRES DE LIMA e ANTUNES VARELA, *Código Civil Anotado*, Vol. I, pp. 633-634.
[282] Cfr. Supremo Tribunal Administrativo, Acórdão de 4 de Maio de 2016 – Proc. n.º 0480/16.

15. A reversão do processo de execução fiscal

A responsabilidade *subsidiária*[283] efectiva-se necessariamente por *reversão*, ou seja, mediante o «redireccionamento»[284] do processo de execução fiscal já instaurado contra o ente colectivo[285] (artigo 23.º, n.º 1, da LGT), pelo que apenas a partir desse momento o administrador ou gerente da sociedade comercial passa a ser *sujeito passivo*[286] da relação jurídica tributária (artigo 18.º, n.º 3, do CPPT). A legitimidade dos responsáveis subsidiários resulta então de ter sido contra eles ordenada a reversão da execução fiscal ou, se for caso disso, requerida qualquer providência cautelar[287] de garantia dos créditos tributários (artigo 9.º, n.º 3, do CPPT). Colocando algumas reticências a esta posição, observou-se em outra sede que «a qualidade do responsável, vinculando-o ao cumprimento da prestação tributária, se bem que a título subsidiário, não nasce com a reversão. A responsabili-

---

[283] Cfr. Tribunal Central Administrativo Sul (Acórdão de 10 de Julho de 2015 – Proc. n.º 08792/15). No entanto, se a execução tiver sido movida apenas contra o devedor principal e os bens deste se revelarem insuficientes, pode o exequente requerer, no mesmo processo, execução contra o devedor subsidiário, que será citado para pagamento do remanescente (artigo 745.º, n.º 3, do CPC).

[284] Estamos perante uma "ampliação subjectiva da instância" na feliz expressão de PEDRO VIDAL MATOS, *A reversão do processo de execução fiscal*, Revista da Ordem dos Advogados, ano 68, n.ºs 2-3, Lisboa, Setembro-Dezembro de 2008, p. 963.

[285] Por via da reversão, o processo de execução passa a direccionar-se contra pessoa que não consta como devedor no título executivo (certidão de dívida).

[286] Segundo nos dá conta A. A. GALHARDO SIMÕES, «a lei, em virtude de uma especial posição que ele ocupa relativamente ao devedor originário, ao contribuinte ou ao pressuposto do imposto, entendeu dever vinculá-lo directa e expressamente, falando-se então em responsável» (*ob. cit.*, p. 47). Como refere igualmente DOMINGOS PEREIRA DE SOUSA, «o devedor pode ser pessoa diversa do contribuinte originário, como acontece em todos os casos em que a lei prevê que a prestação possa ser exigida a um terceiro em virtude de um nexo de responsabilidade tributária subsidiária. Nesses casos, as pessoas dos responsáveis tributários são chamadas a ocupar o lugar de sujeito passivo da relação jurídica em momento posterior ao da liquidação da obrigação tributária, pelo que são devedores não originários» (*Direito Fiscal e Processo Tributário*, Coimbra Editora, Coimbra, 2013, p. 212).

[287] Caso no momento da reversão não seja possível determinar a suficiência dos bens penhorados por não estar definido com precisão o montante a pagar pelo responsável subsidiário, o processo de execução fiscal fica suspenso desde o termo do prazo de oposição até à completa excussão do património do executado, sem prejuízo da possibilidade de adopção das *medidas cautelares* adequadas nos termos da lei (artigo 23.º, n.º 3, da LGT). Estas consistem na apreensão de bens, direitos ou documentos ou na retenção, até à satisfação dos créditos tributários, de prestações tributárias a que o contribuinte tenha direito (artigo 51.º, n.º 3, da LGT).

dade tributária subsidiária surge, *ex lege*, por comando dos artigos 22.º, n.º 4 e 24.º, da LGT, e não *administrativamente*, por efeito de um despacho de reversão pelo órgão de execução fiscal. E tanto assim sucede que a reversão é precedida de *audição do responsável subsidiário* (artigo 23.º, n.º 4). Ou seja, pensamos que a responsabilidade tributária subsidiária decorre do exercício do cargo de gerência ou administração, pese embora venha a efectivar-se ou a ser concretizada apenas por meio da reversão, dada a sua subsidiariedade[288].

A reversão consubstancia a «transferência» da responsabilidade de dívidas do sujeito passivo originário para outras pessoas, numa importante manifestação do *princípio da economia procedimental*, possibilitando a penhora e a venda coerciva subsequentes de todos os bens necessários à satisfação do crédito no âmbito do *mesmo processo de execução*. Pelo que, consequentemente, não existe a necessidade da instauração de outro processo de execução fiscal. Este passa a ser dirigido contra outras pessoas que não as indicadas na certidão de dívida (título executivo)[289].

---

[288] «Quando o responsável tributário subsidiário vem a responder pela dívida *alheia* é em virtude da existência de uma relação *especial* que já existia com o devedor originário. A responsabilidade pelas dívidas tributárias atém-se, não ao momento da reversão, mas sempre, antes, de um modo ou de outro, ao *período de exercício do seu cargo*. Seja porque neste se verificou o facto constitutivo ou o termo do prazo legal de pagamento ou entrega da dívida exequenda. Seja porque, tendo este prazo terminado depois do referido período, terá sido por culpa sua – durante o período de exercício do seu cargo, já se vê – que o património da sociedade depois se tornou insuficiente para a satisfação da dívida (artigo 24.º). Diferente seria se o legislador resolvesse imputar a responsabilidade tributária ao administrador, director ou gerente que exercesse as suas funções no momento da reversão. O que, como sabemos, não sucede. Privilegiando antes o exercício, pelo menos *de facto*, das funções de administração ou gestão, e não a efectivação da responsabilidade subsidiária. Em abono do que vimos sustentando, tenha--se presente que a Administração pode, nos termos da lei, tomar *providências cautelares* para garantia dos créditos tributários em caso de fundado receio de frustração da sua cobrança ou de destruição ou extravio de documentos ou outros elementos necessários ao apuramento da situação tributária dos sujeitos passivos e demais obrigados tributários (artigo 51.º, n.º 1, da LGT). Ou seja, antes mesmo da instauração do processo de execução fiscal» (RUI MARQUES, *Panama Papers: Subsídios para a sua compreensão fiscal*, p. 204).

[289] Segundo PEDRO VIDAL MATOS, «Trata-se, assim, antes de mais, de um instituto fundado no princípio da economia processual, na medida em que evita a instauração de um novo processo executivo contra o responsável subsidiário, permitindo que aquele já instaurado contra o devedor originário passe a correr, também contra o responsável subsidiário» (*A Reversão do Processo de Execução Fiscal*, p. 963).

A *reversão* constitui um *acto administrativo*²⁹⁰ e, seguramente, não um acto jurisdicional²⁹¹, do processo de execução fiscal, pelo que se enquadra na esfera de competência da administração tributária, enquanto manifestação do princípio da *plenitude* que subordina o processo de execução fiscal [artigos 10.º, n.º 1, alínea f), do CPPT e 103.º, n.º 2, 2.ª parte, da LGT]. Recorde-se que o processo de execução fiscal²⁹² tem uma natureza *judicial*, sem prejuízo da participação dos órgãos da administração tributária nos actos que não tenham natureza jurisdicional (artigo 103.º, n.º 1, da LGT). A nosso ver, é de uma natureza *unitariamente* judicial que se trata²⁹³, o que parece reforçado pelas alterações introduzidas pela Lei n.º 55-A/2010, de 31 de Dezembro (que aprovou o Orçamento do Estado para 2011), em matéria de entrega de bem vendido ao adquirente e de decisão de verificação e graduação de créditos.

---

²⁹⁰ JOAQUIM FREITAS DA ROCHA, *Lições de Procedimento e Processo Tributário*, p. 335 e SERENA CABRITA NETO e CARLA CASTELO TRINDADE, *Contencioso Tributário*, Vol. II, p. 534. A cobrança das obrigações tributárias, na parte que não tiver natureza judicial considera-se inserida no procedimento tributário (artigo 44.º, n.º 1, alínea g), do CPPT). Consideram-se actos administrativos as decisões que, no exercício de poderes jurídico-administrativos, visem produzir efeitos jurídicos externos numa situação individual e concreta (artigo 148.º, n.º 1, do NCPA). Segundo o entendimento do Tribunal Central Administrativo Norte «O despacho de reversão, pelo qual se opera uma modificação subjectiva na execução fiscal, apesar de proferido em processo de natureza judicial, constitui um *acto de natureza administrativa*» (Acórdão de 29 de Maio de 2014 – Proc. n.º 0511/11). Em sentido diferente, entendeu o Supremo Tribunal Administrativo, para o qual, «O despacho de reversão como, de resto, outros proferidos pelo órgão de execução fiscal, designadamente, aquele em que se ordena a instauração da execução, a citação dos executados, etc., não são mais que *puros actos de trâmite*, de tramitação da execução fiscal» (Acórdão de 26 de Maio de 2010 – Proc. n.º 0343/10), logo não integraria o conceito de *acto administrativo*.

²⁹¹ Cfr. Tribunal Constitucional (Acórdãos n.ºs 160/2007, de 6 de Março, e 392/2007, de 10 de Julho). Cfr. JOAO MIRANDA, *A ordem de reversão no processo de execução fiscal contra administradores e gerentes de sociedades: acto inserido em processo judicial ou em procedimento administrativo executivo?*, Revista de Finanças Públicas e Direito Fiscal, Ano 1, n.º 2 - Verão, IDEFF/Almedina, Coimbra, Junho 2008, pp. 229-237 e RUI DUARTE MORAIS, *Manual de Procedimento e Processo Tributário*, p. 342.

²⁹² O processo de execução fiscal é instaurado pelos serviços da administração tributária na sequência de incumprimento da obrigação de pagamento ou de entrega de imposto por parte do contribuinte, conferindo-se eficácia às normas jurídicas tributárias imperativas, mediante poderes coercivos exercidos pelo Estado-administração.

²⁹³ PAULO MARQUES, *Execução Fiscal: Uma ruptura com o princípio da separação de poderes?*, Revista de Finanças Públicas e de Direito Fiscal, Faculdade de Direito de Lisboa, Ano 5, n.º 1, IDEFF/Almedina, Coimbra, Julho de 2012, pp. 175-201.

15.1. O momento da reversão, em especial

A reversão contra o responsável subsidiário depende da fundada *insuficiência dos bens penhoráveis*[294] do devedor principal e dos responsáveis solidários, sem prejuízo do *benefício da excussão* (artigo 23.º, n.º 2, da LGT). Pelo que a reversão da execução fiscal contra o administrador ou o gerente da empresa pressupõe a inexistência ou, pelo menos, a *fundada* insuficiência[295] de bens do ente colectivo. Apenas se poderá fazer pagar a dívida executiva com os bens do revertido uma vez efectuada a excussão dos bens do devedor originário com a respectiva venda coerciva[296] dos bens ou, com a aplicação dos bens penhorados, se estes últimos forem fungíveis (artigo 153.º, do CPPT)[297].

Dito de outro modo, impõe-se a retirada prévia dos bens da esfera patrimonial do ente colectivo. Compreende-se, sem dificuldade, esta exigência, uma vez que apenas excutido todo o património do devedor originário se consegue apurar com total rigor a extensão da responsabilidade do devedor

---

[294] Curiosamente o legislador refere que a reversão contra o responsável subsidiário depende da fundada insuficiência dos bens *penhoráveis* e não dos bens já vendidos.

[295] Quando, em virtude de penhora ou de venda, forem arrecadadas importâncias insuficientes para solver a dívida exequenda e o acrescido, serão sucessivamente aplicadas, em primeiro lugar, na amortização dos juros de mora, de outros encargos legais e da dívida tributária mais antiga, incluindo juros compensatórios (artigo 262.º, n.º 2, do CPPT).

[296] Pelo que entendemos que o termo do procedimento de venda coerciva marca o momento a partir do qual já é então possível aferir com rigor o grau de insuficiência do património do devedor principal.

[297] O chamamento à execução dos responsáveis subsidiários depende da verificação de qualquer das seguintes circunstâncias (artigo 153.º, n.º 2, do CPPT): a) inexistência de bens penhoráveis do devedor e seus sucessores; b) fundada insuficiência, de acordo com os elementos constantes do auto de penhora e outros de que o órgão da execução fiscal disponha, do património do devedor para a satisfação da dívida exequenda e acrescido. A realização da reversão do processo de execução fiscal contra o administrador ou o gerente da empresa não exige necessariamente o esgotamento prévio dos bens do ente colectivo, bastando que a administração tributária constate a insuficiência patrimonial da empresa, para que possa ser chamado o administrador ou o gerente ao processo de execução fiscal, inicialmente facultando-lhe o direito de audição prévia (artigo 23.º, n.º 4, da LGT), e depois, mediante citação, passar a ser constituído responsável tributário subsidiário [artigos 22.º, n.º 4, da LGT e 191.º, n.º 3, línea b), do CPPT]. Outra coisa é o benefício de excussão, o qual consiste na possibilidade do revertido exigir que se apliquem na dívida primeiro os bens do devedor principal e só depois os seus bens.

subsidiário e se concretiza com efectividade a subsidiariedade e a excepcionalidade que a caracterizam[298].

O *benefício da excussão* traduz-se pois na possibilidade de evitar a agressão dos bens que integram a esfera patrimonial do responsável subsidiário, enquanto não tiver sido executado todo o património do devedor principal e outras garantias reais prestada por terceiro[299]. Sendo executado apenas o património do *devedor subsidiário* e invocando este o benefício da excussão prévia, pode o exequente requerer, no mesmo processo, execução contra o *devedor principal,* promovendo a penhora dos bens deste (artigo 828.º, n.º 2, do CPC), podendo deduzir oposição judicial à execução fiscal [artigo 204.º, n.º 1, alínea i), do CPPT][300].

A própria letra da lei que estabelece que no caso de, no momento da reversão, não ser ainda possível determinar a suficiência dos bens penhorados por não estar definido com precisão o montante a pagar pelo responsável subsidiário[301], o processo de execução fiscal fica *suspenso* desde o termo do prazo de oposição até à completa excussão do património do executado, sem prejuízo da possibilidade de adopção das medidas cautela-

---

[298] Tratando-se de bem fungível (ex: saldo de conta bancária), o apuramento do seu valor torna-se mais fácil. A instituição detentora do depósito penhorado deve comunicar ao órgão da execução fiscal o saldo da conta ou contas objecto de penhora na data em que esta se considere efectuada (artigo 223.º, n.º 2, do CPPT). Salvo nos casos de depósitos existentes em instituição de crédito competente, em que se aplica o disposto no CPC, a penhora efectua-se por meio de carta registada, com aviso de recepção, dirigida ao depositário, devendo a notificação conter ainda a indicação de que as quantias depositadas nas contas referidas nos números anteriores ficam indisponíveis desde a data da penhora, salvo nos casos previstos na lei, mantendo-se válida por período não superior a um ano, sem prejuízo de renovação (artigo 223.º, n.º 3, do CPPT).

[299] Pensamos que é lícita ainda a recusa, não obstante a excussão de todos os bens do devedor, se o revertido provar que o crédito não foi satisfeito por culpa do credor.

[300] Cfr. JORGE LOPES DE SOUSA, *Código de Procedimento e de Processo Tributário*, Vol. III, p. 64.

[301] Na observação lúcida de TÂNIA MEIRELES DA CUNHA «apesar de tal consagração expressa, chega a ser possível que ocorra a penhora dos bens do responsável subsidiário antes de integralmente esgotado o património do devedor originário e sem que se saiba qual o montante por que o responsável responderá. Nestes casos de insuficiência não quantificada do património do devedor originário, considerou o legislador que os direitos do responsável ficam acautelados por via da suspensão do processo de execução fiscal. Logo, depois de penhorados os bens do responsável ocorre tal suspensão, que só cessará depois de excutido o património do devedor originário» (*ob. cit.*, p. 98).

res³⁰² adequadas nos termos da lei (artigo 23.º, n.º 3, da LGT)³⁰³. A redacção deste preceito legal («o processo de execução fiscal fica *suspenso*») mostra-se, porém, algo infeliz, uma vez que, em bom rigor, o processo executivo não fica suspenso, designadamente havendo o poder-dever de penhorar e vender ou aplicar os bens do devedor originário. Pelo que *apenas se suspendem os efeitos da reversão*: o pagamento da dívida da empresa com os bens do responsável subsidiário. Por outro lado, a suspensão em causa é oficiosa, não sendo necessário qualquer requerimento do revertido.

Este normativo legal do artigo 23.º, n.º 3, da LGT, impõe que, mesmo na situação de fundada insuficiência patrimonial do devedor originário, mas de difícil quantificação, ainda assim se efectue *de imediato* a reversão, mas com posterior suspensão da execução até à completa *excussão* dos bens do devedor originário. Deste modo, resulta da lei que a reversão em execução fiscal pode ser decidida, neste caso, contra os responsáveis subsidiários³⁰⁴, mesmo sem o património do devedor originário ainda estar

---

³⁰² Por exemplo, o arresto de bens consiste num meio conservatório da garantia patrimonial, consubstanciado numa providência cautelar que permite a apreensão judicial dos bens do devedor, mesmo sem ter sido realizada a reversão do processo de execução fiscal. Conforme fazem notar JOAQUIM FREITAS DA ROCHA e JOÃO DAMIÃO CALDEIRA, «Sendo o arresto um meio processual de natureza cautelar, não é necessário – nem o podia ser – que o seu decretamento dependa da prévia reversão da execução» (*ob. cit.*, p. 162).

³⁰³ Segundo o Tribunal Central Administrativo Sul «Actualmente não é necessária a prévia excussão do património do devedor originário para ser praticável a reversão, bastando a fundada insuficiência daquele património para pagamento da dívida exequenda e acrescido. Tendo sido efectuadas diligências que permitem afirmar que não existem bens suficientes para garantir o pagamento integral da dívida exequenda, a Administração Tributária cumpriu o ónus da prova dessa insuficiência. Se no decurso do período do exercício efectivo do cargo de gerente se esgota o prazo para pagamento do imposto, não vindo ele a acontecer, o ónus da prova inverte-se contra o gerente, sendo ele quem tem de provar que não lhe foi imputável a falta de pagamento, pois que se presume a sua culpa. Não tendo o oponente alegado ou provado a sua falta de culpa no não pagamento da dívida exequenda revertida, improcede a oposição à execução fiscal» (Acórdão de 10 de Julho de 2015 – Proc. n.º 08792/15).

³⁰⁴ As causas de suspensão ou interrupção da prescrição aproveitam igualmente ao devedor principal e aos responsáveis solidários ou subsidiários (artigo 48.º, n.º 2, da LGT). A interrupção da prescrição relativamente ao devedor principal não produz efeitos quanto ao responsável subsidiário se a citação deste, em processo de execução fiscal, for efectuada após o 5.º ano posterior ao da liquidação (artigo 48.º, n.º 3, da LGT). Dito de outro modo, para que a interrupção da prescrição relativamente ao devedor principal aproveita igualmente ao responsável subsidiário, desde que este tenha sido citado para o pagamento da dívida, no prazo máximo de cinco anos desde a liquidação de imposto. Interrompido o prazo de prescrição pela citação fica inutilizado todo prazo decorrido anteriormente (artigo 326.º, n.º 1,

completamente excutido, bastando que existam fundadas razões para se poder concluir que os bens penhorados ao devedor originário sejam insuficientes para pagar a totalidade da dívida[305], não se exigindo então o cálculo com absoluta exactidão dessa mesma insuficiência patrimonial. A dúvida sobre o *quantum* a pagar pelo responsável subsidiário deve constituir assim uma dúvida residual em termos de manifesta insuficiência patrimonial do devedor originário (ou solidário), significando que o órgão de execução fiscal deve aferir, *a priori* a insuficiência de bens do devedor principal e dos responsáveis solidários, permanecendo somente a dúvida sobre o exacto montante dessa mesma insuficiência[306].

Para SERENA CABRITA NETO e CARLA CASTELO TRINDADE «A melhor solução será, em nossa opinião, a reversão da execução fiscal contra os responsáveis subsidiários no momento em que o órgão da execução fiscal tenha conhecimento da fundada insuficiência do património

---

do CC). Segundo o Tribunal Central Administrativo Sul «Quando a citação do responsável subsidiário ocorre após ao 5.º ano a que se refere o n.º 3 do art. 48.º da LGT, a interrupção da prescrição relativamente ao devedor principal não produz efeitos relativamente àquele, e se na data da citação do responsável subsidiário a dívida ainda não se encontrava prescrita, por não se ter completado o prazo de 8 anos (art. 48.º, n.º 1 da LGT), verifica-se a interrupção da prescrição com a sua própria citação "uma única vez" nos termos do disposto no n.º 3 do art. 49.º da LGT» (Acórdão de 3 de Dezembro de 2015 – Proc. n.º 09146/15)

[305] No entendimento do Supremo Tribunal Administrativo, com o qual concordamos, «A reversão em execução fiscal pode ser decidida contra os responsáveis subsidiários, mesmo sem o património do devedor originário ainda estar excutido, bastando que existam fundadas razões para se poder concluir que os bens penhorados ao devedor originário sejam insuficientes para pagar a totalidade da dívida. Nesse caso, o benefício da excussão é salvaguardado com a suspensão dos efeitos da reversão, caso se verifique a impossibilidade de apuramento da suficiência dos bens penhorados» (Acórdão de 12 de Abril de 2012 - Proc. n.º 0257/12).

[306] «A questão da reversão coloca-se quando for instaurada uma execução fiscal contra o devedor originário e este não tiver meios para proceder ao pagamento da dívida ou, então, ainda que tenham sido penhorados bens ao executado e, subsequentemente vendidos, o produto da venda dos bens mostrar-se insuficiente para extinguir a execução. Se o produto da venda dos bens penhorados não for suficiente para o pagamento da dívida exequenda e acrescido, o processo continuará seus termos até integral execução dos bens do executado e/ou dos responsáveis solidários ou subsidiários [...] Pese embora o supra enunciado, o órgão da execução fiscal deve determinar de imediato a reversão da execução fiscal contra os responsáveis subsidiários, logo que for possível determinar que os bens do devedor originário serão insuficientes para pagamento integral da dívida exequenda e acrescido. Na maioria dos casos, é possível determinar esta situação em momento imediato à penhora dos bens do devedor originário» (JESUÍNO ALCÂNTARA MARTINS e JOSÉ COSTA ALVES, *Procedimento e Processo Tributário – Uma Perspectiva Prática*, Almedina, Coimbra, 2015, pp. 373 e 376).

do executado originário e do montante a pagar pelos responsáveis subsidiários. Via de regra, isto só será possível após a aplicação do produto da venda dos bens penhorados. Se se pretender garantir a cobrança coerciva das dívidas com o património dos responsáveis subsidiários, previamente ao conhecimento do montante a pagar por estes, o órgão da execução fiscal poderá, se julgar haver fundado receio da sua dissipação, requer o arresto dos bens, nos termos do artigo 214.º, do CPPT»[307]. Estamos ainda com TÂNIA MEIRELES CUNHA, quando sustenta que «Sendo possível a reversão da execução, em casos de insuficiência, ou seja, em casos em que existem bens (penhoráveis ou penhorados) na esfera patrimonial do devedor originário, terminado o prazo da oposição será efectuada a penhora de bens do revertido, podendo, eventualmente, seguir-se-lhe a sustação; logo, o legislador entendeu que *o benefício da excussão não é posto em causa com esta penhora, mas sim com a venda ou adjudicação dos bens penhorados*»[308].

[307] SERENA CABRITA NETO e CARLA CASTELO TRINDADE, Contencioso Tributário, Vol. II, pp. 539-540.
[308] TÂNIA MEIRELES CUNHA, *O momento da reversão da execução fiscal contra os responsáveis subsidiários*, Ciência e Técnica Fiscal n.º 416, Centro de Estudos Fiscais, Lisboa, 2005, p. 139. De igual modo, ANTÓNIO LIMA GUERREIRO defende que «A não liquidação do património do devedor não impede, pois, a reversão, dependendo de mero juízo de forte probabilidade da insuficiência dos bens» (*Lei Geral Tributária Anotada*, Editora Rei dos Livros, Lisboa, 2000, p. 132). Concordamos com esta posição, uma vez que o próprio n.º 2, do artigo 23.º, da LGT tem implícito que em caso de "fundada insuficiência" se possa operar a reversão do processo de execução fiscal mesmo antes da completa excussão dos bens do devedor originário. Quando a responsabilidade de certos bens pela dívida exequenda depender da verificação da falta ou insuficiência de outros, pode o exequente promover logo a penhora dos bens que respondem subsidiariamente pela dívida, desde que demonstre a insuficiência manifesta dos que por ela deviam responder prioritariamente (artigo 745.º, n.º 5, do CPC). Conforme nos dá conta RUI PINTO «pode o exequente promover logo, *antes da venda dos bens objectivamente responsáveis*, a penhora dos bens que apenas respondem subsidiariamente pela dívida, desde que demonstre a insuficiência manifesta dos que por ela deviam responder prioritariamente. Portanto, a falta ou insuficiência pode ser feita valer aquando da indicação de bens à penhora» (*Notas ao Código de Processo Civil*, Vol. II, 2.ª Edição, Coimbra Editora, Coimbra, 2015, p. 296). Não concordamos assim com FREITAS PEREIRA, quando este doutrinador defende que «só depois de penhorados e vendidos todos os bens do devedor principal e dos responsáveis solidários, pode a execução reverter contra o responsável subsidiário» (*Fiscalidade*, 4.ª Edição, Almedina, Coimbra, 2011, p. 276). De igual modo, DIOGO LEITE DE CAMPOS sustenta que «Assim, não basta que o Estado, para accionar a responsabilidade subsidiária, sinta dificuldade em obter o cumprimento da dívida pelo devedor; ou julgue os seus bens insuficientes para permitirem o pagamento. É necessário que tenha penhorado os bens do devedor; promovido a sua venda; e verifique que o produto é insuficiente. Exercendo os seus direitos contra o res-

Num *juízo de prognose*, o chamamento à execução dos responsáveis subsidiários depende da verificação de *fundada* insuficiência do património do devedor para a satisfação da dívida exequenda e acrescido, a qual pode ser apurada com base nos elementos constantes do *auto de penhora* e outros de que o órgão da execução fiscal disponha [artigo 153.º, n.º 2, alínea b), do CPPT], mesmo sem ainda terem sido excutidos os bens do devedor originário.

Uma vez apurada e provada a insuficiência de bens do devedor originário e dos responsáveis solidários, o órgão de execução fiscal deve preparar de imediato (artigos 30.º, n.º 2 e 36.º, n.º 3, da LGT e 85.º, n.º 3, do CPPT) a reversão contra os responsáveis subsidiários, notificando para esse efeito os potenciais revertidos (artigos 23.º, n.º 4 e 60.º, n.ºs 4 a 7 da LGT). Compreende-se sem dificuldade este dever, já que a partir do momento em que é detectada e aferida a insuficiência patrimonial, sabe-se de antemão com probabilidade que será absolutamente necessária a reversão da execução fiscal contra os responsáveis subsidiários. Muitas vezes, não se sabe com exactidão o *quantum* da responsabilidade patrimonial do responsável subsidiário, uma vez que tal determinação com exactidão apenas é possível após o esgotamento prévio da esfera patrimonial do devedor originário e dos responsáveis solidários, daí a suspensão da execução após o *terminus* do prazo de oposição judicial à execução fiscal, até à concretização efectiva do benefício da excussão (artigo 23.º, n.º 3, da LGT). Entendemos que quando o valor dos bens é pré-determinado (ex: penhora de saldo de conta bancária, de salários, etc.), é possível aferir-se com alguma precisão o quantitativo da insuficiência patrimonial do devedor originário, conhecendo-se com algum rigor o montante a pagar pelo responsável subsidiário.

ponsável subsidiário pela *diferença*. A não ser que a sociedade não tenha bens. Caso em que o Estado se poderá dirigir imediatamente contra o responsável subsidiário» (*A Responsabilidade Subsidiária, em Direito Tributário, dos Gerentes e Administradores das sociedades*, Revista da Ordem dos Advogados, ano 56, n.º 2, Lisboa, Agosto de 1996, p. 493).

15.2. A fundada insuficiência dos bens da empresa

15.2.1. Enquadramento legal

A reversão contra o responsável subsidiário (ex: gerente ou administrador da empresa), como já se viu, não pressupõe apenas o incumprimento fiscal da empresa, dependendo da fundada insuficiência dos bens penhoráveis do devedor principal e dos responsáveis solidários, sem prejuízo do benefício da excussão (artigo 23.º, n.º 2, da LGT). Daqui decorre que existindo fundada insuficiência patrimonial do ente colectivo (ex: a dívida exequenda é muito superior ao valor expectável do bem penhorado, pertencente este ao património do devedor originário), a administração tributária pode e deve operar a reversão.

No entanto, a dívida em causa apenas pode ser paga com os bens do responsável subsidiário após terem sido esgotados os bens do devedor originário, ou seja, apenas poderá ser executado o património do devedor subsidiário quando obtida a certeza sobre o insucesso da cobrança junto do devedor originário (ex: em face de uma penhora de créditos operada junto do cliente do devedor originário, já sabemos que o seu património não será suficiente para o pagamento integral da dívida)[309]. Como sublinha MARCO CARVALHO FERNANDES «Correndo a execução contra o devedor principal e o devedor subsidiário e tendo os bens do devedor principal sido excutidos em primeiro lugar, pode o devedor subsidiário fazer sustar a execução nos seus próprios bens, indicando bens do devedor principal que hajam sido sido posteriormente adquiridos ou que não fossem conhecidos»[310].

Por conseguinte, nas situações enquadradas no n.º 3, do artigo 23.º, da LGT, de *impossibilidade de apuramento da suficiência dos bens penhoráveis*, ou seja, em que não é ainda possível quantificar com rigor a extensão da responsabilidade do revertido (ex: a penhora de bem imóvel do devedor originário não permite ainda saber quanto deve pagar o revertido), o legislador

---

[309] No entendimento do Tribunal Central Administrativo Norte «A execução fiscal pode ser revertida contra os devedores subsidiários sem que se mostre excutido o património da devedora originária bastando para tal que existam fundadas razões para concluir que os bens da devedora originária são insuficientes para o pagamento da dívida exequenda» (Acórdão de 7 de Julho de 2016 – Proc. n.º 0899/15.6BEBRG).

[310] MARCO CARVALHO GONÇALVES, *Lições de Processo Civil Executivo*, p. 275.

impõe uma suspensão do processo, impossibilitando então a efectivação da penhora de bens do responsável subsidiário[311], sob pena de não se distinguir com nitidez os diferentes regimes (artigo 23.º, n.ºs 2 e 3, da LGT)[312]. No entanto, mesmo nesta última situação, como já se antecipou, existe conveniência na realização da reversão, já que a interrupção da prescrição relativamente ao devedor principal não produz efeitos quanto ao responsável subsidiário se a citação[313] deste, em processo de execução fiscal, for efectuada após o 5.º ano posterior ao da liquidação (artigo 48.º, n.º 3, da LGT).

15.2.2. Os efeitos da penhora

Em resultado do princípio da indisponibilidade do crédito tributário[314] (artigo 30.º, n.º 2, da LGT), findo o prazo posterior à citação sem ter sido

---

[311] Conforme explica JORGE LOPES DE SOUSA, «o processo de execução fiscal fica suspenso, já com a reversão efectuada, em relação ao revertido, pois, obviamente, quanto ao devedor originário o processo prossegue para concretizar a excussão de que depende o prosseguimento contra o revertido» (*Código de Procedimento e de Processo Tributário – Anotado e Comentado*, Vol. III, p. 65).

[312] Segundo o Tribunal Central Administrativo Sul «Dos nºs 2 e 3 do art. 23 da LGT resulta a possibilidade da reversão sem excussão dos bens do devedor originário, só que, nesta situação, o processo de execução fiscal fica suspenso, já com a reversão efectuada, em relação ao revertido, após o termo do prazo da oposição, pois, obviamente, quanto ao devedor originário o processo prossegue para concretizar a excussão de que depende o prosseguimento contra o revertido» (4 de Fevereiro de 2016 – Proc. n.º 09198/15).

[313] A citação não se confunde com a reversão em si mesma, consubstanciando aquela apenas a comunicação dirigida ao responsável subsidiário dando-lhe conta de que reverte contra ele uma execução fiscal. Pelo que a fundamentação da reversão é aferida em função do que surge declarado no próprio despacho e não somente no que consta do acto de citação. O acto de citação dá a conhecer igualmente ao responsável subsidiário os exactos *pressupostos* e a *extensão* da *reversão*, bem como o teor da *liquidação de imposto subjacente*, tendo em vista as garantias do contribuinte.

[314] Incumbe à administração tributária o *poder-dever* de assegurar o cumprimento das obrigações fiscais por todos os contribuintes, efectivando deste modo a igualdade tributária efectiva. Segundo nos dá conta MARCELO CAVALI, do dever fundamental de pagar tributos, «ninguém pode ser excluído e *cada contribuinte tem o direito de exigir do Estado que lhe valha dos meios necessários a impedir que outros dele se eximam*. [...] Como mandamento dirigido ao legislador, implica em exigir deste que utilize *todos os mecanismos à sua disposição*, desde que compatíveis – ou compatibilizáveis – com os demais princípios constitucionais, para atingir o objectivo de que todos cumpram com seu dever» (*Cláusulas Gerais Antielusivas: Reflexões Acerca de sua Conformidade Constitucional em Portugal e no Brasil*, Almedina, Coimbra, 2006, pp. 179-180).

efectuado o pagamento, procede-se à *penhora*³¹⁵ (artigo 215.º, n.º 1, do CPPT), possibilitando ao credor tributário o direito de ser pago pelo valor da venda do bem com preferência sobre os demais credores que não gozem de qualquer privilégio especial ou de prioridade de registo. No entanto, o executado continua a poder dispor e onerar os respectivos bens, mormente os actos por si praticados passem a ser *ineficazes* em relação ao credor tributário (artigo 819.º, do Código Civil). Nas palavras de JOSÉ LEBRE DE FREITAS «O executado perde os poderes de gozo que integram o seu direito, mas não o poder de dele dispor. Mantém, assim, a titularidade dum direito esvaziado de todo o seu restante conteúdo. E, sendo assim, continua a poder praticar, depois da penhora, actos de *disposição* ou *oneração*. Os actos de disposição ou oneração dos bens penhorados comprometeriam, no entanto, a função da penhora³¹⁶ se tivessem eficácia plena. Por isso, são *inoponíveis* à execução»³¹⁷. De igual modo, MARCO CARVALHO GONÇALVES esclarece que «a disposição, a oneração ou o arrendamento de um bem penhorado, feita por um executado ou por um terceiro em sua representação ou a seu mando - ou, no caso de penhora de créditos, o acto extintivo do crédito, tal como o perdão, a compensação, a novação ou a renúncia – é válido, já que a penhora não extingue o direito de propriedade do executado sobre o bem por ela atingido, limitando apenas a

---

³¹⁵ Conforme esclarece LUÍS MENEZES LEITÃO, «A penhora consiste numa apreensão judicial dos bens do executado (seja ele o devedor ou terceiro) afectos à garantia da obrigação exequenda, em ordem a que eles possam ser sujeitos aos fins da acção executiva, a saber, a satisfação do direito do credor exequente e, eventualmente, do dos outros credores com garantia real sobre esses bens» (*Direitos Reais*, p. 246). No entanto, RUI DUARTE MORAIS defende que «a penhora só poderá ter lugar após decorrido o prazo para reclamação ou impugnação da liquidação, pois, lançando mão de um de tais meios, o revertido pode pedir a suspensão da execução» (p. 312).

³¹⁶ Salvo nos casos especialmente previstos na lei, o exequente adquire pela penhora o direito de ser pago com preferência a qualquer outro credor que não tenha garantia real anterior (artigo 822.º, n.º 1, do Código Civil).

³¹⁷ JOSÉ LEBRE DE FREITAS, *A Acção Executiva – Depois da Reforma*, 4.ª Edição, Coimbra Editora, Coimbra, 2004, p. 266. Segundo RUI DUARTE MORAIS, «Uma vez que todo o património do devedor responde, potencialmente, pelas suas dívidas há que concretizar aqueles bens que deverão ficar afectos ao pagamento da quantia exequenda. Tal é, desde logo, do interesse do próprio executado que, assim, verá os poderes normais de disposição do seu património limitados relativamente a, apenas, alguns dos bens que o constituem, mantendo-os intactos relativamente aos demais» (*A Execução Fiscal*, 2.ª Edição, Almedina, Coimbra, 2010, p. 92).

possibilidade de disposição do bem por ela individualizado, mas a eficácia plena desse acto fica dependente do desfecho da execução, sendo inoponível à própria execução»[318].

A finalidade intrínseca do processo de execução fiscal tem em vista a obtenção pelo credor tributário da mesma prestação tributária a que conduziria o cumprimento voluntário[319] da obrigação tributária por parte do contribuinte (executado). Estamos assim com FERNANDO AMÂNCIO FERREIRA, quando afirma que «o fim da acção executiva é o de conseguir para o credor a mesma prestação, o mesmo benefício que lhe traria o cumprimento voluntário da obrigação por parte do devedor, e como este não pode ser compelido por aquele a realizar os actos necessários à satisfação do vínculo obrigacional, torna-se necessário, quando o devedor não cumpre, que a obrigação se torne efectiva, pelo valor que representa o seu património»[320].

---

[318] MARCO CARVALHO GONÇALVES, *Lições de Processo Civil Executivo*, pp. 233-234. Nas palavras de J. M. GONÇALVES SAMPAIO, «Podendo embora aliená-los ou onerá-los, tais actos são ineficazes em relação ao credor exequente e aos credores preferenciais que venham reclamar o pagamento dos seus créditos. Através da penhora opera-se, portanto, a transmissão forçada da posse: o executado é como que desapossado dos direitos de que o tribunal irá dispor nas fases posteriores da execução» (*A acção executiva e a problemática das execuções injustas*, 2.ª Edição Revista, Actualizada e Ampliada, Almedina, Lisboa, 2008, p. 203).

[319] Constitui pagamento voluntário de dívidas de impostos e demais prestações tributárias o efectuado dentro do prazo estabelecido nas leis tributárias (artigo 84.º, do CPPT).

[320] FERNANDO AMÂNCIO FERREIRA, *Curso de Processo de Execução*, 11.ª Edição, Almedina, Coimbra, 2009, p. 201.

Sendo o acervo patrimonial do devedor[321] a garantia geral[322] das suas obrigações (artigos 601.º, do Código Civil, e 50.º, n.º 1, da LGT)[323], cabe à administração tributária enquanto órgão de execução fiscal o dever de penhorar[324] em concreto os bens necessários à satisfação do crédito fiscal, investida de poderes de autoridade - «*ius imperii*», enquanto manifestação do privilégio da execução prévia (artigo 148.º e segs., do CPPT) -, já que este constitui uma excepção à regra da execução jurisdicional[325].

[321] Conforme refere JOSÉ LEBRE DE FREITAS «Nunca podem ser penhorados senão bens do executado, seja este o devedor principal, um devedor subsidiário ou um terceiro» (*ob. cit.*, p. 209).
[322] A garantia *geral* das obrigações é comum à totalidade dos credores, permitindo a satisfação em pé de igualdade dos respectivos direitos, à custa do acervo patrimonial do devedor. Nas palavras de PEDRO ROMANO MARTÍNEZ e PEDRO FUZETA DA FONTE, «A garantia conferida ao credor comum não incide sobre bens certos e determinados do património do devedor, só se concretizando com a penhora; tratando-se de uma garantia geral, reflecte-se sobre todos os valores, indiscriminadamente, não prevalecendo em relação a garantias especiais, que recaem sobre bens especificados do património do devedor, como seja uma hipoteca. A garantia geral abrange todos os bens que integrem o património do devedor à altura da execução, independentemente de terem sido adquiridos antes ou depois da constituição do crédito» (*Garantias de Cumprimento*, 5.ª Edição, Almedina, 2006, pp. 13-14).
[323] Estão sujeitos à execução todos os bens do devedor susceptíveis de penhora que, nos termos da lei substantiva, respondem pela dívida exequenda (artigo 735.º, n.º 1, do CPC). 2 - Nos casos especialmente previstos na lei, podem ser penhorados bens de terceiro, desde que a execução tenha sido movida contra ele (n.º 2).
[324] O crédito tributário é *indisponível*, só podendo fixar-se condições para a sua redução ou extinção com respeito pelo princípio da igualdade e da legalidade tributária (artigo 30.º, n.º 2, da LGT). A administração tributária não pode conceder moratórias no pagamento das obrigações tributárias, salvo nos casos expressamente previstos na lei (artigo 36.º, n.º 3).
[325] Cfr. MARIA DA GLÓRIA FERREIRA PINTO, *Breve reflexão sobre a execução coactiva dos actos administrativos*, Estudos – Vol. II, Comemoração do XX Aniversário, Lisboa, Centro de Estudos Fiscais, 1983, p. 529; RUI GUERRA DA FONSECA, *O procedimento de execução dos actos administrativos no novo Código do Procedimento Administrativo*, Estudos em Homenagem a Rui Machete, Almedina, Coimbra, 2015, pp. 905-930; JOÃO CAUPERS e VERA EIRÓ, *ob. cit.*, p. 98; JOSÉ LEBRE DE FREITAS, *ob. cit.*, p. 209; PAULO MARQUES, *Execução Fiscal: Uma ruptura com o princípio da separação de poderes?*, pp. 175-201.
Cabe ao Governo fazer executar o Orçamento do Estado [artigo 199.º, alínea b) da Constituição], pelo que não se entenderia que a execução do Orçamento do Estado estivesse, em termos práticos, na estrita dependência dos tribunais enquanto órgãos independentes do poder executivo, respondendo este último perante a Assembleia da República e mesmo em eleições livres pelo seu desempenho político orçamental. No que respeita à execução fiscal, as atribuições da administração tributária não se confinam à função meramente executiva, antes abrangendo funções de cariz planificador, de gestão financeira global da dívida e dos recursos

A penhora é feita nos bens previsivelmente suficientes para o pagamento da dívida exequenda e do acrescido[326], mas, quando o produto dos bens penhorados for insuficiente para pagamento da execução, esta prossegue em outros bens (artigo 217.º, do CPPT)[327], em observância do princípio da proporcionalidade[328] (artigos 7.º, n.º 2, do NCPA e 55.º, da LGT). Este princípio implica que a administração tributária provoque a menor lesão possível do interesse privado dos cidadãos e das empresas, em ordem à prossecução do interesse público fiscal.

15.2.3. A situação líquida negativa ou deficitária

No caso das sociedades comerciais, a *situação líquida negativa* ou *deficitária* (passivo superior ao activo), expressa nos registos contabilísticos (declarados pelo próprio contribuinte), constitui um indício idóneo, por isso

---

humanos da administração fiscal, excedendo em muito o tradicional núcleo jurisdicional. No entanto, fica reservado aos tribunais a decisão sobre «os incidentes, os embargos, a oposição, incluindo quando incida sobre os pressupostos da responsabilidade subsidiária e a reclamação dos actos praticados pelos órgãos da execução fiscal» (artigo 151.º, n.º 1, do CPPT) – Redacção dada pela Lei n.º 55-A/2010, de 31 de Dezembro (Orçamento do Estado para 2011).

[326] Estamos com JESUÍNO ALCÂNTARA MARTINS e JOSÉ COSTA ALVES, quando estes autores sublinham que «O princípio da proporcionalidade ínsito no artigo 217.º do CPPT deve ser percepcionado numa lógica dinâmica e emergente da normal tramitação do processo de execução, tendo por referência a evolução da informação carreada para a execução fiscal. A penhora de bens é feita por referência à quantia exequenda e acrescido, mas, após a penhora e eventual registo, poderá chegar ao processo informação sobre a existência de ónus ou encargos incidentes sobre os bens penhorados. Em cada momento processualmente relevante, o órgão de execução fiscal, para decidir da suficiência dos bens penhorados, deve considerar o valor dos bens penhorados, o valor base de venda, os créditos reclamados e o tipo e natureza da garantia dos credores reclamantes, devendo, em função deste acervo de informação, decidir da suficiência ou não dos bens penhorados» (*ob. cit.*, p. 320).

[327] A frustração da citação não obsta à aplicação, no respectivo processo de execução fiscal, dos montantes depositados, se aquela não vier devolvida ou, sendo devolvida, não indicar a nova morada do executado e ainda em caso de não acesso à caixa postal electrónica (artigo 215.º, n.º 8, do CPPT). Por outro lado, a referida aplicação não prejudica o exercício de direitos por parte do executado, designadamente quanto à oposição à execução (artigo 215.º, n.º 9, do CPPT).

[328] Como refere CARLOS BLANCO DE MORAIS, «é dado um significado geral de proibição de decisões do poder público que se revelem arbitrárias e excessivas e de que resultem desvantagens ou sacrifícios desnecessários e injustificados para os respectivos destinatários» (*Curso de Direito Constitucional – Teoria da Constituição em Tempo de Crise do Estado Social*, Tomo II, Vol. II, Coimbra Editora, Coimbra, 2014, p. 474).

também relevante, de modo a demonstrar a insuficiência patrimonial do devedor originário.

Neste sentido, conforme instruções divulgadas pelo Ofício Circulado n.º 60.082, de 22 de Fevereiro de 2011, da Direcção de Serviços de Gestão dos Créditos Tributários, «a situação líquida negativa de uma pessoa colectiva ou ente fiscalmente equiparado traduz uma situação de insuficiência de bens penhoráveis deste, da qual deve resultar a preparação imediata da reversão contra directores, administradores ou gerentes. Em termos contabilísticos, a situação líquida negativa ou deficitária, também denominada passivo a descoberto ou situação de insolvência[329], ocorre quando o passivo exigível é superior ao activo. Nesse caso, se a pessoa colectiva for liquidada, considerando apenas os recursos do activo, não será possível o pagamento de todas as dívidas. A informação sobre a *situação líquida negativa* será extraída dos dados recolhidos relativos à Informação Empresarial Simplificada (IES) do exercício transacto, sendo de realçar a especial credibilidade que merece a *informação que é fornecida pela própria pessoa colectiva devedora*, com base nos seus próprios dados contabilísticos».

As pessoas colectivas e os patrimónios autónomos por cujas dívidas nenhuma pessoa singular responda pessoal e ilimitadamente, por forma directa ou indirecta, são também considerados *insolventes* quando o seu passivo seja manifestamente superior ao activo, avaliados segundo as normas contabilísticas aplicáveis (artigo 3.º, n.º 2, do CIRE)[330], ou seja perante a insusceptibilidade patrimonial de satisfazer as obrigações do devedor. Na

---

[329] É considerado em situação de insolvência o devedor que se encontre impossibilitado de cumprir as suas obrigações vencidas (artigo 3.º, do CIRE). Segundo nos dá conta MARIA DO ROSÁRIO EPIFÂNIO, «a impossibilidade de cumprimento relevante para efeitos de insolvência não tem que dizer respeito a todas as obrigações do devedor. Pode até tratar-se de uma só ou de poucas dívidas, exigindo-se apenas que as dívidas pelo seu montante e pelo seu significado no âmbito do passivo do devedor sejam reveladoras da impossibilidade de cumprimento da generalidade das suas obrigações [...] Finalmente, trata-se aqui de um conceito de solvabilidade. Portanto, pode até acontecer que o passivo seja superior ao activo mas não exista situação de insolvência, porque há facilidade de recurso ao crédito para satisfazer as dívidas excedentárias. E, por outro lado, pode acontecer que o activo seja superior ao passivo vencido, mas o devedor se encontre em situação de insolvência por falta de liquidez do seu activo (é dificilmente convertido em dinheiro)» (*Manual de Direito da Insolvência*, 6.ª Edição, Almedina, Coimbra, 2016, pp. 22-23).

[330] Segundo ALEXANDRE SOVERAL MARTINS, «A lei confere assim, uma maior importância aos dados contabilísticos e obriga a dar-lhes atenção. Como é evidente, se o passivo é superior ao activo aumenta o risco de o devedor em causa não pagar. E se o passivo é ma-

observação lúcida de PEDRO PIDWELL «no que toca às pessoas colectivas o regime aplicável é diferente, uma vez que, se não houver uma pessoa singular que responda pessoal e ilimitadamente pelas suas dívidas, para além das circunstâncias de se encontrarem impossibilitados de cumprir com as obrigações vencidas, as pessoas colectivas são *também* consideradas insolventes quando, de acordo com as disposições contabilísticas em concreto aplicáveis, o seu passivo resulta *manifestamente* superior ao seu activo. Deste modo, parece admissível considerar que o regime previsto para as pessoas colectivas é mais rigoroso e estreito do que aquele que está previsto para os devedores de natureza diversa. Em abono desse entendimento avulta o facto de, em bom rigor, a situação descrita coincidir com a insolvência propriamente dita, pois a norma em apreço, fundamenta-se na convicção (presunção) de que certas entidades, estando em situação patrimonial manifestamente negativa, estão impossibilitadas de cumprir as suas obrigações e, nessa medida, há uma coincidência entre essa situação e a impossibilidade de cumprir»[331].

Por seu lado, o artigo 78.º, n.º 1, do CSC fala-nos em «*património social se torne insuficiente*[332] *para a satisfação dos respectivos créditos*»[333] enquanto o

nifestamente superior ao activo, o risco aumenta manifestamente» (*Um Curso de Direito da Insolvência*, p. 52).

[331] PEDRO PIDWELL, *O Processo de Insolvência e a Recuperação da Sociedade Comercial de Responsabilidade Limitada*, Coimbra Editora, Coimbra, 2011, pp. 85-86.

[332] Na explicação de J. M. COUTINHO DE ABREU, «A inobservância de normas de protecção leva à responsabilização dos administradores perante os credores sociais desde que tal inobservância *cause* (nexo de causalidade) *uma diminuição do património social* (dano directo da sociedade) *que o torna insuficiente para a satisfação dos respectivos créditos* (dano indirecto dos credores) [...]. Depois, não é um qualquer dano para a sociedade que funda a responsabilidade perante os credores sociais. Há-de consistir em uma diminuição do património social em montante tal que ele fica sem forças para cabal satisfação dos direitos dos credores. Só quando se verifica esta insuficiência do património social existe dano (mediato) relevante para os credores da sociedade» (*Responsabilidade Civil dos Administradores de Sociedades*, pp. 74-75).

[333] Os gerentes ou administradores respondem para com os credores da sociedade quando, pela inobservância *culposa* das disposições legais ou contratuais destinadas à protecção destes, o património social se torne *insuficiente* para a satisfação dos respectivos créditos (artigo 78.º, n.º 1, do CSC). Todavia, segundo FILIPE BARREIROS, «se o património social diminuir, mas continuar a ser suficiente para a satisfação dos créditos, então não se preenchem os requisitos e não se aplicará este tipo de acção» (*ob. cit.*, p. 113). No entendimento do Supremo Tribunal de Justiça «A responsabilidade dos administradores de uma sociedade perante os credores sociais é de natureza extracontratual e depende da verificação cumulativa da inobservância de disposições legais ou contratuais destinadas à proteção dos credores sociais, da insuficiência

artigo 3.º, n.º 1, do CIRE já refere «*devedor que se encontre impossibilitado de cumprir as suas obrigações vencidas*»[334]. Com vista a distinguir os dois regimes devemos reter que a impossibilidade de cumprir as obrigações vencidas não corresponde, necessariamente, à inferioridade do activo face ao passivo. Um agente económico pode ter no seu acervo patrimonial bens de valor superior ao quantitativo das dívidas e, no entanto, estar impossibilitado de cumprir as suas obrigações (ex: falta de liquidez). De igual modo, pode surgir que a empresa tenha bens no seu activo inferiores ao passivo, mas dispor de créditos e assim não estar impossibilitado de pagar as suas dívidas.

Nas palavras de NUNO PINTO DE OLIVEIRA «O art. 78.º, n.º 1, do Código das Sociedades Comerciais, ao exigir a *insuficiência do património da sociedade*, está a exigir (afinal) a *insolvência*: caso haja *insuficiência do património da sociedade* sem *insolvência*, o credor (ainda) não terá um direito próprio de indemnização contra os administradores; caso haja *insolvência* sem *insuficiência do património da sociedade*, o credor (já) terá um direito próprio de indemnização contra os administradores pelos danos indirectos decorrentes de uma *má gestão*»[335]. Por sua vez, MANUEL CARNEIRO DA FRADA

do património social, da culpa dos administradores e do nexo de causalidade entre a referida inobservância e a insuficiência do património societário. In casu, não se tendo demonstrado o nexo causal entre o ato ilícito consubstanciado na violação de uma norma destinada a proteger os credores sociais e o resultado danoso de insuficiência do património societário, ou seja, que o dano decorreu da violação de uma norma de proteção e não de quaisquer outras, não pode o administrador da sociedade ser responsabilizado» (Acórdão de 28 de Janeiro de 2016 – Proc. n.º 1916/03). Por sua vez, o Tribunal da Relação de Lisboa considera que «Os gerentes não respondem perante os credores da sociedade quando o património social se torna insuficiente para a satisfação dos seus créditos, a menos que esta insuficiência seja consequência da sua inobservância culposa de disposições legais ou contratuais destinadas à proteção desses mesmos credores. Ao credor da sociedade, compete alegar e provar os factos de onde se possa concluir pela inobservância culposa, por parte do gerente, «de normas legais ou contratuais que visam a proteção dos credores da sociedade» (Acórdão de 5 de Novembro de 2015 – Proc. n.º 932/13)

[334] Segundo o Tribunal da Relação de Coimbra «A sociedade que se encontra numa situação de impossibilidade de cumprimento das obrigações vencidas e não de um simples comportamento omissivo deve a mesma ser considerada insolvente. O devedor pode opor-se à declaração de insolvência alegando a inexistência dos factos índice relevantes, quer alegando a inexistência da própria situação de insolvência» (Acórdão de 20 de Novembro de 2007 – Proc. n.º 1124/07.9TJC).

[335] NUNO MANUEL PINTO OLIVEIRA, *Responsabilidade Civil dos Administradores entre Direito Civil, Direito das Sociedades e Direito da Insolvência*, Coimbra Editora, Coimbra, 2015, p.

defende que «A insolvência não surge apenas quando o património social é manifestamente deficitário (com os activos muito abaixo do passivo) – situação coberta pelo aludido art. 78 –, mas também, desde logo, quando há impossibilidade de cumprir as obrigações vencidas, e esta hipótese não está contemplada pelo art. 78 do CSC»[336].

15.2.4. A extensão da penhora

Para se aferir da extensão da penhora, releva particularmente o momento em que a mesma é realizada, pelo que a suficiência ou insuficiência afere-se pelo montante em dívida na data em que os bens são apreendidos em processo de execução[337]. A penhora deve ser tão extensa apenas quanto o estritamente necessário para assegurar o crédito tributário, o que leva a que se considerem os direitos de crédito de terceiros, que devam ser pagos pelo produto da venda, com preferência face ao crédito tributário exequendo. Em alguns casos, não se sabe antecipadamente qual o exacto valor dos bens nem sequer se os mesmos já estão penhorados no processo executivo comum, designadamente na penhora de saldos das contas bancárias, necessitando-se, como se sabe, em alguns casos, da resposta dos destinatários das notificações[338].

Em regra, a penhora começa pelos bens cujo valor pecuniário seja de mais fácil realização e se mostre adequado ao montante do crédito do exe-

---

157. Por sua vez, J. M. COUTINHO DE ABREU esclarece que «não é qualquer dano para a sociedade que funda a responsabilidade perante os credores sociais. Há-de consistir em uma diminuição do património social em montante tal que ele fica sem forças para cabal satisfação dos direitos dos credores. Só quando se verifica esta insuficiência do património social existe dano (mediato) relevante para os credores da sociedade. A referida insuficiência patrimonial traduz-se, pois, em *o passivo da sociedade ser superior ao activo dela. O que não coincide inteiramente com a situação de insolvência*» (*Código das Sociedades Comerciais em Comentário*, Vol. III, Almedina, Coimbra, p. 897).

[336] MANUEL A. CARNEIRO DA FRADA, *ob. cit.*, p. 675.
[337] JOSÉ COSTA ALVES fala mesmo da «intenção do legislador de considerar que deve ser dada relevância aos valores atribuídos aos bens no acto da penhora» (*ob. cit.*, Revista da Faculdade de Direito da Universidade do Porto, Ano III, Coimbra Editora, Coimbra, 2006, p. 381).
[338] Na penhora de créditos, se o devedor nada disser, entende-se que ele reconhece a existência da obrigação, nos termos da indicação do crédito à penhora (artigo 773.º, n.º 4, do CPC).

quente (artigo 219.º, n.º 1, do CPPT)[339], revelando a lei uma preocupação de celeridade e eficiência processual. Pelo que o órgão de execução fiscal opta muitas vezes por encetar inicialmente a penhora de vencimentos, de créditos e de saldos das contas bancárias e, apenas, já numa fase posterior, a penhora de bens imóveis e de veículos, nestes últimos casos seguidos de ulterior venda coerciva[340], evitando-se também, à partida, a adopção de medidas mais gravosas para o devedor.

Pensamos que, a ser possível, deve operar-se a *compensação* por iniciativa da administração tributária (artigo 89.º, do CPPT), correspondendo aquela a uma modalidade de extinção da dívida tributária e não a um mero acto de penhora ou de apreensão de bens. A compensação tributária prevista no referido artigo também permite extinguir a dívida *intra muros*, não envolvendo terceiros (ex: entidades patronal, entidade bancária, clientes, etc.), evitando-se outras medidas mais gravosas e danosas para o executado[341].

Caso a dívida tenha *garantia real*[342] onerando os bens do devedor, a penhora começará por aqueles, prosseguindo apenas noutros bens quando

---

[339] Segundo o Tribunal Central Administrativo Sul «A acção executiva visa permitir que o exequente obtenha a prestação que o devedor, actuando de forma ilícita, não cumpriu voluntariamente, ou seja, almeja-se o pagamento efectivo, mais fácil e célere possível, de uma quantia certa através de actos ou operações nucleares, como a penhora, a almoeda e o pagamento. A penhora só será de reputar excessiva quando for descortinável uma manifesta desproporção entre o valor do/s bem/ns penhorado/s e o montante da dívida exequenda e acrescido» (Acórdão de 26 de Outubro de 2010 – Proc. n.º 04202/10).

[340] Determinada a venda, procede-se à respectiva publicitação, mediante divulgação através da Internet (artigo 249.º, n.º 1, do CPPT). Sempre que seja ou possa ser reclamado no processo de execução fiscal um crédito tributário existente e o produto da venda dos bens penhorados não seja suficiente para o seu pagamento, o processo continuará seus termos até integral execução dos bens do executado e responsáveis solidários ou subsidiários, sendo entretanto sustados os processos de execução fiscal pendentes com o mesmo objecto (artigo 262.º, n.º 1). Quando, em virtude de penhora ou de venda, forem arrecadadas importâncias insuficientes para solver a dívida exequenda e o acrescido, serão sucessivamente aplicadas, em primeiro lugar, na amortização dos juros de mora, de outros encargos legais e da dívida tributária mais antiga, incluindo juros compensatórios (artigo 262.º, n.º 2).

[341] A Lei n.º 13/2016, de 23 de Maio veio estabelecer que a penhora sobre o bem imóvel com finalidade de habitação própria e permanente está sujeita às condições previstas no artigo 244.º (artigo 219.º, n.º 5, do CPPT), ou seja, não há lugar à realização da venda de imóvel destinado exclusivamente a habitação própria e permanente do devedor ou do seu agregado familiar, quando o mesmo esteja efetivamente afeto a esse fim (artigo 244.º, n.º 2).

[342] Segundo CLÁUDIA MADALENO «quando falamos de garantias reais, estamos a abranger apenas uma parte determinada do património do devedor, a qual se encontra especialmente

se reconheça a insuficiência dos primeiros para conseguir os fins da execução (artigo 219.º, n.º 4, do CPPT). Executando-se dívida com garantia real que onere bens pertencentes ao devedor, a penhora inicia-se pelos bens sobre que incida a garantia e só pode recair noutros quando se reconheça a insuficiência deles para conseguir o fim da execução (artigo 752.º, n.º 1, do CPC). No entanto, o referido n.º 4 do artigo 219.º, do CPPT carece ainda assim de uma aplicação criteriosa e prudente, não se justificando, por exemplo, a penhora e venda de um bem imóvel para satisfação de um diminuto crédito tributário, se existir valor suficiente no saldo da conta bancária do devedor, sob pena de ficarem prejudicados os princípios da celeridade e da proporcionalidade, que impendem sobre o processo de execução fiscal.

15.3. A isenção de custas e de juros de mora

15.3.1. Enquadramento legal

O responsável subsidiário fica isento de custas e de juros de mora liquidados no processo de execução fiscal se, citado para cumprir a dívida constante do título executivo[343], efectuar o respectivo pagamento no prazo de oposição (artigo 23.º, n.º 5, da LGT). A posição do legislador justifica-se atenta a subsidiariedade deste responsável que responde por uma *dívida de outrem* (ente colectivo), sendo afinal formalmente confrontado com a própria liquidação do imposto apenas no momento da citação[344] (artigo 22.º, n.º 4).

---

afecta ao cumprimento de uma obrigação específica. Assim, o devedor ou a própria lei constitui sobre um certo bem uma garantia a favor de outrem, e, a partir deste momento, aquele bem sobre o qual incide a garantia responde preferencialmente pelo pagamento do direito de crédito privilegiado» (*A vulnerabilidade das garantias reais – A hipoteca voluntária face ao direito de retenção e ao direito de arrendamento*, Coimbra Editora, Coimbra, 2008, p. 45).

[343] Constituem requisitos essenciais dos títulos executivos a natureza e proveniência da dívida e indicação do seu montante (artigo 163.º, n.º 1, alínea e), do CPPT).

[344] «Ainda que citado da execução fiscal, como revertido, ao abrigo do artigo 23.º, n.º 1, da LGT, o responsável subsidiário (via de regra, administrador ou gerente da pessoa colectiva) não poderá assim deduzir oposição à execução com fundamento em que não tenha o mesmo sido notificado da liquidação dirigida ao devedor originário (artigo 204.º, do CPPT)» (RUI MARQUES, *A caducidade do direito de liquidação do imposto*, p. 71).

DA RESPONSABILIDADE TRIBUTÁRIA

A expressão "juros de mora" e a "dívida tributária principal" foi modificada para "*juros de mora liquidados no processo de execução fiscal*" e "*dívida constante do título executivo*", em face da redacção dada pela Lei n.º 55-A/2010, de 31 de Dezembro (que aprovou o Orçamento do Estado para 2011). A redacção anteriormente em vigor suscitava interpretações díspares, ora no sentido literal de se isentar o pagamento de custas e de todos os juros de mora (os constantes na certidão de dívida e os liquidados no processo executivo), ora no sentido de se isentar apenas o "acrescido" (as custas e os juros de mora liquidados no processo executivo). O legislador considera agora muito claramente que a isenção de juros de mora de que beneficia o devedor subsidiário, em caso de pagamento da dívida executiva, está limitada aos juros *liquidados no próprio processo* de execução fiscal, não estando assim isentos os juros de mora[345] liquidados antes da instauração do processo de execução.

15.3.2. O pagamento e os meios de defesa

Caso o gestor pague o valor em dívida no prazo da oposição, pode eventualmente pagar um montante superior ao que seria devido por ele, caso esperasse pela completa excussão de bens do devedor originário. Com efeito, muitas vezes não se sabe com exactidão ainda o *quantum* da responsabilidade patrimonial do responsável subsidiário, uma vez que tal determinação com precisão apenas é possível quando verificado o esgotamento prévio dos bens do devedor originário e dos eventuais responsáveis solidários.

Entendemos que o facto do responsável subsidiário efectuar o pagamento no âmbito do artigo 23.º, n.º 5, da LGT, tendo em vista a isenção dos juros e das custas, não conduz necessariamente à preclusão do direito daquele impugnar ou lançar de qualquer meio de defesa previsto na lei (artigo 9.º, n.º 3). A renúncia ao exercício do direito de impugnação ou recurso só é válida se constar de declaração ou outro instrumento formal (artigo 96.º, n.º 2).

Convém ainda lembrar que o órgão da execução fiscal comunicará o pagamento da dívida exequenda ao tribunal tributário de 1.ª instância

---

[345] Os juros de mora aplicáveis às dívidas tributárias são devidos *até à data do pagamento da dívida* (artigo 44.º, n.º 2, da LGT).

onde pender a oposição, para efeitos da sua *extinção*[346] (artigo 203.º, n.º 5, do CPPT)[347]. A execução extinguir-se-á então no estado em que se encontrar se o executado, ou outra pessoa por ele, pagar a dívida exequenda e o acrescido, salvo o que, na parte aplicável, se dispõe neste CPPT sobre a sub-rogação (artigo 264.º, n.º 1). Contestando a solução consagrada no n.º 5, do artigo 203.º, do CPPT, BRUNO SANTIAGO sublinha que «Não concordando o contribuinte com a dívida que lhe está a ser exigida e pretendendo reagir judicialmente contra essa dívida, não é legítimo exigir-se ao contribuinte que se abstenha de pagar o montante em dívida, forçando-o a despender os seus meios económicos a suportar custos (nomeadamente bancários, registais e fiscais) com a prestação de garantia e continuando a suportar juros de mora que agora se computam até ao pagamento, quando, por outra via, i.e. efectuando logo o pagamento da dívida exequenda, não teria de suportar os referidos custos»[348].

No entanto, caso o pagamento da dívida pelo responsável subsidiário tenha sido efectuado dentro do prazo da oposição judicial, não se verifica

---

[346] O pagamento voluntário da quantia em dívida implica a extinção da execução fiscal, comunicando-se tal facto ao executado, por via eletrónica (artigo 269.º, n.º 1, do CPPT). Segundo observam JOÃO RICARDO CATARINO e NUNO VICTORINO «a sanção aplicada e a prestação tributária não se confundem. Antes porém, uma e outra radicam em realidades diferentes. Esta, estará suportada numa dada manifestação de riqueza – rendimento, património ou despesa – ao passo que aquela, a sanção aplicada, se suporta no incumprimento da primeira. Estando radicadas em postulados valorativos diferentes e emergentes até de factos autónomos, uma e outra realidade se não confundem, razão que explica a solução normativa, de resto não inovadora» (*Infracções Tributárias – Anotações ao Regime Geral*, 3.ª Edição, Coimbra Editora, Coimbra, 2012, p. 129).

[347] Caso o revertido tenha pago parcialmente a dívida em questão, ao abrigo de um regime extraordinário de regularização de dívidas tributárias, tal não implica a extinção do processo de oposição judicial à execução fiscal.

[348] BRUNO SANTIAGO, *Sobre o pagamento da dívida exequenda na pendência de uma oposição ou reclamação judiciais no âmbito de um processo de execução fiscal*, Estudos em Homenagem a Miguel Galvão Teles, Vol. II, Almedina, Coimbra, 2012.

inutilidade superveniente da lide³⁴⁹, desde que a oposição seja utilizada e tenha como fundamento a legalidade da dívida³⁵⁰.

Convém lembrar que a todos é assegurado *o acesso ao direito* e aos tribunais para defesa dos seus direitos e interesses legalmente protegidos, não podendo a justiça ser denegada por insuficiência de meios económicos (artigo 20.º, n.º 1 da Constituição) e, a oposição judicial à execução fiscal constitui o único meio processual que os revertidos dispõem para poder atacar a ilegalidade do despacho de reversão.

O pagamento do imposto nos termos de lei que atribua benefícios ou vantagens no conjunto de certos encargos ou condições não preclude o direito de reclamação, impugnação ou *recurso*, não obstante a possibilidade de renúncia expressa, nos termos da lei (artigo 9.º, n.º 3, da LGT)³⁵¹, o que sucede naturalmente com o pagamento pelo responsável subsidiário (artigo 23.º, n.º 5). Deste modo, resulta claro que o contribuinte embora não se conformando com o acto tributário, pode acautelar-se, regularizando

---

[349] O Supremo Tribunal Administrativo vem entendendo que «A oposição não é o meio processual adequado para o oponente afastar o direito de regresso do responsável subsidiário que pagou a dívida exequenda, nem para se anular o acto de reversão tendo em vista o ulterior exercício do direito de indemnização por actos administrativos ilegais» (Acórdão de 23 de Fevereiro de 2012 – Proc. n.º 0884/11).

[350] Segundo o entendimento do Supremo Tribunal Administrativo «A inutilidade superveniente da lide de oposição à execução fiscal só pode ocorrer nas situações em que seja o devedor originário a pagar a dívida exequenda, e não já naquelas em que a oposição é o único meio processual que os oponentes/revertidos dispõem para atacar a ilegalidade do despacho de reversão por violação do disposto nos artigos 23.º e 24.º da LGT e 153.º do CPPT, devendo o artigo 9.º nº 3 da LGT ser interpretado no sentido de incluir a oposição como forma de atacar a ilegalidade do acto de reversão. Sendo o pagamento da dívida efectuado pelo responsável subsidiário para beneficiar da isenção de custas e multa nos termos do artigo 23.º n.º 5 da LGT, esse pagamento, que nem sequer implica a extinção da execução fiscal (n.º 6 do art.º 23º da LGT), não provoca a preclusão do seu direito de impugnar o despacho de reversão, não podendo extinguir-se a oposição com fundamento em inutilidade superveniente da lide» (Acórdão de 6 de Março de 2013 – Proc. n.º 0711/12). Estamos assim com JESUÍNO ALCÂNTARA MARTINS e JOSÉ COSTA ALVES quando defendem que a extinção do processo de oposição judicial à execução «não acontecerá se o fundamento do pagamento for a obtenção de algum benefício ou vantagem no conjunto de certos encargos ou condições, de que é exemplo o pagamento nos termos do n.º 5 do artigo 23.º da LGT – isenção de juros de mora e custas processuais – ou a admissão em regime excepcional de regularização da situação tributária. Nestas situações o pagamento, independentemente de extinguir ou não a execução fiscal, não prejudicará a apreciação do mérito da oposição deduzida pelo executado» (*ob. cit.*, pp. 313-314).

[351] De igual modo, todos os actos em matéria tributária que *lesem* direitos ou interesses legalmente protegidos são impugnáveis ou recorríveis nos termos da lei (artigo 9.º, n.º 2, da LGT).

quanto antes a situação tributária e assegurando a cessação dos juros de mora – no caso do devedor subsidiário goza mesmo de isenção de juros e de custas –, mas não prescindindo ainda assim do seu direito de defesa.

15.3.3. A situação de falta de entrega de imposto

Apesar da consagração legal da isenção de juros de mora e de custas (artigo 23.º, n.º 5, da LGT), a lei penal tributária faculta ao gestor o pagamento dos mesmos juros como oportunidade derradeira de evitar a sanção criminal no caso de dívida de imposto declarado não entregue ao Estado de valor superior a € 7.500, dado estarmos perante uma condição objectiva de punibilidade [artigos 7.º, n.º 3, e 105.º, n.º 4, alínea b), ambos do RGIT][352]. A condição de punibilidade é exterior à conduta típica[353], sendo então indispensável para a possibilidade de sancionamento criminal efectivo do comportamento. O facto apenas se torna punível a partir do exacto momento em que a condição se verifica. Pelo que entendemos que mesmo

---

[352] Segundo o Tribunal da Relação de Évora, a notificação prevenida no artigo 105.º, n.º 4, alínea b), do RGIT «não tem de ser efectuada, necessariamente, pela Administração Tributária, podendo sê-lo, estando o processo em fase de instrução, por determinação do juiz que a esta preside. Essa notificação não se destina a dar conhecimento ao devedor, com exacto rigor, das prestações em dívida, na medida em que estas são (devem ser) do seu conhecimento (foi ele quem as descontou, não as entregando à Administração Tributária, como devia), visando, isso sim, dar ao devedor uma nova oportunidade para pagar (agora com os juros de mora respectivos e o valor da coima aplicável), e, desse modo, permitindo ao devedor escapar à punição criminal. O crime de abuso de confiança fiscal consuma-se no momento em que a prestação tributária deveria ter sido paga, a que se seguirão, para efeitos de punibilidade da conduta, os prazos previstos no nº 4 do aludido artigo 105.º do RGIT. Consumado o crime, só o pagamento integral das quantias em dívida, e no prazo previsto no artigo 105º, nº 4, al. b), do RGIT, afasta a punibilidade da conduta» (Acórdão de 27 de Setembro de 2016 – Proc. n.º 393/11.4IDFAR.E1).

[353] Em relação às condições de punibilidade, GERMANO MARQUES DA SILVA ensina que «Tratam-se de elementos que a lei requer também para a punibilidade da conduta, mas que são independentes da ilicitude ou da culpa do agente. São eventos exteriores ao tipo de ilícito, futuros ou concomitantes ao facto, mas alheios ao tipo de ilícito e da culpa, mas necessários, quando exigidos por lei, para a perfeição do crime e consequentemente para a punibilidade da conduta ilícita e culpável» (*Direito Penal Português – Teoria do Crime*, Universidade Católica Editora, Lisboa, 2012, p. 49).

que o agente impeça a verificação da condição de punibilidade não apaga o crime mas apenas a sanção[354].

Em processo de inquérito criminal fiscal, os serviços tributários devem proceder à notificação também do gestor, à semelhança do ente colectivo [artigo 105.º, n.º 4, alínea b), do RGIT] em virtude da responsabilidade criminal fiscal ser *cumulativa* (artigo 7.º, n.º 3), diferentemente do que sucede em relação à responsabilidade contra-ordenacional (artigo 7.º, n.º 4).

A lei não permite o afastamento da sanção criminal quando o contribuinte pagou a coima, sem ter ocorrido prévia ou concomitantemente o pagamento[355] da prestação tributária em falta e os juros devidos, embora pareça ser pacífico que o arguido não possa ser punido duas vezes pelo mesmo facto *(non bis idem)*. Isto é, inicialmente no plano *contra-ordenacional* (artigo 114.º, do RGIT) e, posteriormente, no plano *criminal* fiscal (artigo 105.º). Porém, o tribunal não está vinculado à apreciação do facto como contra-ordenação, podendo, oficiosamente ou a requerimento do Ministério Público, converter o processo em processo criminal [artigo 76.º, n.º 1, do Regime Geral das Contra-Ordenações (RGCO)][356]. A decisão do Ministério Público sobre se um facto deve ou não ser processado como crime vincula as autoridades administrativas (artigo 38.º, n.º 4), tendo o Ministério Público legitimidade para promover o processo penal [artigo 48.º, do Código de Processo Penal (CPP)[357]].

Por outro lado, como já se viu, *o cumprimento da sanção aplicada não exonera do pagamento da prestação tributária devida e acréscimos legais* (artigo 9.º, do RGIT).

Caso o contribuinte apenas entregue o imposto em falta, não tendo pago a coima, apesar de não estar excluída a punibilidade, tem-se entendido, não raras vezes, pelo arquivamento do processo de inquérito, pros-

---

[354] O cumprimento da sanção aplicada não exonera do pagamento da prestação tributária devida e acréscimos legais (artigo 9.º, do RGIT).

[355] A lei prevê expressamente a punibilidade da falta de entrega da prestação tributária se esta "não for *paga*" (alínea b), do n.º 4, do artigo 105.º, do RGIT), o que é revelador de que apesar de se ter verificado a falta de *entrega* dolosa de imposto (facto ilícito), a punibilidade da mesma já pode ser afastada mediante o mero *pagamento* do imposto, sendo certo que a ilicitude do facto subjacente pressupõe necessariamente o recebimento do imposto.

[356] Aprovado pelo Decreto-Lei n.º 433/82, de 27 de Outubro, aplicável por força do disposto no artigo 3.º, alínea b), do RGIT.

[357] Aprovado pelo Decreto-Lei n.º 78/87, de 17 de Fevereiro.

seguindo a tramitação contra-ordenacional, para aplicação administrativa da coima devida.

15.4. Os meios de defesa do revertido

15.4.1. A audição prévia

Os interessados têm o direito de ser *ouvidos* no procedimento antes de ser tomada a decisão final, devendo ser informados, nomeadamente, sobre o sentido *provável* desta (artigo 121.º, n.º 1, do NCPA), sabendo-se que os órgãos da Administração Pública devem assegurar a *participação dos particulares* na formação das decisões que lhes disserem respeito, designadamente através da respectiva audiência (artigo 12.º, do NCPA)[358]. É de notar que o exercício do *direito de audição prévia* pelo contribuinte não inibe este, posteriormente, do exercício de quaisquer meios de defesa facultados na lei (ex: oposição judicial à execução fiscal por parte do revertido).

Mesmo nos casos de presunção legal de culpa[359], a reversão é precedida de audição prévia (artigo 23.º, n.º 4, 1.ª parte, da LGT), dada a excepcionalidade e subsidiariedade que caracterizam a responsabilidade tributária dos administradores e gerentes das sociedades comerciais. O fisco afere assim, em primeiro lugar, da existência dos pressupostos da responsabilidade tributária subsidiária, identificando os respectivos responsáveis. Em caso de postergação do direito de audição prévia do revertido, este pode, querendo, lançar mão de oposição judicial à execução fiscal [ao abrigo do artigo 204.º, n.º 1, alínea i), do CPPT][360].

---

[358] Pensamos que estamos perante um mero direito legal procedimental prévio à decisão final, pelo que sua inobservância surge inquinada por vício de forma, cominada apenas pela sanção da anulabilidade.

[359] A presunção legal de culpa constante na alínea b), do n.º 1, do artigo 24.º, da LGT não dispensa a administração tributária do ónus probatório relativamente ao exercício efectivo da gerência pelo revertido.

[360] Neste sentido, o Tribunal Central Administrativo Norte tem entendido que «O meio processual adequado a discutir a legalidade do despacho de reversão por violação do direito de audição prévia é a oposição à execução fiscal» (Acórdão de 11 de Abril de 2014 – Proc. n.º 01273/12).

DA RESPONSABILIDADE TRIBUTÁRIA

O direito de audição em causa deve ser exercido no prazo a fixar pela administração tributária em *carta registada*[361], a enviar para esse efeito para o domicílio fiscal do contribuinte (artigo 60.º, n.º 4, da LGT)[362]. O prazo do exercício, oralmente ou por escrito, do direito de audição, é de 15 dias, podendo a administração tributária alargar este prazo até o máximo de 25 dias em função da complexidade da matéria (artigo 60.º, n.º 6)[363].

Os elementos novos suscitados na audição dos contribuintes haverão que ser tidos, obrigatoriamente, em conta na fundamentação da decisão (artigo 60.º, n.º 7, da LGT).

Posto isto, pensamos ainda assim que o inadimplemento do referido direito procedimental[364] não tem que ser, necessariamente, sancionado com a anulação jurisdicional do acto. As decisões devem visar, antes que mais, um alcance efectivo, sendo de evitar qualquer tipo de actos inúteis ou desnecessários[365], sob pena de se infringirem os princípios da economia processual e da racionalidade que deverão imperar no domínio jurídico-tributário, desde que se chegue à conclusão de que viria a ser praticado outro acto de conteúdo idêntico[366]. O Supremo Tribunal Administrativo

---

[361] As notificações efectuadas nestes termos presumem-se feitas no 3.º dia posterior ao do registo ou no 1.º dia útil seguinte a esse, quando esse dia não seja útil (artigo 39.º, n.º 1, do CPPT). As notificações podem ser efectuadas por transmissão electrónica de dados, que equivalem, à remessa por via postal registada (artigo 38.º, n.º 9, do CPPT), sem prejuízo de poderem ser efectuadas mesmo por contacto pessoal com o notificando, na sequência de diligência efectuada por qualquer funcionário da administração tributária (artigo 35.º, n.º 5, do CPPT). O responsável subsidiário pode sindicar contenciosamente mediante a reclamação junto do tribunal (artigo 276.º, do CPPT), a ilegalidade do próprio acto de notificação para o exercício do direito de audição prévia.

[362] Neste sentido *vide* Tribunal Central Administrativo Sul (Acórdão de 16 de Dezembro de 2015 – Proc. n.º 09095/15).

[363] Redacção da Lei n.º 66-B/2012, de 31 de Dezembro (que aprovou o Orçamento do Estado para 2013).

[364] JORGE LOPES DE SOUSA entende que «Se a reversão for decidida sem prévia audição do revertido, a omissão afectará a validade do acto que decide a reversão e, consequentemente, provocará a ilegitimidade do revertido, pois a sua legitimidade depende de um acto válido decidindo a reversão» (*Código de Procedimento e de Processo Tributário – Anotado e Comentado*, Vol. III, p. 67).

[365] A administração tributária e os contribuintes devem abster-se da prática de actos inúteis ou dilatórios (artigo 57.º, n.º 1, da LGT).

[366] Não se produz o efeito anulatório quando (artigo 163.º, n.º 5, do NCPA): a) o conteúdo do ato anulável não possa ser outro, por o ato ser de conteúdo vinculado ou a apreciação do caso concreto permita identificar apenas uma solução como legalmente possível; b) o fim visado

tem considerado que «Sob pena de o direito de audiência se transformar num ritual num ritual inócuo, no qual recai sobre os argumentos e documentos apresentados pelo contribuinte sobranceira indiferença, exige-se a sua análise pela administração, por forma a tornar visível que a decisão do procedimento resulta de uma transparente ponderação dos elementos de facto e de direito submetidos à sua apreciação. O princípio do aproveitamento do acto administrativo apenas é admissível quando a intervenção do interessado no procedimento tributário for inequivocamente insusceptível de influenciar a decisão final, o que acontece em geral nos casos em que se esteja perante uma situação legal evidente ou se trate de actividade administrativa vinculada, não se vislumbrando a mínima possibilidade de a audição poder ter influência sobre o conteúdo da decisão» (Acórdão de 24 de Outubro de 2012 – Proc. n.º 0548/12).

15.4.2. A oposição judicial à execução fiscal

15.4.2.1. A (i)legitimidade e a falta de pressupostos da reversão

O meio de defesa adequado para o responsável subsidiário sindicar contenciosamente o despacho de reversão é a *oposição judicial à execução fiscal*[367],

---

pela exigência procedimental ou formal preterida tenha sido alcançado por outra via; c) se comprove, sem margem para dúvidas, que, mesmo sem o vício, o ato teria sido praticado com o mesmo conteúdo. Segundo o Supremo Tribunal Administrativo «O tribunal pode não anular um acto inválido por vício de forma quando for seguro que a decisão administrativa não pode ser outra, ou seja, quando em execução do efeito repristinatório da sentença não existir alternativa juridicamente válida que não seja a de renovar o acto inválido, embora sem o vício que determinou a anulação. Se perante o tribunal, o recorrente não conseguiu provar que a insuficiência patrimonial não lhe pode ser imputada a título de dolo ou negligência, não pode o órgão de execução, caso fosse repetida a formalidade de audição prévia, apreciar e valorar de forma diferente os mesmos meios de prova, pois isso atentaria contra o caso julgado que se formou com a sentença recorrida» (Acórdão de 20 de Junho de 2012 – Proc. n.º 01013/11).
[367] Como sublinha RUI DUARTE MORAIS «A oposição à execução assume, ainda, especial importância enquanto meio processual próprio para aquele que foi citado por reversão contestar a decisão de reversão, quer relativamente à verificação dos pressupostos substanciais da sua responsabilidade tributária, quer quanto à verificação dos pressupostos processuais para que essa reversão possa (já) ter acontecido» (*Manual de Procedimento e Processo Tributário*, p. 342).De igual modo, JESUÍNO ALCÂNTARA MARTINS e JOSÉ COSTA ALVES dão-nos conta de que «No tocante à efectivação da responsabilidade subsidiária, é em sede de oposição judicial que se discute a verificação dos pressupostos objectivos da reversão; inexistência ou

uma vez que a *ilegitimidade da pessoa citada* por esta não ser o próprio devedor que figura no título, ou por não figurar no título e não ser responsável pelo pagamento da dívida constitui justamente um dos fundamentos taxativos deste meio processual [artigo 204.º, n.º 1, alínea b), do CPPT]. No entendimento do Supremo Tribunal Administrativo «A oposição à execução fiscal é o meio processualmente adequado para o revertido impugnar contenciosamente o despacho que ordena a reversão» (Acórdão de 11 de Maio de 2016 – Proc. n.º 034/14)[368].

Segundo alguma doutrina, estão igualmente abrangidas na referida alínea b), as situações em que não estejam preenchidos os pressupostos de que depende a reversão (ex: não estar sequer demonstrada a insuficiência patrimonial do devedor originário). Assim, JORGE LOPES DE SOUSA sustenta que «A fórmula utilizada na alínea b), relativa a estes casos de reversão, abrange, mesmo no seu teor literal, para além dos casos em que o revertido não é, definitivamente, responsável pela dívida, aqueles em que ele tem potencialmente essa qualidade, podendo, eventualmente, vir a ser responsável, mas não pode *ainda* ser responsabilizado, por não estarem reunidos os requisitos legais que permitem efectivar a sua responsabilidade. Será o que acontece nos casos em que não estejam reunidos os pressupostos de que depende a reversão, designadamente, não estar demonstrada a insuficiência do património da executada originária para o pagamento da dívida exequenda ou existirem responsáveis solidários, além de responsáveis subsidiários (art. 23.º, n.º 2, da LGT)»[369].

---

fundada insuficiência de bens e o exercício efectivo do cargo de administração, gerência ou gestão, cujo ónus da prova é da responsabilidade do órgão da execução fiscal» (*ob. cit.*, p. 383). Em regra, a execução fiscal apenas se suspende não apenas com a interposição da oposição judicial à execução fiscal, exigindo-se ainda a prestação de *garantia idónea* para o efeito (artigos 52.º, da LGT, e 169.º, do CPPT).

[368] Segundo o Supremo Tribunal Administrativo «A impugnação judicial não é o meio processual adequado para impugnar uma decisão relativa à reversão da execução fiscal, com fundamento no facto de o revertido não ser responsável pelo pagamento da dívida. O meio adequado é a oposição à execução fiscal, mesmo tratando-se de questões relacionadas com os pressupostos da responsabilidade subsidiária. In casu, não ocorre possibilidade de convolação para o meio processual adequado, oposição à execução fiscal, uma vez que, a petição inicial é manifestamente intempestiva» (Acórdão de 20 de Janeiro de 2016 – Proc. n.º 01124/15).

[369] JORGE LOPES DE SOUSA, *Código de Procedimento e de Processo Tributário – Anotado e Comentado*, Vol. III, p. 455.

De resto, a letra da lei é clara ao preceituar que compete ao tribunal tributário de 1.ª instância da área do domicílio ou sede do devedor, depois de ouvido o Ministério Público nos termos do presente Código, decidir os incidentes, os embargos, a *oposição*, incluindo quando incida sobre os *pressupostos da responsabilidade subsidiária*, e a reclamação dos actos praticados pelos órgãos da execução fiscal (artigo 151.º, n.º 1, do CPPT)[370].

15.4.2.2. A instância executiva e o pagamento do responsável subsidiário

O pagamento da dívida exequenda implica, em regra, a extinção da instância executiva, conduzindo à improcedência da oposição judicial à execução fiscal por inutilidade superveniente da lide (artigo 203.º, n.º 5, do CPPT). Como se sabe, o pagamento constitui uma causa extintiva da relação jurídica tributária (artigo 40.º, n.º 1, da LGT), extinguindo-se o processo de execução fiscal por pagamento da quantia exequenda e do acrescido [artigo 176.º, n.º 1, alínea a), do CPPT][371]. O Tribunal Constitucional tem entendido que se trata um risco de todos aqueles que não efectuam o pagamento de uma dívida que lhes é exigido. Mais, asseverando que «no caso, não se verifica qualquer cerceamento das possibilidades de defesa do recorrente que se deva considerar desproporcionada ou intolerável. Com efeito, a lei não impedia que o recorrente discutisse a sua legitimidade como responsável subsidiário pelo pagamento da dívida exequenda. Foi o próprio recorrente, pagando a dívida com a isenção de juros de mora e custas, que se colocou, por acto voluntário, em condições de o não poder fazer. Bastaria

---

[370] No entanto, JOSÉ COSTA ALVES admite mesmo a possibilidade de se lançar mão da reclamação, prevista no artigo 276.º, do CPPT e não da oposição judicial à execução fiscal, prevista no artigo 204.º, do CPPT (JOSÉ COSTA ALVES, *ob. cit.*, p. 390). Por sua vez, SERENA CABRITA NETO e CARLA CASTELO TRINDADE observam que «O revertido que se veja confrontado com uma reversão da execução fiscal visa, naturalmente, a extinção do processo de execução fiscal para o qual foi chamado, pelo menos quanto a si, e não, pelo contrário, a prática de um novo despacho de reversão sem os vícios verificados. Para além disso, nos casos de ilegitimidade do revertido, quando este não é responsável pela dívida exequenda, não se vislumbra como poderá ser proferido novo despacho de reversão após a anulação do anterior em sede de reclamação» (*Contencioso Tributário*, Vol. I, p. 557). A reclamação prevista no artigo 276.º destina-se a sindicar contenciosamente *actos* praticados pela administração tributária no processo de execução fiscal.

[371] A execução extinguir-se-á no estado em que se encontrar se o executado, ou outra pessoa por ele, pagar a dívida exequenda e o acrescido (artigo 264.º, n.º 1, 1.ª parte, do CPPT).

que o recorrente não procedesse ao pagamento para nada se poder opor ao prosseguimento da oposição à execução» (Acórdão n.º 154/02, de 17 de Abril - Proc. n.º 478/01).

Muito crítico deste entendimento literal do artigo 203.º, n.º 5, da LGT, BRUNO SANTIAGO vem defendendo que «Não concordando o contribuinte com a dívida que lhe está a ser exigida e pretendendo reagir judicialmente contra essa dívida, não é legítimo exigir-se ao contribuinte que se abstenha de pagar o montante em dívida, forçando a despender os seus meios económicos a suportar custos (nomeadamente bancários, registais e fiscais) com a prestação de garantia e continuando a suportar juros de mora»[372].

No caso do *responsável subsidiário*, a oposição judicial à execução fiscal constitui o meio processual mediante o qual pode ser sindicado o acto de reversão, pelo que existindo o pagamento efectuado pelo revertido e tendo em conta o acesso ao direito e a tutela jurisdicional efectiva (artigos 20.º, da Constituição, e 9.º, n.º 3, da LGT), tal não deve implicar necessariamente a extinção da oposição judicial à execução por inutilidade superveniente da lide. Segundo o Supremo Tribunal Administrativo «Não sendo o devedor originário executado aquele que pagou a dívida mas sim o oponente, para poder com tal beneficiar da isenção de custas e juros de mora[373], não ocorre in casu *inutilidade superveniente da lide*. Nesta situação, sendo o processo de oposição o único meio processual que os oponentes/revertidos dispõem para atacar a ilegalidade do acto de reversão por violação do disposto nos artigos 23.º e 24.º da LGT e 153.º do CPPT, e o oponente mantendo interesse na prossecução do processo, devem os autos prosseguir para conhecimento da oposição, devendo o artigo 9.º nº 3 da LGT ser interpretado no sentido de incluir a oposição como forma de impugnar esse acto» (Acórdão de 17 de Fevereiro de 2016 – Proc. n.º 0912/14)[374].

---

[372] BRUNO SANTIAGO, *ob. cit.*, p. 825.
[373] O responsável subsidiário fica isento de custas e de juros de mora liquidados no processo de execução fiscal se, citado para cumprir a dívida constante do título executivo, efectuar o respectivo pagamento no prazo de oposição (artigo 23.º, n.º 5, da LGT). Estamos com JESUÍNO ALCÂNTARA MARTINS e JOSÉ COSTA ALVES quando observam que «o pagamento, independentemente de extinguir ou não a execução fiscal, não prejudicará a apreciação do mérito da oposição deduzida pelo executado» (*ob. cit.*, p. 314).
[374] Segundo o Tribunal Central Administrativo Sul, «Havendo pagamento voluntário da dívida exequenda por parte da revertida, daí não se extrai a inutilidade superveniente da lide de oposição à execução fiscal, na medida em que esta última contesta na oposição os

15.4.3. A reclamação graciosa

A reclamação graciosa tem por fundamento «*qualquer legalidade*» (ex: falta de fundamentação) do *acto tributário*[375] – liquidação (artigo 68.º, n.º 1, do CPPT), com isenção de custas [artigo 69.º, alínea d), do CPPT]. O meio de defesa aqui previsto não deve ser aplicado quando estejam em causa meros actos administrativos em matéria tributária que não dão origem a liquidação (ex: compensação[376], cessação de benefícios fiscais[377], publicitação dos devedores na internet[378], etc.). Nestes casos específicos, permite-

---

fundamentos da reversão, do bem fundado dos quais cabe ao tribunal conhecer» (Acórdão de 3 de Dezembro de 2015 – Proc. n.º 07830/14)

[375] O *acto tributário* (liquidação) corresponde em boa medida à fixação do montante da prestação a pagar, bem como ao conteúdo da relação jurídica tributária decorrente do facto tributário (artigo 36.º, n.º 1, da LGT), sendo discutível se a *autoliquidação* integra esse conceito, uma vez que neste último caso não existe intervenção directa do fisco. Talvez, por isso, a referência expressa no artigo 131.º, n.º 1, do CPPT, à *autoliquidação*. Mais, para efeitos do disposto no presente Código, consideram-se atos administrativos as decisões que, no exercício de poderes jurídico-administrativos, visem produzir efeitos jurídicos externos numa situação individual e concreta (artigo 148.º, do NCPA).

[376] Os créditos do executado resultantes de reembolso, revisão oficiosa, reclamação ou impugnação judicial de qualquer acto tributário são aplicados na compensação das suas dívidas cobradas pela administração tributária, excepto nos casos seguintes (artigo 89.º, n.º 1, do CPPT): a) estar a correr prazo para interposição de reclamação graciosa, recurso hierárquico, impugnação judicial, recurso judicial ou oposição à execução; b) estar pendente qualquer dos meios graciosos ou judiciais referidos na alínea anterior ou estar a dívida a ser paga em prestações, desde que a dívida exequenda se mostre garantida nos termos do artigo 169.º.

[377] No caso de benefícios fiscais permanentes ou temporários dependentes de reconhecimento da administração tributária, o acto administrativo que os concedeu cessa os seus efeitos nas seguintes situações [artigo 14.º, n.º 5, do Estatuto dos Benefícios Fiscais, aprovado pelo Decreto-Lei n.º 215/89, de 1 de Julho]: a) O sujeito passivo tenha deixado de efectuar o pagamento de qualquer imposto sobre o rendimento, a despesa ou o património e das contribuições relativas ao sistema da segurança social, e *se mantiver a situação de incumprimento; b) A dívida tributária não tenha sido objecto de reclamação, impugnação ou oposição, com a prestação de garantia idónea, quando exigível.*

[378] Não contende com o dever de confidencialidade a divulgação de listas de contribuintes cuja situação tributária não se encontre regularizada, designadamente listas hierarquizadas em função do montante em dívida, desde que já tenha decorrido qualquer dos prazos legalmente previstos para a prestação de garantia ou tenha sido decidida a sua dispensa (artigo 64.º, n.º 5, alínea a), da LGT).

-se, segundo pensamos, a reclamação administrativa (artigo 191.º, n.º 1, do NCPA)[379], não se justificando necessariamente o recurso aos tribunais.

Os responsáveis subsidiários[380] podem assim, no decurso do procedimento, *reclamar* de quaisquer actos ou omissões da administração tributária (artigo 66.º, n.º 1, da LGT), à semelhança do devedor originário.

Este procedimento deve ser concluído no prazo de 4 meses[381] (Artigo 57.º, n.º 1, da LGT)[382]. O incumprimento do referido prazo, contado a partir da entrada da petição do contribuinte no serviço competente da administração tributária, faz presumir o seu indeferimento[383] para efeitos de recurso hierárquico, acção administrativa ou impugnação judicial (artigo 57.º, n.º 5, da LGT), existindo em qualquer caso o dever de decisão por parte da administração tributária (artigos 13.º, do NCPA e 56.º, da LGT).

No que aqui importa, a reclamação graciosa será apresentada no prazo de 120 dias[384] contados a partir do momento da citação dos responsáveis subsidiários em processo de execução fiscal [artigos 70.º, n.º 1 e 102.º, n.º 1, alínea c), do CPPT].

---

[379] SERENA CABRITA NETO e CARLA CASTELO TRINDADE defendem que não estando na presença de um acto tributário, apenas restará a possibilidade de recurso hierárquico (*Contencioso Tributário*, Vol. II, p. 298).

[380] As pessoas solidária ou *subsidiariamente* responsáveis poderão *reclamar* ou impugnar a dívida cuja responsabilidade lhes for atribuída nos mesmos termos do devedor principal, devendo, para o efeito, a notificação ou citação conter os elementos essenciais da sua liquidação, incluindo a fundamentação nos termos legais (artigo 22.º, n.º 4, da LGT).
Cfr ANTÓNIO MANUEL CUNHA ARAÚJO, *A Reclamação Graciosa em Direito Fiscal*, Ciência e Técnica Fiscal n.º 432, Autoridade Tributária e Aduaneira, Centro de Estudos Fiscais, Lisboa, Janeiro-Junho de 2014, p. 94.

[381] No entanto, o procedimento de inspecção é contínuo e deve ser concluído no prazo máximo de *seis meses* a contar da notificação do seu início (artigo 36.º, n.º 2, do RCPIT).

[382] Redacção dada pela Lei 64-B/2011 de 30 de Dezembro.

[383] A reclamação graciosa presume-se indeferida para efeito de impugnação judicial após o termo do prazo legal de decisão pelo órgão competente (artigo 106.º, do CPPT).
O incumprimento do prazo referido no artigo 57.º, n.º 1, da LGT, contado a partir da entrada da petição do contribuinte no serviço competente da administração tributária, faz presumir o seu indeferimento para efeitos de recurso hierárquico, recurso contencioso ou impugnação judicial (artigo 57.º, n.º 5, da LGT).

[384] No procedimento administrativo o prazo-regra para reclamar é de apenas *15 dias* (artigo 191.º, n.º 3, do NCPA).

15.4.4. O recurso hierárquico

O recurso hierárquico, de alcance mais amplo do que a reclamação graciosa tem por objecto todas as «*decisões dos órgãos da administração tributária*» (artigo 66.º, n.º 1, do CPPT), logo não apenas o acto tributário (liquidação). Podendo ter por base uma decisão de indeferimento de uma reclamação graciosa, o recurso hierárquico tem, em regra, natureza facultativa e efeito devolutivo[385] (artigo 67.º, n.º 1) e é dirigido ao mais elevado superior hierárquico do autor do acto (Ministro das Finanças)[386], no prazo de 30 dias a contar do acto respectivo, perante o autor do acto recorrido (artigo 66.º, n.º 2). Isto sem prejuízo de eventual delegação[387] ou subdelegação de competências e de eventual revogação pelo autor do acto (artigo 66.º, n.º 4).

No procedimento tributário vigora o *princípio do duplo grau de decisão*, não podendo a mesma pretensão do contribuinte ser apreciada sucessivamente por mais de dois órgãos integrando a mesma administração tributária (artigo 47.º), resultando daqui que o legislador privilegiou a celeridade e a eficiência do procedimento tributário, mesmo com algum prejuízo para as garantias dos contribuintes, salvo se se tratarem de actos lesivos (artigo 54.º, do LGT).

A decisão sobre o recurso hierárquico é passível de acção administrativa, quando o objecto não disser respeito ao acto tributário em si mesmo, salvo se de tal decisão já tiver sido deduzida *impugnação judicial*[388] com o *mesmo objecto* (artigo 76.º, n.º 2, do CPPT).

---

[385] Existem, no entanto, situações em que o recurso hierárquico suspende mesmo a eficácia do acto recorrido (artigo 83.º, n.º 2, do CIVA).

[386] Para que estejamos perante um verdadeiro recurso hierárquico é essencial que o meio de defesa em causa seja dirigido a outra autoridade que não o autor do acto recorrido. Neste sentido *vide* DIOGO FREITAS DO AMARAL, *Conceito e Natureza do Recurso Hierárquico*, 2.ª Edição, Almedina, Coimbra, 2005, pp. 44-45.

[387] Salvo nos casos previstos na lei, os órgãos da administração tributária podem *delegar* a competência do procedimento (artigo 62.º, n.º 1, da LGT), mesmo que não seja no seu imediato inferior hierárquico.

[388] A impugnação será apresentada no prazo de três meses contados a partir da notificação dos restantes actos que possam ser objecto de impugnação autónoma nos termos deste Código [artigo 102.º, n.º 1, alínea e), do CPPT].

15.4.5. A revisão do acto tributário

A revisão dos actos tributários[389] (artigo 78.º, da LGT) tem como objecto o *acto de liquidação* ou de *fixação da matéria tributária* (artigo 78.º, n.º 1 e 4, do CPPT), sendo efectuada pela própria autoridade que o praticou[390], ou seja, é o próprio órgão que praticou o acto (director-geral da Autoridade Tributária e Aduaneira) que o vai reapreciar, corrigindo o erro a favor do contribuinte - anulação parcial ou total [liquidação correctiva], ou mesmo a favor do Estado [liquidação adicional] (artigo 78.º, n.º 4 e 5, da LGT), caso o detecte oficiosamente ou então tenha sido solicitado pelo próprio contribuinte (artigo 78.º, n.º 7, da LGT).

A administração tributária tem legitimidade para impulsionar *oficiosamente* a revisão do acto tributário[391] no prazo de 4 anos (se o imposto já foi pago) ou a todo o tempo (se o imposto não foi ainda pago), com fundamento em erro imputável aos serviços.

O próprio contribuinte dispõe para o efeito, do prazo de 120 dias (artigo 70.º, n.º 1, do CPPT). Por seu lado, pode ainda solicitar mesmo o pedido de revisão oficiosa no prazo de 4 anos, por motivo de duplicação de colecta (artigo 78.º, n.º 6). Mesmo depois do decurso dos prazos de reclamação graciosa (artigo 70.º) e de impugnação judicial (artigo 102.º, n.º 1), o fisco tem o *poder-dever*[392] de revogar actos de liquidação de tributos que sejam ilegais, nas condições e com os limites temporais constantes no artigo 78.º, da LGT. Em resumo, permite-se ao contribuinte, mesmo quando já decorreram os prazos previstos para os meios administrativos e jurisdicionais de defesa face às decisões do fisco, o recurso à revisão dos mesmos, insis-

---

[389] A expressão "actos tributários" pode sugerir que o legislador visa que este meio de defesa abranja não apenas a liquidação de imposto, mas igualmente pelo menos, alguns actos administrativos em matéria tributária, como por exemplo, acaba por ser o caso da revisão da matéria tributável apurada com fundamento em injustiça grave ou notória (artigo 78.º, n.º 4, da LGT), bem como a autoliquidação e a retenção na fonte definitiva.

[390] Por exemplo, a liquidação do IRS compete à Direcção-Geral dos Impostos (artigo 75.º, do CIRS), actualmente correspondente à Autoridade Tributária e Aduaneira.

[391] O acto decisório *pode* revogar total ou parcialmente acto anterior ou reformá-lo, ratificá-lo ou convertê-lo nos prazos da sua revisão (artigo 79.º, da LGT).

[392] A administração tributária deve, no procedimento, realizar todas as diligências necessárias à satisfação do interesse público e à descoberta da verdade material, não estando subordinada à iniciativa do autor do pedido (artigo 58.º, da LGT).

tindo para que a administração reveja *oficiosamente* os actos praticados, em conformidade com o princípio do inquisitório (artigo 58.º, da LGT).

Defendemos igualmente que o *responsável subsidiário*, enquanto sujeito passivo (artigo 18.º, 3, da LGT), pode lançar mão da *revisão do acto tributário* (artigo 78.º, da LGT), da mesma forma que o devedor originário.

O director-geral da Autoridade Tributária e Aduaneira pode ainda autorizar, excepcionalmente, nos 3 anos posteriores ao do acto tributário a revisão da matéria tributável apurada com fundamento em *injustiça grave ou notória*, desde que *o erro não seja imputável a comportamento negligente do contribuinte* (artigo 78.º, n.º 4, da LGT).

O pedido de revisão *oficiosa*[393] da liquidação do tributo interrompe a prescrição das dívidas tributárias (artigo 49.º, n.º 1, da LGT), bem como, segundo pensamos, suspende a execução fiscal desde que seja prestada

---

[393] Pensamos que mesmo a *revisão* efectuada *a pedido do contribuinte* interrompe a prescrição, uma vez que esta constitui o impulso para a revisão oficiosa do acto tributário, como se pode conclui de uma leitura atenta do artigo 78.º, n.º 7, da LGT. Os actos tributários praticados por autoridade fiscal competente em razão da matéria são definitivos quanto à fixação dos direitos dos contribuintes, sem prejuízo da sua eventual revisão ou impugnação nos termos da lei (artigo 60.º, do CPPT). Como defendemos em outra sede, uma vez esgotado o prazo legal de reclamação graciosa, apenas resta que a administração tributária inicie o procedimento de revisão do acto tributário, em conformidade com os princípios da descoberta da verdade material e do inquisitório (artigos 55.º, 58.º e 78.º, n.º 1, *2.ª parte*, da LGT). Esta é quem tem a competência privativa para a iniciativa propriamente dita de efectuar a revisão, desta feita, oficiosamente, enquanto expressão clara do princípio da legalidade (artigo 55.º, da LGT). Mas, em nome deste mesmo princípio, não podemos deixar de retirar consequências práticas da lei, a qual prevê expressamente que a revisão (oficiosa) possa ser efectuada na sequência do pedido do próprio contribuinte, que assim toma em termos práticos o impulso do procedimento de revisão (artigos 49.º, n.º 1 e 78.º, n.º 7, da LGT). O princípio da igualdade entre o Estado-administração e os contribuintes (artigo 55.º, da LGT) também recomenda este entendimento, uma vez que se o fisco pode rever oficiosamente o acto mesmo ainda no prazo de reclamação graciosa, já sem o impulso do contribuinte e com o fundamento em «erro imputável aos serviços», não se compreende que não possa ser o contribuinte – e não necessariamente um terceiro mesmo que eventual interessado – a dar conhecimento dos serviços de eventual «erro imputável aos serviços» já fora do prazo da reclamação graciosa, em conformidade com o igualmente muito relevante princípio da colaboração que o subordina nas relações com o Estado (artigo 59.º, da LGT) (PAULO MARQUES, *A Revisão do Acto Tributário – Do mea culpa à reposição da legalidade*, IDEFF/Almedina, Coimbra, 2015, pp. 222-223). O Supremo Tribunal Administrativo tem entendido que «*o contribuinte pode pedir que seja cumprido esse dever, dentro dos limites temporais em que a Administração tributária o pode exercer*» (Acórdão de 12 de Julho de 2006 – Proc. n.º 0402/06).

garantia idónea, à semelhança do que sucede em relação à reclamação graciosa.

Caso exista indeferimento do pedido de revisão, existe a possibilidade de deduzir *impugnação judicial* [artigo 97.º, n.º 1, alínea d), do CPPT], uma vez que está em causa a apreciação da legalidade de um acto tributário (liquidação de imposto). No entanto, quando assim não seja, existe a possibilidade de, querendo, deduzir *acção administrativa* [artigos 37.º e seguintes, do Código de Processo nos Tribunais Administrativos (CPTA)[394]], ficando assegurada a pretendida tutela jurisdicional, sem prejuízo da possibilidade de querendo, deduzir recurso hierárquico da decisão administrativa de indeferimento do pedido de revisão.

15.4.6. A impugnação judicial da liquidação de imposto

A impugnação judicial constitui um meio processual com o mesmo alcance que a reclamação graciosa[395], ou seja, a anulação total ou parcial do acto tributário (liquidação de imposto)[396], com os mesmos fundamentos (artigos 70.º, n.º 1, e 99.º, ambos do CPPT), embora deva ser apreciada pelos tribunais. Conforme nos dá conta RUI MORAIS «o processo de impugnação judicial é de utilizar apenas quando o acto a impugnar é um acto de liquidação ou um acto administrativo que comporta a apreciação de um acto desse tipo»[397].

Por seu lado, o pagamento da dívida tributária não constitui óbice à apresentação, nem ao prosseguimento da impugnação judicial da liquidação de imposto (artigo 9.º, n.º 3, da LGT).

São admitidos os meios gerais de prova em processo de impugnação (artigo 115.º, n.º 1, do CPPT), diferentemente do que sucede no proce-

---

[394] Aprovado pela Lei n.º 15/2002, de 22 de Fevereiro.

[395] No entanto, a reclamação graciosa tem a seu favor a sua gratuitidade e, por outro lado, o facto de não ser obrigatória a constituição de advogado, devendo ser decidida no prazo-regra de quatro meses (artigo 57.º, n.º 1, da LGT).

[396] A impugnação pode servir para sindicar contenciosamente o acto tributário e não propriamente o acto de reversão. Tratando-se de sindicar contenciosamente um acto administrativo em matéria tributária e não a legalidade da liquidação, o revertido dispõe da acção administrativa (artigos 37.º e seguintes, do CPTA). No entanto, entendemos que a prescrição pode constituir fundamento em impugnação judicial, uma vez que pode funcionar como causa de extinção da instância por inutilidade superveniente da lide.

[397] RUI DUARTE MORAIS, *Manual de Procedimento e Processo Tributário*, p. 287.

dimento de reclamação graciosa [artigo 69.º, alínea e), do CPPT], dada a maior simplicidade deste último.

A apresentação deverá efectuar-se no tribunal competente ou no serviço periférico local em que haja sido ou deva legalmente considerar-se praticado o acto (artigo 103.º, n.º 1, do CPPT), no prazo de 3 meses[398] contados a partir da citação dos responsáveis subsidiários em processo de execução fiscal [artigo 102.º, n.º 1, alínea c), do CPPT], uma vez que aqueles tomam conhecimento da liquidação de imposto no momento da citação na sequência de reversão do processo executivo (artigo 22.º, n.º 5, da LGT).

15.4.7. O pedido de constituição de tribunal arbitral

Tendo em vista a sindicância da *liquidação* de imposto (artigo 2.º, n.º 1, alínea a), do Regime Jurídico da Arbitragem em Matéria Tributária (RJAT)[399], alternativamente à impugnação judicial, o revertido pode lançar mão do pedido de constituição de tribunal arbitral, a ser apresentado no prazo de 90 dias (artigo 10.º, n.º 1, alínea a), contados a partir da citação dos responsáveis subsidiários em processo de execução fiscal. São amplamente conhecidas as vantagens do processo arbitral, designadamente a sua celeridade, uma vez que a decisão arbitral deve ser emitida e notificada às partes no prazo de seis meses a contar da data do início do processo arbitral (artigo 21.º, n.º 1). Por seu lado, permite-se uma maior proximidade entre as partes. Conforme destaca lucidamente EDUARDO PAZ FERREIRA «Trata-se de um processo em que o Estado cada vez menos recorre a poderes de autoridade e, cada vez, mais procura conversar com a sociedade, e em especial, com os agentes económicos, com os seus "súbditos" para usar a antiga expressão, que deixam de ser súbditos para passar a ser, verdadeiramente, parceiros num quadro de concertação social»[400].

---

[398] Redacção dada pela Lei n.º 66-B/2012, de 31 de Dezembro. As normas sobre *procedimento* e *processo* são de aplicação *imediata*, sem prejuízo das garantias, direitos e interesses legítimos anteriormente constituídos dos contribuintes (artigo 12.º, n.º 3, da LGT).
[399] O Regime Jurídico da Arbitragem em Matéria Tributária (RJAT) foi aprovado pelo Decreto-Lei n.º 10/2011, de 20 de Janeiro. A competência dos tribunais arbitrais compreende a apreciação da declaração de ilegalidade de actos de liquidação de tributos, de autoliquidação, de retenção na fonte e de pagamento por conta [artigo 2.º, n.º 1, alínea a), do RJAT].
[400] EDUARDO PAZ FERREIRA, *A possibilidade da arbitragem tributária*, A Arbitragem em Direito Tributário, AIBAT-IDEFF, Colóquios IDEFF, n.º 2 (Coord.: Diogo Leite de Campos e Eduardo Paz Ferreira), Almedina, Coimbra, 2010, p. 19. De igual modo, ALEXANDRA

15.5. A reversão contra o sucessor do responsável subsidiário

As obrigações tributárias originárias e subsidiárias transmitem-se, mesmo que não tenham sido ainda liquidadas, em caso de *sucessão universal por morte*[401], sem prejuízo do benefício do inventário (artigo 29.º, n.º 2, da LGT). Daqui resulta claramente a possibilidade de reversão contra o sucessor do responsável subsidiário. Neste sentido, MÁRIO JANUÁRIO dá-nos conta de que «A morte, enquanto facto jurídico, desencadeia o fenómeno da transmissão de obrigações tributárias dos responsáveis subsidiários para o ou os seus herdeiros»[402]. A jurisprudência do Supremo Tribunal Adminis-

---

MARQUES salienta que «Parece ser hoje unânime que o sistema judicial, ancorado nas estruturas tradicionais, se tornou incapaz de prosseguir o objectivo de realização de justiça e, por isso, quase todos os sistemas jurídicos modernos procuram alternativas» (*A Arbitragem em Matéria Tributária: enquadramento e traços essenciais do regime do Decreto-Lei n.º 10/2011, de 20 de Janeiro*, A Arbitragem e Direito Público, [Coord.: Carla Amado Gomes, Domingos Soares Farinho e Ricardo Pedro], AAFDL, Lisboa, 2015, p. 363).

[401] JOÃO GOMES DA SILVA, fala-nos de que «o herdeiro é o sucessor universal, aquele que sucede na totalidade ou numa quota do património do defunto», definindo este autor a sucessão universal como sendo uma *"aquisição unitária de uma unidade patrimonial"*» (*Herança e sucessão por morte: a sujeição do património do De Cuius a um regime unitário no Livro V do Código Civil*, Universidade Católica Editora, Lisboa, 2002, pp. 177 e 179). Pelo que a expressão *"sucessão universal por morte"* contida na lei porventura afasta assim a transmissão das obrigações tributárias do responsável subsidiário para os legatários, ou seja, quando estamos a falar de quem sucede em bens ou valores determinados, uma vez que na fixação do sentido e alcance da lei, o intérprete presumirá que o legislador consagrou as soluções mais acertadas e soube exprimir o seu pensamento em termos adequados (artigo 9.º, n.º 3, da LGT). Em sentido diferente, J. CASALTA NABAIS ensina que «as obrigações fiscais do de cujus se transmitem aos respectivos sucessores – herdeiros ou legatários. Porém, como facilmente se compreenderá, estes só são responsáveis pelas dívidas à Fazenda Pública até às forças da herança ou do legado» (*ob. cit.*, p. 268). Convém ainda lembrar ainda FILIPA LEMOS CALDAS, segundo a qual «a distinção entre herdeiro e legatário está, actualmente, desprovida de sentido, sendo urgente uma reforma do nosso sistema sucessório» (*O problema da estrutura e da finalidade da herança e do legado*, Estudos em Homenagem ao Professor Carlos Pamplona Corte-Real, Almedina, Coimbra, 2016, p. 81). Sendo a herança aceita pura e simplesmente, a responsabilidade pelos encargos também não excede o valor dos bens herdados (artigo 2071.º, n.º 2, 1.ª parte, do CC). Por sua vez, o legatário responde pelo cumprimento dos legados e dos outros encargos que lhe sejam impostos, mas só dentro dos limites do valor da coisa legada (2276.º, n.º 1, do CC). No entanto, é bom realçar que o legatário responde perante todas as dívidas independentemente da sua origem e não apenas as dívidas em relação aos bens que o legatário recebeu.

[402] MÁRIO JANUÁRIO, *ob. cit.*, p. 32. De igual modo *vide* ANA PAULA DOURADO, *Direito Fiscal – Lições*, pp. 96-97.

trativo tem sustentado igualmente este entendimento, ao considerar que a responsabilidade subsidiária do gestor falecido transfere-se para os herdeiros do responsável, embora deva limitar-se às forças da herança, tenha ou não existido citação do *de cujus* para a reversão (Acórdãos de 2 de Maio de 2007 – Proc. n.º 01105/06 e de 3 de Junho de 2015 – Proc. n.º 01025/14).

No entanto, parece-nos não ser de aplicar a *presunção de culpa* ao sucessor do responsável subsidiário. Estamos, por isso, com JORGE LOPES DE SOUSA quando este refere que «o estabelecimento, para as dívidas fiscais, de uma presunção de que deriva a obrigação de prova da falta de culpa pelos responsáveis subsidiários, contrária à regra básica da responsabilidade civil extracontratual formulada no art. 487.º do Código Civil e à regra vigente para todos os credores sociais, pode ser considerada razoável nos casos de reversão contra o responsável subsidiário, por a este, se não tiver culpa, ser fácil prová-lo. Mas já será mais difícil aceitar o estabelecimento de tal presunção contra os sucessores dos responsáveis subsidiários, que serão, em regra, pessoas sem ligação à actividade da sociedade e que podem ser menores ou mesmo nascituros»[403].

Em relação à transmissão *mortis causa* da responsabilidade patrimonial do devedor subsidiário pelo não pagamento de coima (artigo 8.º, n.º 1, do RGIT) parece-nos que o princípio da intransmissibilidade das sanções não encontra aqui aplicação (artigo 30.º, da Constituição). Como decidiu o Tribunal Constitucional, «o que está em causa não é, por conseguinte, a mera transmissão de uma responsabilidade contra-ordenacional que era originariamente imputável à sociedade ou pessoa colectiva, mas antes a *imposição de um dever indemnizatório que deriva do facto ilícito e culposo que é praticado pelo administrador ou gerente, e que constitui causa adequada do dano* que resulta, para a Administração Fiscal, da não obtenção da receita em que se traduzia o pagamento da multa ou coima que eram devidas" (Acórdão de 12 de Março de 2009 (Proc. n.º 648/2009). Em sentido contrário, FREITAS PEREIRA ensina que «Interessa sublinhar que a sucessão respeita apenas às dívidas de imposto do *de cujus*, não podendo o herdeiro ser responsabilizado por quaisquer penas, mesmo pecuniárias, que correspondam a transgressões fiscais do falecido (art.º 30.º, n.º 3, da Constituição da República, art. 127.º e 128.º do Código Penal e art. 61.º e 62.º do RGIT)»[404]. De igual

---

[403] JORGE LOPES DE SOUSA, *Código de Procedimento e de Processo Tributário – Anotado e Comentado*, Vol. II, 5.ª Edição, Áreas Editora, Lisboa, 2007, p. 356.
[404] FREITAS PEREIRA, *ob. cit.*, 308.

modo, JORGE LOPES DE SOUSA defende que «mesmo que se alicerce a responsabilização dos responsáveis subsidiários na responsabilidade civil por factos ilícitos e direccionada no sentido da génese a insuficiência do património social para pagamento das dívidas, é uma realidade incontornável que quem faz o pagamento de uma sanção pecuniária é quem a está a cumprir, a ser sancionado»[405].

O que está em causa é a *culpa*[406] dos gestores pela *insuficiência patrimonial do ente colectivo* que conduziu à impossibilidade do pagamento do valor em dívida (coima) em execução fiscal. Estamos perante uma situação de *responsabilidade patrimonial por dívida de outrem*[407] (do ente colectivo) tal como nas situações previstas no artigo 24.º, da LGT, e não do próprio administrador ou gerente, pelo que o Tribunal Constitucional veio a considerar que «A responsabilidade subsidiária por coimas originadas por factos ocorridos no período de exercício do cargo de gerente apenas existe quando tiver sido por *culpa* sua que *o património da sociedade ou pessoa colectiva se tornou insuficiente para o seu pagamento*» (Acórdão de 19 de Janeiro de 2011 – Proc. n.º 0775/10).

A *responsabilidade penal* é insusceptível de *transmissão* (artigo 30.º, n.º 3 da Constituição), sendo este normativo legal aplicável apenas no âmbito do Direito Contra-ordenacional Tributário e não no plano da mera responsabilidade patrimonial.

---

[405] JORGE LOPES DE SOUSA, *Código de Procedimento e de Processo Tributário – Anotado e Comentado*, Vol. II, 5.ª Edição, p. 354.

[406] A *culpa* do administrador na insuficiência patrimonial da empresa não é presumida, tendo o Fisco o respectivo ónus da prova (artigo 74.º, n.º 1, da LGT). É ao lesado que incumbe provar a culpa do autor da lesão, salvo havendo presunção legal de culpa (artigo 487.º, n.º 1, do Código Civil). Na lição de ANTUNES VARELA o Mestre ensinava que Sendo a culpa do lesante um elemento constitutivo do direito à indemnização, incumbe ao lesado, como credor, fazer a prova dela, nos termos gerais da repartição legal do ónus probatório» (*Das Obrigações em Geral*, Vol. I, 10.ª Edição, Almedina, Coimbra, 2016, p. 589).

[407] Na observação lúcida de ANA PAULA DOURADO, estamos perante *responsabilidade por dívida de outrem* «no sentido em que os pressupostos do facto tributário não ocorrem relativamente a ele, mas sim os pressupostos da responsabilidade, o que significa que as obrigações derivadas da lei para o devedor originário e para o responsável, assentam em pressupostos distintos. Embora possa ser utilizada pelo legislador em muitos sentidos, a responsabilidade tributária deve ser distinguida das situações que implicam uma obrigação fiscal por dívida própria, de forma que o responsável distingue-se do devedor originário, e a designação deve ser utilizada, no Direito Fiscal, no sentido estrito» (*Substituição e Responsabilidade Tributária*, p. 51).

Convém ainda lembrar que a obrigação de pagamento da coima e de cumprimento das sanções acessórias extingue-se com a *morte do infractor* (artigo 62.º, do RGIT), diferentemente do que sucede em relação às dívidas de imposto.

II – DA RESPONSABILIDADE POR INFRACÇÕES TRIBUTÁRIAS

«A educação é o ponto em que decidimos se amamos o mundo o bastante para assumirmos a responsabilidade por ele».
HANNAH ARENDT (1906-1975)

1. A responsabilidade penal tributária

Através do vínculo jurídico da "obrigação" (*obligatio*), o devedor fica adstrito para com o credor à realização de uma prestação que corresponda a um interesse deste, digno de protecção legal (artigos 398.º e 399.º, do Código Civil.

Pelo cumprimento da obrigação existe a necessidade de responsabilizar o obrigado. A noção da "responsabilidade" pode ser extraída da própria origem do vocábulo, que vem do latim *respondere*, que significa responder a alguma coisa. Donde que a responsabilidade apenas surge em caso de incumprimento de uma obrigação, funcionando como um meio de recomposição da situação anterior. Ou, dito em outras palavras, nas relações jurídicas a responsabilidade acompanha a obrigação.

O não cumprimento das obrigações fiscais poderá acarretar a responsabilidade tributária segundo os termos já anteriormente explanados. Mas, atento o bem jurídico sob tutela, poderá ainda fazer confluir uma responsabilidade penal e, por via desta última, uma responsabilidade civil.

Uma advertência prévia, no entanto, se impõe: o não pagamento ou entrega de prestação tributária, ou mesmo a obtenção indevida de um reembolso ou benefício, não consubstanciam, necessariamente, a prática de uma *infracção*, seja criminal ou contra-ordenacional. Mas apenas quando o legislador declara puníveis certos factos típicos, ilícitos e culposos (artigo 2.º, n.º 1, do RGIT).

1.1. O bem jurídico sob tutela

A protecção de valores essenciais a uma coexistência social pacífica surge conferida, quando necessário, pelo Direito Penal. Ou seja, este importante ramo do Direito traduz-se numa determinada compreensão dos valores humanos e na concretização desses mesmos valores numa dada sociedade e em dado momento histórico. No fundo, o conceito material de crime é a expressão dos princípios constitucionais de Direito Penal, pelo que a incriminação tem de ser indispensável para promover a defesa de bens jurídicos essenciais (princípio da necessidade), a conduta incriminada deve possuir ressonância ética negativa (princípio da culpa) e a criminalização, sempre resultante de lei formal, deve reunir o consenso da comunidade (princípio da legalidade)[408].

No caso dos *crimes tributários* o bem jurídico protegido pelas incriminações fiscais situa-se na verdade fiscal e no interesse financeiro do Estado, atento o disposto no artigo 22.º, do RGIT[409]. Isto é, o interesse do Estado e dos seus cidadãos, *ofendidos* pela prática do facto típico, ilícito e culposo declarado punível por lei tributária penal anterior (artigo 2.º, n.º 1), materializado na «*Conta do Estado na rubrica que inclui as receitas fiscais destinadas à realização de fins públicos de natureza financeira, económica ou social*»[410].

Trata-se da violação de um leque de funções que os impostos cumprem no nosso ordenamento jurídico-constitucional, não circunscritas à obtenção de recursos financeiros por parte do Estado mas também tomando em consideração a função redistributiva da riqueza que é cumprida pelo sistema fiscal e por variados objectivos de natureza extrafiscal.

Resultam, portanto, postergados os princípios da verdade material e da capacidade contributiva. E, não menos importante, do princípio da igual-

---

[408] MARIA FERNANDA PALMA, *Conceito material de crime e reforma penal*, Anatomia do Crime n.º 0, Almedina, Coimbra, 2014, p. 17.
[409] ISABEL MARQUES DA SILVA, *Responsabilidade Fiscal Penal Cumulativa das Sociedades e dos seus Administradores e Representantes*, Universidade Católica Editora, Lisboa, 2000, p. 58.
[410] Tribunal da Relação de Coimbra (Acórdão de 12 de Setembro de 2012 – Processo n.º 378/07.3TAILH.C1).

dade, muito caro ao Direito Tributário, minando a integridade e a justiça do sistema e desencorajando mesmo o cumprimento pela generalidade dos contribuintes, pondo em grave risco a prossecução das funções garantidas constitucionalmente pelo Estado ao abrigo do artigo 9.º, da Constituição e a coesão social entre cidadãos, apanágio de um Estado Social de Direito Democrático.

No dizer lapidar de GERMANO MARQUES DA SILVA, «*O medo guarda a vinha, diz o nosso povo, mas a cominação de sanções tão graves como as penais, sobretudo as privativas da liberdade, serve também para alertar para a importância dos bens que as normas do direito penal tutelam em ordem a facilitar e possibilitar a satisfação pelo Estado social das tarefas que lhe são exigidas, promovendo a sensibilização dos cidadãos para a relevância social do cumprimento das obrigações fiscais de cada um*»[411].

A criminalização corresponde aos casos reputados como mais gravosos, na perspectiva do legislador, neles se tornando mister o ressarcimento dos danos oriundos da prática do facto ilícito doloso.

Por exemplo, no caso do crime de abuso de confiança trata-se de um crime contra o património, que ofende a propriedade alheia. «*Ilustrativo da especial protecção penal da vítima (o «cidadão-contribuinte cumpridor»), personificada pelo Estado Fiscal de Direito, é o facto dos crimes tributários constituirem crimes públicos, não dependendo o respectivo procedimento criminal de queixa, contrariamente, por exemplo, ao crime de abuso de confiança comum (artigo 205.º do CP)*»[412].

Destarte, o processo penal tributário dirige-se, não à recolha de impostos, mas à protecção do bem jurídico ofendido pela prática do crime tributário. «*O ordenamento jurídico nacional veda a "prisão por dívidas", pelo que os tipos legais de crime consagrados no RGIT não têm em vista punir a mera falta de pagamento do tributo, existindo antes um processo de execução fiscal para a cobrança coerciva dos montantes em falta, nos termos dos artigos 148.º e seguintes do Código de Procedimento e de Processo Tributário*»[413].

---

[411] GERMANO MARQUES DA SILVA, *Imposto, ética e crime*, Estudos em Homenagem ao Professor Doutor Pedro Soares Martinez, Vol. II, Almedina, Coimbra, 2000, pp. 81-82.
[412] PAULO MARQUES, *Elogio do Imposto: A relação do Estado com os Contribuintes*, p. 28.
[413] PAULO MARQUES, *Infracções Tributárias – Investigação Criminal*, Lisboa, 2007, p. 18
Apenas os crimes puníveis com pena de prisão igual ou inferior a 2 anos poderão beneficiar do regime de dispensa de de pena, mesmo tendo existido a reposição da verdade sobre a situação tributária (artigo 22.º, n.º 1, do RGIT).

O Estado não surge aqui na qualidade de mero sujeito activo de uma relação jurídica tributária (de cariz obrigacional), como vimos suceder na responsabilidade regulada pela LGT. Surge antes como *ofendido*, como *vítima* do crime tributário, no sentido de que é o titular do interesse colectivo ou comum que a lei penal visa proteger.

Não obstante, o *agente* do crime pode nem ter a qualidade de sujeito passivo da relação jurídico-tributária, como, por exemplo, no caso de um gerente que apesar de não ter chegado a ser revertido no processo de execução fiscal, foi constituido arguido no âmbito de um processo de inquérito criminal fiscal.

2. A responsabilidade penal tributária cumulativa das sociedades e dos seus gestores ou outros agentes

Ao invés da responsabilidade meramente contra-ordenacional do ente colectivo, que *exclui* a responsabilidade individual dos respectivos agentes (artigo 7.º, n.º 4, do RGIT)[414], a responsabilidade penal é *cumulativa*[415], não excluindo, portanto, a responsabilidade individual dos seus agentes (artigo 7.º, n.º 3).

---

[414] Por sinal, os limites mínimo e máximo das coimas são *elevados para o dobro sempre que sejam aplicadas a uma pessoa colectiva*, sociedade, ainda que irregularmente constituída, ou outra entidade fiscalmente equiparada (artigo 26.º, n.º 4, do RGIT) constituindo, de certo modo, como um contraponto lógico à já referida exclusão da responsabilidade contra-ordenacional dos administradores ou gerentes das empresas e como reflexo da maior complexidade organizacional que reveste à partida a pessoa colectiva. Pelo que no momento da fixação concreta da coima aplicável, a administração tributária apenas deve ponderar as circunstâncias atinentes ao *arguido* (ente colectivo), não se podendo em face do artigo 7.º, n.º 4, falar que exista propriamente uma desconsideração da culpa dos gerentes na determinação da sanção contra--ordenacional. A lei não prevê a imputação da coima aos gestores, até pela intransmissibilidade das sanções, mas já a sua mera responsabilidade *civil* subsidiária (artigo 8.º), decorrente de conduta culposa dos administradores ou gerentes que conduziu à insuficiência do património social da empresa, matéria que será desenvolvida neste livro mais à frente.

[415] A responsabilidade das pessoas colectivas e entidades equiparadas não exclui a responsabilidade individual dos respectivos agentes nem depende da responsabilização destes (artigo 11.º, n.º 7, do CP), ficando claro que a responsabilidade penal do ente colectivo depende da imputação do facto ao seu administrador ou gerente. Salvo o disposto no número seguinte e *nos casos especialmente previstos na lei*, só as pessoas singulares são susceptíveis de responsabilidade criminal (artigo 11.º, n.º 1, do mesmo Código).

O princípio da *responsabilidade penal cumulativa*[416] encontra a sua justificação na diferenciação dos sujeitos jurídicos em causa. Segundo o penalista GERMANO MARQUES DA SILVA a «vontade da sociedade não se confunde com a vontade dos titulares dos seus órgãos, embora a pressuponha na sua formação, mas a vontade individual mantém totalmente a sua autonomia. Em termos éticos esta vontade será até mais censurável porque não só responsabiliza o próprio como contribui para formar uma vontade censurável de terceiro, a da sociedade. Acresce ainda que o agente ao contribuir para formar a vontade censurável da sociedade viola ele próprio uma outra norma: a que lhe impõe o dever de conduzir a sociedade com a diligência de um gestor criterioso e ordenado (art. 64.º, n.º 1, do CSC)»[417]. Por seu lado, JORGE LOPES DE SOUSA e SIMAS SANTOS sublinham que «em matéria de *crimes*, apesar de existir a responsabilidade da pessoa colectiva ou entidade equiparada, os agentes individuais das infracções, que actuaram no seu nome e no interesse colectivo, *são também criminalmente responsáveis pelos crimes*»[418].

A responsabilidade penal fiscal *cumulativa* (artigos 6.º e 7.º do RGIT) resulta da relação "visceral" entre os entes colectivos e os seus corpos de gestão. A este propósito, ISABEL MARQUES DA SILVA destaca, muito justamente, que «Da conjugação dos artigos 6.º e 7.º do RGIT resulta, para os crimes tributários, uma regra de responsabilidade cumulativa do ente colectivo e da pessoa(s) que, podendo fazê-lo (porque seu órgão, membro ou representante), em nome e no interesse daquele cometeu a infracção. Trata-se de uma responsabilidade atribuída a dois sujeitos distintos[419], embora tendo por pressuposto o mesmo facto e na mesma culpa, e que

---

[416] Segundo JOSÉ DE FARIA COSTA, «a responsabilidade criminal das pessoas colectivas e a dos agentes individuais é cumulativa, mas também *autónoma*. O que se traduz na circunstância de o facto da pessoa colectiva ser responsabilizada não determinar nem excluir a responsabilização do agente individual» (*Noções Fundamentais de Direito Penal*, 4.ª Edição, Coimbra Editora, Coimbra, 2015, pp. 240-241). Pelo que as pessoas colectivas não respondem por facto e culpa *alheia* mas por facto e culpa *próprios*.

[417] GERMANO MARQUES DA SILVA, *Direito Penal Tributário – Sobre as Responsabilidades das Sociedades e dos seus Administradores conexas com o crime tributário*, Universidade Católica Editora, Lisboa, 2009, pp. 299-300.

[418] JORGE LOPES DE SOUSA e MANUEL SIMAS SANTOS, *Regime Geral das Infracções Tributárias – Anotado*, 4.ª Edição, Áreas Editora, Lisboa, 2010, pp. 79-80.

[419] O Princípio do *non bis in idem*, recorde-se, está expressamente previsto no artigo 29.º, n.º 5, da Constituição, resultando do mesmo que ninguém poderá ser punido mais de uma vez por uma mesma infração penal

envolve a punição diferenciada de cada um deles, como decorre do carácter individual da responsabilidade. Denominámo-la noutro lugar *"responsabilidade cumulativa integral diferenciada"*»[420].

Pelo que, em termos práticos, uma das primeiras diligências promovidas pelas autoridades de um processo de inquérito criminal fiscal passa justamente pelo apuramento de quem é quem na vida da empresa, à data dos factos a investigar. Por outro lado, a sujeição ao termo de identidade e residência (196.º, do CPP) acontece logo que se assuma o estatuto de arguido, sujeitando-se quer a empresa[421], quer os gestores ao momento dos factos.

3. A responsabilidade por omissão dos gestores, em especial

ALFRED MONTAPERT, na sua obra *"A Suprema Filosofia do Homem"*, veio explicar que *"oportunidade"* é apenas outra palavra para designar *"responsabilidade"*. Nada de mais verdadeiro quando está em causa a responsabilidade dos gestores empresariais que, pela oportunidade de exercerem cargos de grande importância e de elevado prestígio, assumem, também por isso, um amplo conjunto de deveres e de responsabilidades. Este constitui um tema complexo que levanta uma série de problemas, entre os quais, averiguar até que ponto os velhos critérios de imputação da responsabilidade penal estão ou não aptos a responder à chamada *"criminalidade de empresa"*, ainda não suficientemente estudado na doutrina. Por isso, KLAUS TIEDEMANN afirma, com toda a propriedade, que quando o problema se centra no âmbito da empresa a discussão dá lugar, frequentemente, ao silêncio[422].

---

[420] ISABEL MARQUES DA SILVA, *Regime Geral das Infracções Tributárias*, 2.ª Edição, Cadernos IDEFF n.º 5, 3.ª Edição, IDEFF/Almedina, Coimbra, 2010, pp. 79-80.

[421] Segundo o Tribunal da Relação do Porto «As sociedades arguidas num processo devem prestar termo de identidade e residência nessa qualidade, não podendo considerar-se que esse termo é implicitamente prestado quando os legais representantes dessas sociedades, que são também arguidos no processo, prestam esse termo a título pessoal» (Acórdão de 4 de Junho de 2014 – Proc. n.º 35/13.3IDPRT). O ente colectivo está no processo de inquérito criminal fiscal através do representante legal ao tempo do acto processual em causa, que não coincide necessariamente com o gestor ao momento do facto que integra a infracção tributária objecto do processo em causa.

[422] KLAUS TIEDEMANN citado *in* JUAN ANTONIO LASCURAÍN SÁNCHEZ, *Fundamento y Limites del Deber de Garantía del Empresario, Hacia un Derecho Penal Económico Europeo*, Jornadas en honor del Profesor Klaus Tiedemann, Boletín Oficial del Estado, Madrid, 1995, p. 209.

Os problemas especiais que a responsabilidade penal dos órgãos de administração e de gestão, doravante, órgãos de direcção ou de gestão, da empresa levanta só podem ser verdadeiramente compreendidos se se tiver em linha de conta, em primeiro lugar, que a criação do Direito Penal, e com ele dos seus critérios de imputação, ocorreu no âmbito de um contexto social diametralmente oposto ao de hoje.

Na verdade, enquanto os sucessos da empresa dependem de uma estrutura organizativa complexa, que se caracteriza por uma ampla divisão do trabalho e assenta no princípio da hierarquia, o Direito Penal clássico formou-se à luz ou sob a ideia de um solitário social, de um fora da lei, de um proscrito e do seu anarquismo, individualismo, espontaneidade e desorganização[423]. Por isso se fala, hodiernamente, na crise do Direito Penal. E fala-se na crise deste ramo de Direito porque a dogmática penal criada a partir da concepção do delito que constitui uma abstracção de uma conduta de um sujeito individual, que vulnera um bem individual e que origina uma só vítima, encontra-se com sérias dificuldades para solucionar casos tão complexos como os levantados pela criminalidade de empresa[424]. Em boa verdade, o conceito de acção, eixo fundamental e basilar do Direito Penal, foi definido, consequentemente, de forma totalmente individualista, enquanto *"comportamento corporal voluntário"*[425]. Por outro lado, a teoria final da acção de HANS WELZEL que, mormente as críticas que mereceu, marcou de sobremaneira o sistema jurídico-penal actual, veio reforçar e sublinhar esse ponto de vista individualista através da acentuação da

---

[423] Neste sentido *vide*, entre outros, BERND SCHÜNEMANN, *Temas actuales y permanentes del Derecho Penal después del milenio*, Editorial Tecnos, Madrid, 2002, p. 129.

[424] Assim, ELENA B. MARÍN DE ESPINOSA CEBALLOS, *Criminalidad de Empresa: La responsabilidad penal en las estructuras jerárquicamente organizadas*, Tirant lo Blanch, Valencia 2002, p. 15. No mesmo sentido, *vide* LAURA ZÚÑIGA RODRÍGUEZ segundo a qual, «la dogmática diseñada a partir de la concepción del delito que constituye una abstracción de una conducta individual y que tiene una sola víctima, se encuentra con serias dificultades para solucionar estos casos de gran complejidad que tienen: tanto de sujetos activos complejos, de sujetos pasivos múltiples y de bienes jurídicos colectivos» (*Criminalidad de empresa, criminalidad organizada y modelos de imputación penal*, Delincuencia Organizada: aspectos penales, procesales y criminológicos, coord. por Enrique Anarte Borrallo e Juan Carlos Ferré Olivé, Universidad de Huelva, Huelva, 1999, p. 205.

[425] Por isso, BENTO DE FARIA define "acção" como a «actividade corporal externa, perceptível pelos sentidos, tendente à produção de um resultado» (*Código Penal Brasileiro Comentado*, Vol. II (Primeira parte), Parte Geral (Art. (s) 1 a 41), 3.º Edição Actualizada, Record Editora, Rio de Janeiro, 1961, p. 110.

vontade de realização final do indivíduo como coluna vertebral da acção[426]. Em consequência disso, o nosso Código Penal, assim como tantos outros, declara como autor de um delito, em primeira linha, aquele que comete o acto por ele mesmo, isto é, com as suas próprias mãos[427].

Em nosso entender, este conceito de responsabilidade que vigora no seio do Direito Penal prescinde, em essência, da realidade dos desenvolvimentos empresariais porque aí, quer a identidade do movimento corporal, quer a influência nos acontecimentos, pressupostos no conceito de acção tanto final como causal, transformam-se no seio da realidade organizada da empresa. Com efeito, não podemos esquecer que a empresa consiste numa estrutura organizada, organização essa baseada, como já referimos, no princípio da divisão do trabalho e no princípio da hierarquia. Ora, atendendo a este tipo de estrutura facilmente se compreende que a conduta puramente executiva – a do sujeito subordinado que por si só ou em conjunto com outros produz o facto ilícito – nem sempre é a mais relevante.

---

[426] «A acção, que é realização da vontade, é necessariamente finalista e este é um atributo que sempre lhe foi reconhecido. O que o distingue é a extensão e especialidade com que a vontade se apresenta na estrutura da acção, segundo WELZEL. Aí não é o simples querer alguma coisa, que basta como conteúdo da vontade no conceito clássico; é a vontade carregada do fim precisamente visado, conscientemente dirigida ao resultado ilícito. A finalidade confunde-se como "dolosidade" (*Vorsatzlichkeit*). O dolo é retirado do domínio da culpabilidade e incluído na estrutura conceitual da acção, o dolo entendido como consciência e vontade do facto, restando para a culpabilidade apenas a consciência da sua ilicitude e a reprovabilidade que resulta para o agente haver agido de maneira contrária ao Direito, quando lhe era possível proceder de conformidade com a ordem jurídica». Em resumo, «a acção para os finalistas não é aquele passo inicial para a estruturação do conceito do crime, a que se hão-de juntar os atributos da tipicidade, antijuricidade e culpabilidade para que adquira relevância jurídica. É desde logo acção que se relaciona com a antijuricidade e a tipicidade e contém em si uma porção da culpabilidade sob a forma de dolo, não consciência do ilícito, mas consciência e vontade do acontecer punível. Não é, portanto, a acção simplesmente, mas desde já a acção jurídico-penalmente relevante, isto é, o próprio facto punível na sua quase inteira configuração conceitual» (ANÍBAL BRUNO, *Direito Penal, I, Parte Geral, Tomo 1.º, Introdução – Norma penal, Facto punível*, Companhia Editora Forense, Rio de Janeiro, 1959, pp. 289-290 e 292). Para maiores desenvolvimentos acerca do *"Finalismo"* e da teoria final da acção de HANS WELZEL, *vide*, entre outros, ANA ISABEL PÉREZ CEPEDA, *La Responsabilidad de los Administradores de Sociedades: criterios de atribución*, Cedecs Editorial S.L., Barcelona, 1997, pp. 68-71.

[427] Com efeito, o Código Penal estabelece no seu artigo 26.º que «é punível como autor quem executar o facto, por si mesmo ou por intermédio de outrem, ou tomar parte directa na sua execução, por acordo ou juntamente com outro ou outros, e ainda quem, dolosamente, determinar outra pessoa à prática do facto, desde que haja execução ou começo de execução».

Por este motivo, com a punição em exclusivo deste último não se respeitam as finalidades político-criminais que devem ser perseguidas. Mais importante é, geralmente, o papel daqueles que estão situados hierarquicamente acima e que detêm o controlo da pessoa colectiva. E aqui reside precisamente o chamado "*fenómeno de excisão*" que tem lugar na estrutura hierarquicamente organizada da empresa, entre os sujeitos que executam materialmente o facto ilícito e os sujeitos efectivamente responsáveis pela decisão criminal, "que são quem traçou o plano executivo"[428]. Por isso, SCHÜNEMANN afirma que «como consecuencia del principio de descentralización, característico en la organización de la empresa moderna, y de la transformación de la función de poder y de decisión de las altas instancias, por él condicionada, la "organización de la responsabilidad" – por decirlo con una expresión tópica – amenaza con convertirse en la "organizada irresponsabilidad", lo que desde un punto de vista jurídico-penal se expresa a través de un cambio de la imputación del hecho hacia abajo, si no hacia los miembros de la organización que están más abajo, ya que sólo ellos llevan a cabo por sí mismos la actuación tipificada en el supuesto de hecho penal o administrativo»[429].

Como resolver esta questão? Como punir o "*homem de trás*"? Naquilo que nos importa, como puni-lo pelas suas omissões? Uma certeza já a temos: a de que, como afirma ELENA CEBALLOS, as figuras clássicas da autoria e da participação como formas de fundamentar a responsabilidade criminal "*saltan en pedazos*"[430] quando se tenta aplicá-las às estruturas hierarquicamente organizadas.

A resposta às questões levantadas implica, em primeiro lugar, a necessidade de se resolver o problema que se prende com a questão de saber quais os critérios de imputação que devem ser utilizados. Esses critérios, em nossa opinião, devem respeitar integralmente o princípio da culpabilidade e rejeitar terminantemente qualquer forma de responsabilidade objectiva, uma vez que não se pode aceitar que alguém seja considerado como responsável por um delito apenas porque desempenha uma determinada função ou ocupa um lugar cimeiro dentro da hierarquia empresarial.

---

[428] Neste sentido *vide*, entre outros, CARLOS MARTÍNEZ-BUJÁN PÉREZ, *Derecho Penal Económico. Parte General*, Tirant lo Blanch, Valencia, 1998, p. 197.
[429] BERND SCHÜNEMANN, *ob. cit.*, p. 533.
[430] ELENA B. MARÍN DE ESPINOSA CEBALLOS, *ob. cit.*, p. 18.

No entanto, a opinião sufragada pela maioria da doutrina francesa vai precisamente no sentido do reconhecimento de uma responsabilidade objectiva por parte do *"chef d'entreprise"*[431]. Neste sentido se pronunciam ALAIN COEURET e ELISABETH FORTIS, segundo os quais «le chef d'entreprise serait tenu d'une obligation légale de surveillance sur son personnel. Le non-respect de la réglementation par l'un de ses subordonnés ne ferait alors que révéler sa propre carence et justifierait sa condamnation pénale»[432]. Por outro lado, utilizando um argumento baseado no precedente, entende a maioria dos autores franceses que «le chef d'entreprise devrait être considéré comme l'auteur moral de l'infraction»[433].

Antes de adensarmos a questão complexa da responsabilidade por crime comissivo por omissão dos gestores empresariais, veja-se agora a questão da sua responsabilidade por omissão pura ou própria.

3.1. A Responsabilidade por omissão pura ou própria

Num passado relativamente recente, podia-se afirmar, com alguma segurança, que a questão agora em análise não levantava questões dogmáticas e de natureza político-criminal de grande complexidade e relevo. No entanto, a partir da entrada em vigor da nova redacção do artigo 11.º, do CP, o mesmo já não se pode dizer. Com efeito, o legislador veio estabelecer na alínea b), do n.º 2, do artigo 11.º, que as pessoas colectivas são responsáveis por um determinado conjunto de crimes quando estes tenham sido praticados no seu seio por um ou vários dos trabalhadores em virtude da violação dos deveres de vigilância ou controlo por parte das pessoas que nela ocupam uma posição de liderança, que são os seus titulares. De acordo com o n.º 4, do artigo 11.º, do CP, «entende-se que ocupam uma posição de liderança os órgãos e representantes da pessoa colectiva e quem nela tiver autoridade para exercer o controlo da sua actividade», em suma, os órgãos de direcção. Não obstante tratar-se do estabelecimento da responsabilidade penal das pessoas colectivas, estamos perante a consagração de autênticos deveres de vigilância e controlo por parte dos titulares

---

[431] Segundo referem ALAIN COEURET e ELISABETH FORTIS, «La qualité de chef d'entreprise revient de manière général à la personne qui détient la plénitude des pouvoirs de direction sur le personnel» (*Droit Pénal du Travail*, Litec, Paris, 1998, p. 119.
[432] ALAIN COEURET e ELISABETH FORTIS, *ob. cit.*, p. 131).
[433] *Vide*, entre outros, ALAIN COEURET e ELISABETH FORTIS, *ob. cit.*, p. 131.

dos órgãos de administração e, como tal, se «sobre essas pessoas recaem deveres de vigilância ou de controlo e se a violação desses deveres lhes for imputável por dolo ou negligência serão responsáveis pelos actos dos seus subordinados que, em razão dessa violação, tenham cometido crimes»[434]. Veremos mais adiante o alcance desta questão.

Partindo da ideia de que a omissão pressupõe um *non facere* e que o indivíduo deixe de fazer o que lhe é devido fazer, violando dessa forma um dever jurídico de agir, diga-se que, em relação às empresas, esse dever de agir recai, em primeira mão, sobre as mesmas. Todavia, a empresa, enquanto pessoa colectiva, possui um conjunto de órgãos próprios que agem em seu nome e, assim sendo, o dever de agir incide sobre os titulares dos seus órgãos de direcção e de gestão, ou seja, sobre os gestores que actuam em nome e no interesse da empresa. Desta forma, para que os gestores empresariais possam ser responsabilizados a título de omissão pura é necessário que recaia, em primeira linha, sobre a empresa e, em segunda instância, sobre os titulares dos seus órgãos de direcção e de administração um dever de agir. Mais, será do não cumprimento deste dever que nascerá a responsabilidade por omissão pura dos gestores empresariais.

Antes da recente consagração dos deveres de vigilância e controlo pelo artigo 11.º, n.º 2, alínea b), do CP[435], apenas se encontrava em alguma legislação, e portanto de forma esparsa e fragmentária, o reconhecimento da responsabilidade por omissão pura dos gestores empresariais[436].

---

[434] GERMANO MARQUES DA SILVA, *Responsabilidade Penal das Sociedades e dos seus Administradores e Representantes*, p. 379.

[435] Já antes se havia estabelecido na Lei de Combate ao Terrorismo – Lei n.º 52/2003, de 22 de Agosto –, um preceito semelhante ao que agora surge no Código Penal. Com efeito, o artigo 6.º, n.º 1 da lei acima citada dispunha que «as pessoas coletivas, sociedades e meras associações de facto são responsáveis pelos crimes previstos nos artigos 2.º a 5.º, quando cometidos em seu nome e no interesse coletivo pelos seus órgãos ou representantes, ou por uma pessoa sob a autoridade destes quando o cometimento do crime se tenha tornado possível em virtude de uma violação dolosa dos deveres de vigilância ou controlo que lhes incumbem». Este artigo foi, no entanto, alterado pela Lei n.º 59/2007, de 4 de Setembro, passando a prescrever o seguinte: «As pessoas coletivas e entidades equiparadas são responsáveis, nos termos gerais, pelos crimes previstos na presente lei».

[436] Um desses casos, encontra-se patente na chamada *Lei da Televisão* (Lei n.º 27/2007, de 30 de Julho) que estabelece que o director responsável pela orientação e supervisão do conteúdo das emissões apenas responde criminalmente quando não se oponha, podendo fazê-lo, à prática dos crimes referidos no n.º 1, do artigo 71.º, através das acções adequadas a evitá-los, caso em que são aplicáveis as penas cominadas nos correspondentes tipos legais, reduzidas de

Se atentarmos igualmente no RGIT, podemos nele encontrar alguns exemplos importantes de crimes omissivos puros[437], designadamente o artigo 105.º, n.º 1, que trata do crime de *abuso de confiança fiscal* (ex: falta de entrega dolosa de retenções na fonte de IRS ou de prestações de IVA), e que estabelece que «quem não entregar à administração tributária, total ou parcialmente, prestação tributária deduzida nos termos da lei e que estava legalmente obrigado a entregar é punido com pena de prisão até três anos ou multa até 360 dias»[438]. Como bem afirma ISABEL MARQUES DA SILVA «o crime fiscal de abuso de confiança constitui actualmente um crime omissivo puro, pois o facto tipicamente ilícito consiste em *não entregar*»[439]. Em virtude da consensual *«proibição de prisão por dívidas»*, o legislador refere-se expressamente na letra do preceito incriminador

---

um terço nos seus limites (artigo 71.º, n.º 3, com remissão para o artigo 35.º). Outro exemplo pode ser perscrutado na *Lei da Imprensa* (Lei n.º 2/99, de 13 de Janeiro, alterada pela Lei n.º 18/2003, de 11 de Junho), segundo a qual, «o director, o director-adjunto, o subdirector ou quem concretamente os substitua, assim como o editor, no caso de publicações não periódicas, que não se oponha, através da acção adequada, à comissão de crime através da imprensa, podendo fazê-lo, é punido com as penas cominadas nos correspondentes tipos legais, reduzidas de um terço nos seus limites» (artigo 31.º, n.º 3).

[437] Nos denominados crimes *puros* ou *próprios*, estão inseridos no preceito incriminador a situação típica do dever de agir e mesmo o conteúdo desse dever.

[438] Neste sentido, o Tribunal da Relação de Lisboa entende que «O crime de abuso de confiança fiscal é um crime de *omissão pura*, consistindo a conduta incriminada na mera não entrega à administração fiscal, dentro dos prazos determinados, das quantias monetárias devidas, que se consuma na data em que terminar o prazo para o cumprimento dos respectivos deveres tributário» (Acórdão de 4 de Novembro de 2015 – Proc. n.º 97/12.0IDLSB.L1-3). Neste mesmo sentido *vide* SUSANA AIRES DE SOUSA, *Os Crimes Fiscais, Análise Dogmática e Reflexão sobre a Legitimidade do Discurso Criminalizador*, Coimbra Editora, Coimbra, 2006, p. 123. O objecto da *omissão* tipificada no artigo 105.º do RGIT traduz-se na prestação tributária *deduzida* e a que o infractor estava obrigado a *entregar* (IR retido na fonte) ou que tendo sido *recebida*, existia igualmente obrigação de *entrega* - não de pagamento – (IVA/Imposto do Selo) nos termos da lei. As infracções tributárias *omissivas* consideram-se praticadas na *data em que termine o prazo para o cumprimento dos respectivos deveres tributários* (artigo 5.º, n.º 2 do RGIT), sendo que o crime de abuso de confiança fiscal se consuma no *momento em que o agente não entrega a prestação tributária devida, haja ou não declaração tributária*. Os factos descritos no tipo legal de crime de abuso de confiança fiscal só são *puníveis* se tiverem decorrido mais de 90 dias sobre o termo do prazo legal da prestação e se a prestação comunicada à administração tributária através da correspondente declaração não for paga, acrescida dos juros respectivos e do valor da coima aplicável, no prazo de 30 dias após notificação para o efeito (artigo 105.º, n.º 4 do RGIT).

[439] ISABEL MARQUES DA SILVA, *Regime Geral das Infracções Tributárias*, p. 228.

(artigo 105.º) à «*entrega*» e não propriamente ao «*pagamento*» de tributo[440]. Convém lembrar que o verbo «entregar» provém, etimologicamente, do vocábulo latino «integrare», isto é, passar às mãos de outrem, depor nas mãos de, confiar[441].

Quando, por exemplo, o contribuinte não recebeu previamente o IVA dos seus clientes, resulta claro que não lhe é possível entregar o imposto, logo não poderia ter agido de outro modo, não se podendo falar em abuso de confiança, nem em crime omissivo doloso. A omissão *dolosa* pressupõe a decisão *voluntária* de não fazer nada, quando podia e devia fazer o que a lei impõe.

A não ser assim, um agente económico que nada recebesse dos seus clientes poderia inclusivamente ser condenado com pena de prisão apesar de não poder proceder de outro modo – *não pode entregar o que nunca recebeu*. Daqui decorre a improcedência do sancionamento *criminal*, sem prejuízo da responsabilidade *tributária*, uma vez que neste último caso o imposto é devido ao Estado independentemente de ter existido ou não o recebimento prévio, assim como a dedução é permitida mesmo que o contribuinte não tenha pago o valor de imposto relativo à aquisição efectuada ao seu fornecedor.

---

[440] No entanto, como já se referiu, a lei prevê expressamente a punibilidade da falta de entrega da prestação tributária se esta "não for *paga*" [alínea b), do n.º 4, do artigo 105.º, do RGIT], o que vem demonstrar que embora se tenha verificado a falta de *entrega* dolosa de imposto (facto ilícito), a punibilidade da mesma já pode ser excluída através do mero *pagamento* do imposto, sem perder de vista de que a ilicitude do facto subjacente pressupõe necessariamente o recebimento do imposto.

[441] No mesmo sentido NUNO LUMBRALES tem defendido que «para que a não entrega da prestação possa ser classificada como abuso de confiança fiscal à luz do preceituado no art. 105.º do RGIT, se exige que a prestação tributária em causa tenha sido efectivamente deduzida ou recebida do agente» (*O abuso de confiança fiscal no Regime Geral das Infracções Tributárias*, Fiscalidade – Revista de Direito e Gestão Fiscal, n.º 13/14, Lisboa, Janeiro-Abril de 2003, p. 90). Cfr. ainda AFONSO ARNALDO e PAULO MARQUES, *IVA com ou sem recebimento?: Uma perspectiva tributária e sancionatória*, Estudos em Homenagem ao Professor Doutor Alberto Xavier, Vol. I, IDEFF/Almedina, Coimbra, 2013, pp. 11-38. Em Acórdão uniformizador de jurisprudência, o Supremo Tribunal de Justiça veio esclarecer de modo lapidar e muito oportuno que o recebimento efectivo do imposto (IVA) integra o tipo legal de crime constante no artigo 105.º, do RGIT: crime de abuso de confiança fiscal (Acórdão de 29 de Abril de 2015 - Proc. n.º 85/2014). Cfr. PAULO MARQUES e JOAQUIM MIRANDA SAMENTO, *O Recebimento do IVA e o Crime de Abuso de Confiança Fiscal – Uma Reflexão sobre o Acórdão Uniformizador de Jurisprudência do Supremo Tribunal de Justiça*, Revista *Julgar*, Associação Sindical dos Juízes Portugueses, Julho de 2015.

Para aquilo que aqui nos importa, o cerne da questão reside na sua autoria ou, dito de outra forma, na determinação de quem tem o dever de, no âmbito da empresa, entregar à administração tributária, total ou parcialmente, as prestações tributárias deduzidas nos termos da lei. Parece ser de entender, e sem margem para qualquer dúvida, que esse dever fiscal impende sobre a administração da empresa[442]. Desta forma, se os seus titulares ou o administrador que, à luz do organigrama empresarial, tem o pelouro financeiro[443], não cumprirem com o dever acima descrito serão responsabilizados pela sua omissão e punidos pelo crime de abuso de confiança fiscal.

Mas o RGIT também prevê, no artigo 107.º, o crime de abuso de confiança contra a *segurança social* ao prescrever que «as entidades empregadoras que, tendo deduzido do valor das remunerações devidas a trabalhadores e membros dos órgãos sociais o montante das contribuições por estes legalmente devidas, não o entreguem, total ou parcialmente, às instituições de segurança social, são punidas com as penas previstas nos n.º (s) 1 e 5 do artigo 105.º». Sendo este um crime tributário que «se manifesta inequivocamente como um crime próprio ou específico de entidades empregadoras»[444], valem aqui as considerações que fizemos a propósito da autoria do crime de abuso de confiança fiscal. Isto é, sendo um dever primário da *entidade empregadora* entregar[445] às instituições de segurança

---

[442] Neste sentido, *vide* GERMANO MARQUES DA SILVA segundo o qual «se as deduções forem feitas pela entidade empregadora e esta for uma sociedade, importa saber quem na sociedade tem o dever de cumprir com as obrigações de entrega das prestações tributárias ou contribuições para a segurança social que forem deduzidas aos contribuintes e esse dever recai sobre a administração da sociedade. Assim, numa primeira análise, é o órgão que tem o dever de agir pela sociedade, mas em dizer-se que é o órgão queremos referir-nos aos respectivos titulares» (*Responsabilidade Penal das Sociedades e dos seus Administradores e Representantes*, pp. 377 a 378). No mesmo sentido, *vide* ainda ISABEL MARQUES DA SILVA, *Regime Geral das Infracções Tributárias*, pp. 232-233.

[443] Segundo o Tribunal da Relação de Guimarães «Para a responsabilização por crime de abuso de confiança fiscal não basta a prova de que o arguido, sendo sócio da empresa, estava a par de toda a sua situação financeira e de todas as decisões tomadas relativas ao seu normal funcionamento. É necessária a prova de que participava nas decisões da sociedade, tendo, nomeadamente, participado na de não entregar ao fisco a prestação em causa» (Acórdão de 17 de Junho de 2013 – Proc. n.º 267/10.6IDBRG.G2).

[444] ISABEL MARQUES DA SILVA, *Regime Geral das Infracções Tributárias*, p. 238.

[445] Assim entendeu o Tribunal da Relação do Porto ao considerar que «Comcte o crime de abuso de confiança fiscal contra a Segurança Social o arguido que descontou dos salários dos trabalhadores as quantias devidas a título de contribuições para a Segurança Social e não procedeu à entrega das mesmas à Segurança Social. Com efeito, tal crime preenche-se

social o montante das contribuições devidas pelos seus trabalhadores e membros dos órgãos sociais, que foi deduzido dos seus vencimentos, os titulares dos seus órgãos de gestão responderão por omissão se assim o não tiverem feito.

Questão distinta e bastante complexa vem a ser o estabelecimento de deveres de vigilância e controlo por parte dos órgãos de gestão empresarial no artigo 11.º, n.º 2, alínea b), do CP. Com efeito, remetendo para o preceito legal e para o que acima já se disse a esse propósito, podemos afirmar, desde logo, que a violação daqueles deveres consubstancia um crime de omissão pura ou própria.

Mas, para que se verifique uma responsabilização é preciso, em primeiro lugar, que estejam reunidos cumulativamente os seguintes pressupostos: i) a realização no seio da empresa, por um trabalhador, de uma conduta que consubstancie um dos factos ilícitos identificados na 1.ª parte do n.º 2, do artigo 11.º, do CP (a saber: crimes previstos nos artigos 152.º -A e 152.º -B, nos artigos 159.º e 160.º, nos artigos 163.º a 166.º, sendo a vítima menor, e nos artigos 168.º, 169.º, 171.º a 176.º, 217.º a 222.º, 240.º, 256.º, 258.º, 262.º a 283.º, 285.º, 299.º, 335.º, 348.º, 353.º, 363.º, 367.º, 368.º -A e 372.º a 374.º, todos do CP); ii) a violação por parte de quem ocupa uma posição de liderança no seio da pessoa coletiva dos seus deveres de vigilância e controlo; iii) o nexo de causalidade entre a não observância dos deveres de vigilância e controlo e a realização do facto ilícito.

Em primeiro lugar, temos perfeita consciência de que este último pressuposto não aparece descrito ou imposto no preceito legal agora em análise. No entanto, pensamos que a não exigir-se um qualquer vínculo entre a ausência de medidas de vigilância e de controlo e o comportamento ilícito do trabalhador, estamos perante uma verdadeira condição objectiva de punibilidade[446] que, como bem se sabe, prescinde da dimensão subjectiva, *maxime* o dolo e também a possibilidade de erro, não obstante diminuir o espaço de incriminação.

Com tal posição, parece que o legislador português veio subscrever uma ideia segundo a qual na área da criminalidade de empresa não interessa tanto o merecimento da pena, quanto a sua imposição, que surge

---

com a não entrega dos valores à entidade competente e a sua utilização para fins diversos do previsto na lei» (Acórdão de 2 de Novembro de 2011 – Proc. n.º 7967/04).

[446] As *condições objectivas de punibilidade* correspondem a elementos situados já fora da definição do crime, ou seja, estranhas à própria noção de facto ilícito, bem como ao conceito de culpa».

como uma espécie de necessidade social impreterível. Em nosso entender, e remetendo para as considerações que fizemos a propósito da doutrina francesa, não é admissível que se possa considerar alguém como responsável por um determinado facto ilícito cometido por outrem somente, e apenas porque, ocupa um lugar de relevo no âmbito da estrutura hierárquica de uma empresa. Caso contrário, fará impender-se sobre os cargos de gestão empresarial, qual espada de Dâmocles, um estigma delituoso e uma responsabilidade penal quase insuportável. O mínimo que se poderá exigir é que se faça uma avaliação que, em caso de cometimento de um facto ilícito por um trabalhador, permita saber se a tomada ou colocação em prática de um determinado conjunto de medidas de vigilância e de controlo poderia, ou não, ter evitado a conduta antijurídica desse trabalhador[447]. Apenas desta forma, feito este juízo e se se concluir que a conduta do trabalhador poderia ter sido evitada se tivessem sido implementadas determinadas medidas de vigilância e de controlo, poder-se-á responsabilizar por omissão o dirigente que olvidou os seus deveres de vigilância ou de controlo.

Por outro lado, urge questionar o que deve entender-se por *"deveres de vigilância ou controlo"*, cuja violação é susceptível de gerar a responsabilidade por omissão pura ou própria dos seus titulares. Apesar de em algumas áreas económicas e industriais existirem regulamentos a observar, sabe-se que na generalidade dos casos a definição e a determinação das medidas de vigilância e de controlo são deixadas ao livre arbítrio do gestor empresarial. Desta forma, atendendo à fórmula articular, não podemos saber quais as medidas de vigilância e de controlo cuja inobservância pode gerar uma responsabilidade por omissão, já que o legislador não procedeu a essa concretização. Em nossa opinião, poderá estar aqui em causa o chamado princípio da tipicidade, que integra o velho princípio da legalidade e segundo o qual «a própria lei deve especificar clara e suficientemente

---

[447] A responsabilidade penal fiscal cumulativa pode dizer respeito a outros agentes que não os administradores ou gerentes das sociedades comerciais (ex: trabalhadores que executam o facto ilícito).
Os gestores de bens e direitos de sociedades não residentes também podem incorrer em responsabilidade penal tributária cumulativa.

os factos em que se desdobra o tipo legal de crime ou que constituem os pressupostos da aplicação da medida de segurança criminal»[448].

No plano constitucional, o princípio da tipicidade abrange, de acordo com VITAL MOREIRA e GOMES CANOTILHO, os seguintes requisitos: «*i*) Suficiente especificação do tipo de crimes (ou dos pressupostos das medidas de segurança), tornando ilegítimas as definições vagas, incertas, insuscetíveis de delimitação; *ii*) – Proibição da analogia na definição de crimes (ou de pressupostos das medidas de segurança); *iii*) – Exigência de determinação de qual o tipo de pena que cabe a cada crime, sendo necessário que essa conexão decorra directamente da lei»[449].

Em nosso entender, o artigo 11.º, n.º 2, alínea b), do CP não respeita integralmente o princípio da tipicidade, nem ao menos o primeiro requisito identificado por aqueles constitucionalistas, na medida em que o legislador não especificou quais as exactas medidas de vigilância e de controlo cuja inobservância pode gerar a responsabilidade por omissão. O legislador limitou-se a utilizar o conceito de "*deveres de vigilância ou controlo*", que constitui um conceito vago e demasiado elástico. Por tudo quando se disse, pensamos que estamos perante um preceito penal de constitucionalidade duvidosa. É certo que, cada vez mais, existe a necessidade de que «as disposições da lei penal que definem as infracções sejam redigidas em termos genéricos, para facilitar a adaptação da jurisprudência às necessidades sociais»[450], mas entendemos que, quando está em causa o direito à liberdade, à honra e ao bom nome e ao património, os mesmos não se compadecem com fórmulas legais menos rigorosas ou precisas que podem até, em última instância, conduzir a resultados não previstos ou não almejados pelo legislador. Por outro lado, o próprio princípio da culpabilidade pode estar aqui em causa. Para isso, basta pensarmos na situação em que a infracção foi praticada dolosamente pelo trabalhador e a inobservância dos deveres de vigilância e de controlo por parte do dirigente empresarial já se verificou a título de mera negligência.

Por último, é de questionar igualmente a bondade da norma em apreço. Não colocamos em causa, de todo, a responsabilização das pessoas colec-

---

[448] MANUEL MAIA GONÇALVES, *Código Penal Português, Anotado e Comentado e Legislação Complementar*, 13.ª Edição, Almedina, Coimbra, 1999, p. 48.
[449] VITAL MOREIRA e J. J. CANOTILHO, *Constituição da República Portuguesa – Anotada*, Vol. I, Artigos 1.º a 107.º, 4.ª Edição, Coimbra Editora, Coimbra, 2007, p. 495.
[450] MANUEL MAIA GONÇALVES, *ob. cit*, p. 49.

tivas, mas pensamos que esta norma não oferece vantagens apreciáveis no que concerne a uma maior responsabilidade dos gestores empresariais pelo que se passa na esfera da sua empresa quando comparada com a responsabilidade que pode ser estabelecida a título de omissão impura, ou por comissão por omissão[451], por violação já de um *dever de garante*[452] (artigo 10.º, n.º 2, do CP)[453], esse sim, de conteúdo facilmente apreciável. Disto mesmo vamos dar conta agora nas linhas que se seguem.

---

[451] Nos crimes comissivos por omissão (ou omissivos impróprios), o agente garantidor tem mesmo o dever de agir, pelo que a sua omissão responde pelo resultado que deveria ter evitado.

[452] Conforme explica ANDRÉ LAMAS LEITE, «Com a exigência de um "dever de garante" na esfera do omitente, dá-se guarida a preocupações, político-criminalmente sustentáveis, de limitação da responsabilidade penal a título omissivo impróprio. Se as legislações apenas exigissem do aplicador a possibilidade de elaboração de um juízo de correspondência entre o carácter desvalioso da acção consagrada no tipo legal e sua comissão por omissão, o leque de eventuais obrigados seria tão extenso quanto as pessoas que, na situação em concreto, estivessem em condições de evitar a lesão ou colocação em risco de lesão do bem jurídico» (*As «Posições de Garantia» na Omissão Impura – Em especial, a questão da determinabilidade penal*, Coimbra Editora, Coimbra, 2007, p. 319).

[453] A comissão de um resultado por omissão só é punível quando sobre o omitente recair um dever jurídico que pessoalmente o obrigue a evitar esse resultado (artigo 10.º, n.º 2, do CP). Uma questão pertinente é a de se saber se o gerente ou administrador *de direito* que se *prove não exercer qualquer poder efectivo de gerência na empresa*, pode ou não responder pelo cometimento de um crime tributário do ente colectivo. Existem múltiplas dificuldades em responsabilizar penalmente os gestores meramente nominais, atendendo a que os crimes tributários são necessariamente *dolosos* e, por outro lado, não pode deixar de se exigir o *domínio do facto* por parte do agente do crime. Neste sentido tem entendido o Tribunal da Relação de Guimarães, ao considerar que «O preenchimento do tipo legal do crime de abuso de confiança fiscal pressupõe a conduta de quem tem o *domínio e a capacidade efectiva de administração da sociedade comercial* e só pode ser responsabilizado criminalmente quem, na ocasião em que não foi entregue a prestação tributária retida ou deduzida, reunia os poderes de facto necessários para optar pelo incumprimento da obrigação tributária. Daí que a qualidade de "gerente" no sentido formal, mesmo que com um conhecimento da situação de incumprimento, seja insuficiente para a imputação do referido tipo de crime e se torne necessário demonstrar que esse gerente ou administrador de direito tinha o *domínio funcional* dos factos referentes ao exercício das obrigações fiscais da empresa» (Acórdão de 11 de Maio de 2015 – Proc. n.º 196/10.3IDBRG.G1). Por outro lado, é de salientar que JORGE DE FIGUEIREDO DIAS defende que «o critério do domínio do facto não tem cabimento nos crimes de omissão, nos quais o agente *não* executa ou dirige a execução da acção esperada» (*Direito Penal – Parte Geral*, Tomo I, 2.ª Edição, Coimbra Editora, Coimbra, 2007, p. 770).

3.2. A responsabilidade por omissão impura ou imprópria

3.2.1. A estrutura empresarial e a figura da "autoria mediata"

Em 1913, WOODROW WILSON, vigésimo oitavo Presidente dos Estados Unidos da América, afirmou que «there was a time when corporations played a minor part in our business affairs, but now they play the chief part, and most men are the servants of corporations»[454]. Se esta afirmação já fazia todo o sentido na primeira década do século XX, podemos dizer hoje que a mesma mantém ainda toda a sua actualidade. De facto, segundo nos dá conta PEDRO SOARES DE ALBERGARIA, a empresa «passou a ser roupagem na veste da qual o homem age e participa de forma quase exasperada na sociedade civil»[455]. Por isso, os chamados *"white collar crimen"* e a criminalidade de empresa constituem hoje um dos temas mais actuais e complexos do Direito Penal, não só devido ao crescente número de delitos cometidos a partir das empresas, mas igualmente às complexas questões doutrinais e probatórias[456] que este tipo de criminalidade levanta. E esses problemas devem-se, em grande medida, à organização interna das empresas que, como bem se sabe, é cada vez mais complexa. Esta realidade vem então interpelar o Direito Penal, questionando-o se, no âmbito da criminalidade de empresa, onde se vive uma determinada cultura com valores próprios[457], onde os trabalhadores dispõem de uma escassa resistência face

---

[454] WOODROW WILSON, *The New Freedom: A Call for the Emancipation of the Generous Energies of a People*, 1913, s/p.
[455] PEDRO SOARES DE ALBERGARIA, *A Posição de Garante dos Dirigentes no âmbito da Criminalidade de Empresa*, Revista Portuguesa de Ciência Criminal, Ano 9, Fascículo 4, Coimbra Editora, Coimbra, Outubro-Dezembro de 1999, p. 610.
[456] A propósito das dificuldades que a criminalidade de empresa levanta ao nível da questão da prova, cite-se ELENA CEBALLOS segundo a qual, «la complejidad de esta estructura (empresa) y de su funcionamiento presenta mayores dificultades que la persecución de otros delitos fuera del ámbito de la empresa, pues hay que tener presente que en la empresa se emplean conceptos y criterios pertenecientes al ámbito de la economía, donde influyen especialmente los rápidos avances tecnológicos, provocando la necesidad de un personal auxiliar especializado que asesore al juez, capaz de examinar contabilidad, analizar balances, comprender la gestión empresarial, informática, el funcionamiento de la bolsa o el comercio exterior» (*ob. cit.*, p. 39).
[457] A este respeito, alguns autores falam na chamada "atitude criminógena de grupo". A este propósito, JESÚS-MARÍA SILVA SÁNCHEZ afirma que «el empleado subalterno, el subordinado en general, puede encontrarse inmerso en un determinado clima (que algunos

à insuficiente informação que possuem e, por vezes, um total desconhecimento do alcance das suas condutas o que os leva em certas ocasiões a actuar, como afirma SCHÜNEMANN, «de um modo altruísta e no interesse da casa»[458], continua a fazer sentido punir única e exclusivamente a conduta puramente executiva, ou seja, quem executa o facto ilícito por si mesmo. Daí que se venha defender, e cada vez mais com maior acuidade, a necessidade de se punir também os órgãos de direcção da empresa que, em virtude da sua situação privilegiada em termos hierárquicos, possuem a totalidade da informação e os meios suficientes e necessários para pôr em marcha, se assim o desejarem, o *iter criminis*. E o que dizer daqueles casos em que os trabalhadores cometem um determinado facto ilícito porque os órgãos de direcção olvidam, por completo, os seus deveres de vigilância e de boa gestão? Reside aqui o problema de saber até que ponto se pode responsabilizar os gestores empresariais pelos factos ilícitos cometidos pelos seus subordinados já que aqueles não executam qualquer acto material. E a questão da organização interna da empresa tem um papel relevante nesta discussão, na medida em que, para se alcançar a responsabilização do superior hierárquico, se começa do escalão inferior da pirâmide hierárquica empresarial até se chegar ao seu topo, onde se pode encontrar o verdadeiro responsável pelo facto ilícito cometido (*imputación hacia arriba*). Como se caracteriza então a empresa do ponto de vista interno? De forma lapidar, pode afirmar-se que a actual estrutura organizativa empresarial[459]

---

criminólogos han denominado "actitud criminógena de grupo") en el que la exacerbación del principio del interés de la empresa, así como la estructura organizativa jerárquica, relativicen su capacidad de oponerse a la ejecución de hechos delictivos que por otros le vienen propuestos. (...) En este sentido, (...) las personas pierden el estímulo motivatorio para no realizar una determinada conducta, siempre que puedan imputar las consecuencias de su conducta a un tercero al que harían psicológicamente responsable» (*Criterios de asignación de responsabilidad en estructuras jerárquicas, Empresa y Delito en el nuevo Código Penal*, Consejo General del Poder Judicial, Madrid, 1997, pp. 32-33.

[458] BERND SCHÜNEMANN, *ob. cit.*, p. 533.

[459] De forma interessante, SCHÜNEMANN compara a estrutura empresarial com a imagem do organismo natural que serve de base ao conceito jurídico-penal de acção. De acordo com o autor, «si queremos ilustrar el suceso empresarial con la imagen del organismo natural (...) deberíamos entender los órganos de dirección como los miembros o extremidades y la dirección de la empresa como el centro nervioso, para así aclarar que el verdadero poder de decisión y con ello la verdadera influencia en el suceso radica en la instancia de dirección, que dirige a los órganos de ejecución exactamente igual que en el organismo natural el sistema central nervioso a los miembros o extremidades» (*ob. cit.*, p. 131).

funda-se, aliás como já tivemos oportunidade de referir, no princípio da hierarquia, que implica uma maior descentralização das decisões, e no princípio da divisão do trabalho, que impõe uma cada vez maior especialização laboral, o que faz com que o produto final surja como a súmula de várias condutas individuais. Por isso, como bem sublinha LUIS GRACIA MARTÍN «el hecho punible aparece como resultado de la suma de una pluralidad de actos parciales que ejecutan individualmente diversos miembros de la empresa, desde muy diversas posiciones jerárquicas y, por ello, en el ejercicio de una competencia sólo fragmentaria. Cada acto parcial, por otro lado, puede no ser expresión del ejercicio autónomo y autorresponsable de una competencia, sino representar únicamente el cumplimiento ciego y mecánico de una instrucción emanada de otros órganos superiores de la jerarquía de la empresa»[460].

A este propósito, importa referir ainda que, de acordo com SCHÜNEMANN, o poder de direcção empresarial assenta em quatro pilares, «que pueden ser ejecutados de forma fuertemente diferenciada según la estructura concreta de organización»[461]. São eles: i) a *estrutura hierárquica* – «que se traduce en el poder directivo o derecho de dirección»[462]; ii) a *divisão do trabalho* – «que aumenta hacia abajo en la estructura de organización con una vista panorámica o de conjunto en descenso y con una fungibilidad creciente de los órganos de ejecución»[463]; iii) o *sistema de condutas* – «que casi funciona por si mismo, basado en procesos de aprendizaje colectivo, mantenimiento de los valores y rutinas de acción»[464]; iv) o *poder de decisão* sobre os meios de produção objectivos.

Em face de tudo quanto se disse, pode concluir-se que, no quotidiano empresarial, existe uma ampla separação entre quem toma as decisões e entre quem executa materialmente o facto ilícito, seja este fruto de incitamento dissimulado ou meramente facilitado por omissão. Naquilo que nos importa, como imputar então a responsabilidade?

---

[460] LUIS GRACIA MARTÍN, *La Responsabilidad Penal del Directivo, Órgano y Representante de la Empresa en el Derecho Penal Español, Hacia un Derecho Penal Económico Europeo*, Jornadas en honor del Profesor Klaus Tiedemann, Boletín Oficial del Estado, Madrid, 1995, p. 84.
[461] BERND SCHÜNEMANN, *ob. cit.*, p.131.
[462] *idem, ob. cit.*, 2002, pp. 131-132.
[463] *idem, ob. cit.*, 2002, p. 132.
[464] *Idem.*

Alguns autores vieram defender que a figura da *"autoria mediata"*[465] poderia ser utilizada para imputar a responsabilidade penal ao gestor empresarial, em suma, ao superior hierárquico, afirmando que o trabalhador, seu subordinado e que havia cometido materialmente o facto ilícito, surgia como um mero *"instrumento"* do órgão de administração, ou seja, do seu superior hierárquico. Esta concepção doutrinal inspirou-se na chamada teoria do *"autor por detrás do autor"* que CLAUS ROXIN construíra com base nos casos *"Eichmann"* e *"Straschynski"* da 2.ª Guerra Mundial e que defendia, em termos elementares, a autoria mediata de um crime de quem, no âmbito de um aparelho organizado de poder, detinha o domínio da vontade[466]. Não olvidamos que, aparentemente, esta teoria surge como adaptável ao fenómeno da criminalidade de empresa[467], na medida em que ao trabalhador não lhe faltaria, na maioria dos casos, nem a liberdade, nem a responsabilidade enquanto autor imediato do facto ilícito e, portanto, responderia nessa qualidade[468]. Não obstante, «estas circuns-

---

[465] Na explicação de MANUEL LEAL-HENRIQUES e MANUEL SIMAS SANTOS, na autoria *mediata* «O agente executa o facto por intermédio de outrem. O agente não executa o acto por suas mãos, antes o deixa executar por outra pessoa, sem, todavia, com isso perder o domínio do facto. A autoria mediata não se pode afirmar se o "instrumento" é, em si mesmo, um autor plenamente responsável, uma vez que a lei penal considera que o autor imediato, neste caso, deve responder pelo facto como autor, de tal forma que um outro interveniente só pode caber nas figuras de co-autoria, instigação ou cumplicidade» (*Código Penal*, Vol. I, 2.ª Edição, Rei dos Livros, Lisboa, 2000, p. 256).

[466] Para maiores desenvolvimentos acerca da teoria construída por ROXIN e, bem assim, da posição da doutrina relativamente à mesma *vide*, entre outros, ELENA B. MARÍN DE ESPINOSA CEBALLOS, *ob. cit.*, pp. 60-64 e 68-96.

[467] Assim, IVÁN FABIO MEINI MÉNDEZ, *Responsabilidad penal de los órganos de dirección de la empresa por comportamientos omisivos. El deber de garante del empresario frente a los hechos cometidos por sus subordinados*, Revista Derecho, n.º 52, Fondo Editorial de la Pontificia Universidad Católica del Perú, Lima, 1998/1999, p. 890. Diga-se, todavia, que o próprio ROXIN entendia que não era possível transladar a sua teoria sobre os aparelhos organizados de poder para a realidade da empresa. Sobre esta sua posição, *vide* ELENA B. MARÍN DE ESPINOSA CEBALLOS, *ob. cit.*, pp. 83-85.

[468] Como afirma CLAUS ROXIN, «una organización así despliega vida independiente de la identidad variable de sus miembros. Funciona "automáticamente", sin que importe la persona individual del ejecutor. Basta con tener presente el caso, en absoluto de laboratorio, del gobierno, en un régimen dictatorial, que implanta una maquinaria para eliminar a los desafectos o a grupos de personas. Si dada esa situación (por expresarlo gráficamente) el sujeto de detrás que se sienta a los mandos de la estructura organizativa aprieta el botón dando la orden de matar, puede confiar en que la orden se va ha cumplir sin que tenga que conocer al ejecutor. Tampoco es necesario que recurra a medios coactivos o engañosos, puesto que

tancias son irrelevantes para el dominio por parte del sujeto de detrás, porque desde su atalaya el agente no se presenta como persona individual libre y responsable, sino como figura anónima y sustituible. El ejecutor, si bien no puede ser desbancado de su dominio de la acción, sin embargo es al mismo tiempo un engranaje - sustituible en cualquier momento - en la maquinaria del poder, y esta doble perspectiva impulsa al sujeto de detrás, junto a él, al centro del acontecer»[469].

Em nosso entender, a utilização da figura da autoria mediata no âmbito da criminalidade empresarial levanta sérias questões que a tornam um mecanismo desadequado para se alcançar a imputação da responsabilidade no gestor empresarial. Em primeiro lugar, como afirma HANS-HEINRICH JESCHECK, não podemos aceitar, de forma generalizada, a figura da autoria mediata no âmbito da criminalidade de empresa na medida em que a mesma só faria sentido nas situações em que o autor material do facto ilícito não pudesse ser considerado como autor plenamente responsável pelo delito, na medida em que o sendo, o «autor de la mesa de escritorio" sería coautor al dominar la organización, siendo que el carácter común de la decisión respecto a la realización del hecho viene dado por la pertenencia a la organización»[470]. Em sentido idêntico, manifesta-se GIMBERNAT ORDEIG ao considerar como cúmplices «a todos los sujetos intermedios que se encuentran entre quien desde arriba da la orden y el ejecutor»[471]. Por outro lado, tenha-se em conta os casos em que não resulta pacífico falar de autoria mediata, «como aquellos en que el dominio organizativo no sea tan intenso, o los casos de quienes en su calidad de eslabones intermedios en la cadena jerárquica sólo transmiten instrucciones desde la esfera superior a la inferior, o aquellos otros casos en que el superior favorezca, a título de dolo eventual o negligencia, el hecho del subordinado; sin contar

---

sabe que si uno de los numerosos órganos que cooperan en la realización de los delitos elude cumplir su cometido, inmediatamente otro va a suplirle, no resultando afectada la ejecución del plan global» (*Autoría y Dominio del Hecho en Derecho Penal*, Marcial Pons, Ediciones Jurídicas y Sociales, Madrid, 1994, p. 270).

[469] CLAUS ROXIN, *ob. cit.*, p. 271.

[470] HANS-HEINRICH JESCHECK, *Tratado de Derecho Penal. Parte General*, 4.ª Edição, Corrigida e Ampliada, Granada, Comares, 1993, p. 611.

[471] ENRIQUE GIMBERNAT ORDEIG citado *in* IVÁN FABIO MEINI MÉNDEZ, *ob. cit.*, p. 890.

los supuestos de delitos de medios determinados o de mera actividad, en donde resulta conflictivo afirmar la autoría mediata»[472].

Se assim é, como resolver a questão, isto é, como imputar a responsabilidade aos gestores empresariais? Com este objectivo tem-se defendido, e em nosso entender bem, que a estrutura da comissão por omissão pode revelar-se como um meio apto para superar os problemas encontrados nas outras teorias e, bem assim, a dificuldade que oferece a já referida excisão entre acção e responsabilidade no âmbito da criminalidade das pessoas colectivas. Não obstante, surge a questão problemática de se saber quando é que a omissão de impedir um resultado é equivalente à acção de produzi-lo. Para tanto, torna-se necessário aferir da posição de *garante* dos gestores empresariais, assim como a configuração de um dever de *vigilância* por parte destes. Isto porque autor só poderá ser o titular de um dever de garante, sendo que a determinação deste último é indispensável para o próprio fundamento e limite da imputação. A este propósito, chame-se à colação o nosso CP que dispõe, no n.º 2, do artigo. 10.º, que «a comissão de um resultado por omissão só é punível quando sobre o omitente recair um dever jurídico que pessoalmente o obrigue a evitar esse resultado». Mas cabe perguntar: quando e em que condições surge esse dever jurídico? Surgirá da lei, de um contrato, de uma situação criada pelo próprio omitente (ingerência)? Quais as fontes e o fundamento do dever de garante? Por que é que se exige um determinado comportamento a um determinado sujeito e não a outros? Por que é que se imputa o resultado àquele e não a estes? Para concretizar quem são essas pessoas que estão obrigadas a actuar, JOHANNES NAGLER formulou então a teoria da posição de garante ou do dever de garante segundo a qual o Direito exige em cada caso a uma pessoa determinada que garanta que o resultado danoso se não produza. Recordando agora a questão que deixámos em aberto sobre se o estabelecimento de deveres de vigilância e controlo no Código Penal indiciava ou não o reconhecimento implícito, por parte do legislador, da existência de um dever de garante por parte dos gestores empresais, diremos nesta sede que, em nossa opinião, é um sinal claro do reconhecimento da existência dessa posição de garantia.

Mas, como já afirmámos, impõe-se saber de onde nasce este dever de garante. Procuraremos em seguida responder a essa mesma questão.

---

[472] IVÁN FABIO MEINI MÉNDEZ, *ob. cit.*, pp. 890-891.

3.2.2. O dever de garante

3.2.2.1. As suas fontes e o seu fundamento

Como dissemos, foi JOHANNES NAGLER quem formulou a teoria da posição de garante ou do dever de garante, nos termos da qual o Direito exige em cada caso a uma pessoa determinada que garanta que o resultado danoso se não produza. No entanto, e em abono da verdade, diga--se que a expressão *"garante"*, referida ao omitente responsável pelo facto ilícito, porque pessoa responsável perante a comunidade pela indemnidade do bem jurídico legalmente protegido, foi cunhada por KARL BINDING[473]. A JOHANNES NAGLER deve-se a sua definitiva introdução no vocabulário jurídico-penal e a criação e estruturação da teoria da posição de garante[474]. Mas o que deve entender-se por *"posição de garante"*? De acordo com GIMBERNAT ORDEIG, a posição de garante é «la posición que destaca a una persona (o personas) de entre todas las demás, que le hace responsable del bien jurídico penalmente protegido, y, en consecuencia y si no evita su lesión, le atribuye ésta igual que si la hubiera causado mediante una acción»[475].

No entanto, mais importante do que definir o que é a posição de garante, vem a ser esclarecer qual a sua *origem*, isto é, determinar as suas *fontes*. A este respeito, a doutrina especializada divide-se.

Com efeito, a doutrina tradicional, defendida entre outros por JÜRGEN BAUMANN, REINHART MAURACH e HANS WELZEL, assenta na teoria formal do dever jurídico que atende às fontes formais, defendendo que a posição de garante apenas pode proceder de uma disposição legal (Lei), de uma prévia aceitação, expressa ou tácita, pelo sujeito (Contrato)[476] ou de uma conduta anterior geradora de uma situação de perigo, isto é, a

---

[473] KARL BINDING, *Die Normen und ihre Übertretung. Eine Untersuchung über die rechtmäßige Handlung und die Arten des Delikts*, Tomo II, Engelmann/Meiner, Leipzig, 1926, p. 553.
[474] JOHANNES NAGLER, *Die problematik der begehung durch unterlassung. Der Gerichtssaal*, vol. 111, Berlin: [s.n.], 1938, p. 59.
[475] ENRIQUE GIMBERNAT ORDEIG, *La omisión impropia en la dogmática penal alemana. Una exposición*, Anuario de Derecho Penal y Ciencias Penales, Tomo L, Ministerio de Justicia (Centro de Publicaciones), Madrid, 2000, p. 12.
[476] Segundo PÉREZ CEPEDA, «La aceptación contractual de un deber de actuar determina también, (...) el surgimiento de una posición de garante, por la estrecha vinculación entre el sujeto y el bien jurídico que supone las relaciones contractuales, cuyo contenido esencial

controvertida questão da ingerência[477]. De acordo com esta última fonte tradicional do dever de garante, «el que mediante un hacer precedente (ingerente) crea un peligro de lesión de un bien jurídico, responde de esa lesión, igual que si la hubiera causado mediante una acción positiva, si posteriormente omite evitar el resultado típico en el que va a desembocar la cadena causal puesta en marcha por aquel hacer precedente»[478].

Mais modernamente, e na esteira de SCHÜNEMANN, tem-se entendido que o especial dever de garante do empresário deve assentar ou nascer do domínio que este possui sobre a organização. Veremos mais adiante o alcance das várias teorias propostas.

Como aquilo que nos interessa é também dilucidar o problema do dever de garante à luz do Direito Penal português diga-se, em primeiro lugar, que a nossa lei não contém um dispositivo que consagre genericamente um dever jurídico de garante do empresário e muito menos estabelece quais as fontes do dever de garante. Será que o legislador o deveria ter feito? Se por um lado, nos inclinamos a responder afirmativamente a esta questão em abono da segurança jurídica e da certeza do Direito, por outro lado, somos levados a acreditar que tal casuística poderia vir a obscurecer o tema, pois os problemas de interpretação legal e doutrinária poderiam então multiplicar-se. Assim, para resolver a nossa questão, apenas podemos apelar ao já mencionado n.º 2, do artigo 10.º, do Código Penal e à doutrina que tem sido construída em seu torno. Pergunta-se agora: será de adoptar a doutrina tradicional segundo a qual a posição de garante apenas procederia da lei, de um contrato ou de uma situação de ingerência? Em nosso entender, e salvo o devido respeito, não. Trata-se de uma doutrina fortemente restritiva e por isso, como afirma JORGE DE FIGUEIREDO DIAS, «uma coisa parece certa: a lei, o contrato, a ingerência, não devem constituir fontes do dever de garantia, mas só planos em que aquele se deve reflectir»[479]. Devemos então colocar de parte, mas não ignorar de todo, as

---

atribuye a una de las partes una relación de confianza, con deberes de protección, custodia o vigilancia« (*ob. cit.*, p. 125).

[477] A origem histórica da ingerência «se debe a que era necesario cubrir las lagunas creadas en ciertos casos de omisión, que eran merecedoras de la misma pena, pero no era posible derivar de la ley y contrato una posición de garante capaz de fundamentar la responsabilidad penal por no haber evitado el resultado» (*ob. cit.*, p. 127).

[478] ENRIQUE GIMBERNAT ORDEIG, *ob. cit.*, pp. 19 a 20.

[479] JORGE DE FIGUEIREDO DIAS, *Pressupostos da Punição e Causas que Excluem a Ilicitude e a Culpa*, Jornadas de Direito Criminal, O Novo Código Penal Português e Legislação Com-

fontes formais do dever de garante. Como justificá-lo então? A que fontes se deverá recorrer?

Sem colocar totalmente de parte as fontes formais do dever de garante, alguns autores têm defendido que a posição de garante dos gestores empresariais surge de um dever jurídico extrapenal. Esta tese é defendida, entre outros, por KLAUS TIEDEMANN, o qual considera que a responsabilidade por omissão do empresário dependerá da existência de um dever de actuar no Direito Comercial e, portanto, de um *dever jurídico extrapenal*[480]. No nosso caso, tal dever estaria consagrado no Direito Societário[481]. Desta forma, se a lei estabelecer que o gestor empresarial tem os deveres de gestão, de lealdade, de não concorrência ou de proteger o património da empresa que administra, daí pode extrair-se que surge para o mesmo um dever de actuar no sentido de impedir que qualquer prejuízo possa afectar ou atingir a empresa. No caso concreto dos membros da direcção, e segundo KLAUS TIEDEMANN, cada um tem o dever de evitar qualquer dano que a empresa possa produzir[482]. E assim sendo, estarão obrigados a impedir que se verifiquem lesões de bens jurídicos protegidos pelo Direito Penal. TIEDEMANN funda a sua tese no artigo 130 OwiG (abreviatura de *"Gesetz über Ordnungswidrigkeiten"*), que determina que os deveres de vigilância e de organização são da incumbência dos gestores da empresa que, em virtude dessa imposição, estão então obrigados a impedir qualquer lesão de bens jurídicos tutelados pelo Direito Penal. Também para VOGEL, a existência de um dever jurídico extrapenal fundamenta a posi-

---

plementar, Fase I, Centro de Estudos Judiciários, Lisboa, 1983, p. 55.

[480] KLAUS TIEDEMANN, *Sonderausgabe aus Scholz, Kommentar zum GmbH-Gesetz*, 8.ª Edição, O. Schmidt, Köln, 1995: § 82, nota 23.

[481] De facto, se atentarmos no CSC verificamos que se estabelece, no seu artigo 407.º, n.º 8, um especial dever de garante por parte do Conselho de Administração em relação à atuação dos Administradores-Delegados ou da Comissão Executiva. Com efeito, depois de dispor no n.º 3, do artigo 407.º que «o contrato de sociedade pode autorizar o conselho de administração a delegar num ou mais administradores ou numa comissão executiva a gestão corrente da sociedade», o CSC vem determinar, no já citado n.º 8 do mesmo artigo que, «a delegação prevista nos n.º (s) 3 e 4 não exclui a competência do conselho para tomar resoluções sobre os mesmos assuntos; os outros administradores são responsáveis, nos termos da lei, pela vigilância geral da atuação do administrador ou administradores-delegados ou da comissão executiva e, bem assim, pelos prejuízos causados por actos ou omissões destes, quando, tendo conhecimento de tais actos ou omissões ou do propósito de os praticar, não provoquem a intervenção do conselho para tomar as medidas adequadas».

[482] KLAUS TIEDEMANN, *ob. cit.*, § 82, nota 23.

ção de garante do gestor empresarial[483]. Esta tese é defendida em Espanha por alguns autores, entre os quais se destacam TERRADILHOS BACOSO, VALLE MUNIZ e SÁNCHEZ ÁLVAREZ, sendo que segundo este último quando «el consejero tiene conocimiento de la comisión de un delito debe proceder con la necesaria diligencia para impedirlo, activando además, sí fuese necesario, los mecanismos estatutarios y autoorganizativos de control y responsabilidad. En caso de no hacerlo así y teniendo en cuenta que, por el cargo que desempeña, en el que debe fidelidad a la sociedad y a los socios, no debiera descartarse la figura de la comisión por omisión»[484].

Como afirma LASCURAÍN SÁNCHEZ, «la insuficiencia de esta tesis es hoy unánimemente reconocida»[485], não só devido ao seu excessivo formalismo, como também à sua demasiada amplitude e, não raras vezes, insuficiência[486]. Por outro lado, acreditamos que esta transferência de deveres societários para o Direito Penal pode ser excessiva, na medida em que aquela obrigação de impedir que qualquer prejuízo afecte ou atinja a empresa tem como escopo, no âmbito do Direito Comercial ou Societário, a defesa do tráfico e não de outro bem jurídico protegido pelo Direito Penal. E como já afirmámos, é no âmbito do Direito Penal e à luz dos seus princípios e das suas normas que deverá ser descoberta a resposta para a questão da responsabilidade, por comissão por omissão, dos órgãos de direcção.

O próprio TIEDEMANN, que defende a extrapolação do dever jurídico extrapenal, a qual origina a excessiva amplitude da teoria proposta, pondera ou admite, também por isso, a possibilidade de estabelecer-se uma séria de limitações à posição de garante, a saber: i) – «Cuando el daño no se comete contra la empresa o los socios, sino contra un tercero; ii) – Tampoco está claro que pueda afirmarse sobre todos los asuntos internos empresariales y posibles actuaciones que puedan producir daños excepcionales a la empresa; iii) – Aunque es posible fundamentar una posición de garante de los miembros del Consejo de administración, si existe una dirección colegiada de la empresa esta obligación de protección a la

---

[483] ELENA B. MARÍN DE ESPINOSA CEBALLOS *ob. cit.*, pp. 186-187.
[484] MANUEL MARÍA SÁNCHEZ ÁLVAREZ, *Los delitos societarios*, Revista de Derecho de Sociedades, n.º 6, Editorial Aranzadi, Pamplona, 1996, p. 69.
[485] JUAN ANTONIO LASCURAÍN SÁNCHEZ, *Los Delitos de Omisión: Fundamento de los Deberes de Garantía*, Civitas, Madrid, 2002, p. 26
[486] Neste sentido, GERMANO MARQUES DA SILVA, *Responsabilidade Penal das Sociedades e dos seus Administradores e Representantes*, p. 386.

empresa de cualquier daño decae cuando existe una división horizontal de las funciones»[487].

Saindo da esfera das tradicionais fontes formais do dever de garante, a moderna doutrina tem vindo defender que a *posição de garante* surge do *domínio* que o gestor tem da organização empresarial. Vêm assim afirmar que a posição de garante dos gestores empresariais funda-se na circunstância destes exercerem o poder de direcção empresarial[488], isto é, no seu exacto domínio sobre a organização. Esta tese baseia-se nos *poderes de direcção, mando ou decisão do superior hierárquico* e na obrigação que existe para a cúpula da empresa organizada hierarquicamente de evitar ou obviar factos lesivos. Esta proposta conjuga, de facto, o conceito de domínio com o de ingerência[489], pois o poder de domínio ou o âmbito de competência assumido pelo administrador obriga-o a actuar de forma a evitar fontes de perigo que a empresa ou os seus subordinados possam originar[490], pois parte-se da premissa de que a empresa é uma possível fonte de perigo para terceiros[491]. Daí que, os gestores empresariais tenham uma específica posi-

---

[487] Sistematização colhida in ANA ISABEL PÉREZ CEPEDA, *ob. cit.*, p. 166.
[488] Veja-se o que acima se deixou dito a propósito do poder de direcção empresarial.
[489] De acordo com LASCURAÍN SÁNCHEZ, o traço distintivo entre "domínio da organização" e "ingerência" "podría residir en que la ingerencia supone un desencadenamiento directo del curso de peligro por parte del titular del ámbito, dato a tener en cuenta de cara a la consideración del dominio del proceso y de la previsibilidad del resultado" (*Fundamento y Limites del Deber de Garantía del Empresario Hacia un Derecho Penal Económico Europeo*, p. 213.
[490] Neste sentido, *vide* ELENA B. MARÍN DE ESPINOSA CEBALLOS, *ob. cit.*, pp. 188-189.
[491] Segundo IVÁN FABIO MEINI MÉNDEZ, «Para lo que nos interesa, la actividad empresarial puede ser analizada desde un plano dual, en donde una cara de la moneda está constituida por los beneficios (ahorro de tiempo, disminución de costos) y confort que representan estos avances para la humanidad. Y la otra cara la constituyen los riesgos implícitos de estos avances técnicos, referidos a daños no conmensurables que afectan a todos los miembros de la colectividad por igual» (*ob. cit.*, p. 898). Neste sentido, e a propósito da chamada "*sociedade de risco*" em que actualmente vivemos, *vide* JESÚS-MARÍA SILVA SÁNCHEZ segundo o qual, «en efecto, la sociedad actual aparece caracterizada, de un lado, por la aparición de avances tecnológicos sin parangón en toda la historia de la humanidad. El extraordinario desarrollo de la técnica de avances tecnológicos sin parangón en toda la historia de la humanidad. El extraordinario desarrollo de la técnica ha tenido y sigue teniendo, obviamente, repercusiones directas en un incremento del bienestar individual. Sin embargo, conviene no ignorar sus consecuencias negativas. De entre ellas, la que aquí interesa resaltar es la configuración del riesgo de procedencia humana como fenómeno social estructural. En otras palabras, el hecho de que buena parte de las amenazas a que los ciudadanos estamos expuestos provengan precisamente de decisiones que otros conciudadanos en el manejo de los avances técnicos: riesgos

ção de garante porque assumem o poder de direção empresarial[492]. Dentro das teorias que têm sido formuladas em torno da ideia de domínio, hoje praticamente inabarcáveis devido ao seu elevado número[493], saliente-se, pela

para el medio ambiente o para los consumidores o usuarios que derivan de las aplicaciones técnicas de los desarrollos en la biología, la genética, a energía nuclear, la informática, las comunicaciones, etcétera» (*La expansión del Derecho Penal. Aspectos de política-criminal en las sociedades postindustriales*, Civitas, Madrid, 1998, pp. 21-22).

[A] visão segundo a qual a actividade empresarial em geral consubstancia uma actividade de risco não é pacífica no seio da Doutrina. Os autores que a põem em causa entendem, também por isso, que o dever de garante dos administradores e gestores empresariais apenas surgiria quando a empresa em causa se dedicasse ao fabrico de artigos ou de produtos perigosos (*verba gratia*, produção de armamento, pesticidas, entre outros)

[492] Neste sentido *vide*, entre outros, KLAUS TIEDEMANN, Klaus, *Lecciones de Derecho Penal Económico (Comunitario, español, alemán)*, PPU, Barcelona, 1993, p. 166.

[493] Saliente-se, a título de mero exemplo, as teorias propostas por:

i) – WOLFGANG FRISCH – este autor alemão considera que o administrador ou gestor empresarial tem o dever de actuar na medida em que é o responsável pelo domínio da organização. Assim sendo, está «obligado a evitar el peligro de ella derivado siempre que, de haber intentado ejercer su libertad de actuación a través de acciones positivas, ello le hubiera estado prohibido, a causa de la peligrosidad de tales acciones, o cuando dicho ejercicio le hubiera sido autorizado únicamente bajo la condición de haber reducido previamente el riesgo gracias a medidas colaterales de cuidado». (*Problemas fundamentales de la responsabilidad penal de los órganos de dirección de la empresa. Responsabilidad penal en el ámbito de la responsabilidad de la empresa y de la división del trabajo*, Responsabilidad penal de las empresas y sus órganos y responsabilidad por el producto, (Coord.: Santiago Mir Puig e Diego Manuel Luzón Peña), José María Bosch, Barcelona, 1996, p. 114 e GERMANO MARQUES DA SILVA, *Responsabilidade Penal das Sociedades e dos seus Administradores e Representantes*, p. 387.

ii) – JÜRGEN WELP – entende este autor que o fundamento da responsabilidade reside na confiança, que se defrauda mediante uma iniciativa final (posição do autor), de um bem jurídico atreito a incidências externas em virtude dessa confiança (posição da vítima). No caso do empresário, a imputação do resultado lesivo adviria de um prévio comportamento antijurídico. Se o comportamento inicial fosse lícito, a posição de garante só poderia nascer de um dever de natureza complementar que impusesse a salvaguarda do bem jurídico colocado em situação de risco. (HANS WELZEL, *Derecho Penal Alemán, Parte General*, 12.ª Edición, 3.ª Edición Castellana, Editorial Jurídica de Chile, Santiago de Chile, 1987, p. 297, GÜNTHER JAKOBS, *Derecho Penal: Parte General, Fundamentos y teoría de la imputación*, Marcial Pons, Madrid, 1995, p. 970 e ELENA B. MARÍN DE ESPINOSA CEBALLOS, *ob. cit.*, p. 192.

iii) – CLAUS PETER SCHMIDT – este autor, à semelhança de Schünemann, também considera que a posição de garante do órgão de direcção surge do domínio sobre as fontes de perigo de uma empresa. Assim, «el directivo tiene el deber de protección frente a terceros de los riesgos específicos de su empresa porque ostenta el poder de dirección y de actuación y esto constituye una potestad específica y reconocida por el ordenamiento jurídico». (ELENA B. MARÍN DE ESPINOSA CEBALLOS, *ob. cit.*, p. 192).

sua importância e interesse, a teoria proposta por SCHÜNEMANN, por um lado e, por outro, a opinião do incontornável GÜNTHER JACKOBS.

Começando por BERND SCHÜNEMANN, este fundamenta a responsabilidade dos gestores empresariais no domínio sobre a causa do resultado[494]. Este domínio pode ser, de acordo com aquele autor, de dois tipos distintos. O primeiro tipo é o chamado *"domínio sobre as causas essenciais do resultado"* e o segundo é o denominado *"domínio sobre o desamparo da vítima"*. Em sua opinião, através da teoria do domínio consegue-se uma restrição significativa das situações de garante que adviriam da ingerência, que ficariam assim resumidas às situações em que existiria um verdadeiro domínio por parte dos órgãos de direcção[495]. Em termos concretos, diga-se que o aludido domínio pode dimanar de um domínio fáctico sobre os elementos e procedimentos perigosos do estabelecimento empresarial (*domínio material*)[496], ou pode derivar de um domínio ou poder de mando, legalmente atribuído, sobre os comportamentos das instâncias subordinadas sob o ponto de vista hierárquico (*domínio pessoal*)[497], sendo que, em ambos os casos, o gestor empresarial está obrigado a evitar resultados lesivos que possam ser criados a partir da empresa. Este é, em suma, o fundamento da sua posição de garante. Saliente-se, todavia, que o domínio em termos

---

iv) – JOERG BRAMMSEN – segundo este autor, os deveres de garante fundam-se nas «especiales expectativas de comportamiento perceptibles desde fuera en tanto que cesión de un especial ámbito de influencia social». O decisivo «es que el omitente no haya cumplido la expectativa de acción dirigida a su especial ámbito de influencia social y que a la vez tiene en cuenta su posición social, aun sabiendo que otras personas, en su comportamiento, se orientan por su hacer tendente a evitar el resultado, esperado como algo seguro, y lo han tenido en cuenta como factor determinante en su vida cotidiana». Desta forma, «no cabe deducir posiciones de garante, sino que nada más se las describe y ello sólo imperfectamente; la responsabilidad por ingerencia tiene que definirse, a falta de "posición social" del que se injiere, como responsabilidad por comisión». (GÜNTHER JAKOBS, *ob. cit.*, p. 971).

[494] BERND SCHÜNEMANN, *ob. cit.*, p. 536.
[495] SCHÜNEMANN, citado *in* CARLOS MARTÍNEZ-BUJÁN PÉREZ, *ob. cit.*, p. 204.
[496] De acordo com SCHÜNEMANN, «la posición de garante que surge del señorío sobre las cosas y los procedimientos materiales peligrosos recae siempre en primer lugar sobre el titulas de la custodia (Gewahrsamsinhaber), con lo cual, especialmente en una empresa, en no pocos casos de dominio material escalonado, cada cotitular de la custodia será responsable según su parte de dominio. Este dominio supone (...) un ámbito espacial de influencia acotado para el garante, en el que se encuentra el objeto peligroso; con la salida de este ámbito de influencia se extingue el dominio material y permanece todavía en todo caso un dominio personal con base en el derecho de dirección remanente». (*ob. cit.*, p. 537).
[497] *Idem.*

materiais não assenta, tão-só, no poder legal de mando, que se efectiva através do exercício do poder de direcção do gestor, mas também no maior grau de informação que estes possuem. Em conclusão, para SCHÜNEMANN, a responsabilidade do gestor, enquanto garante da empresa, advém do seu domínio fáctico sobre os elementos e procedimentos perigosos do estabelecimento empresarial e do seu domínio ou poder de mando legalmente atribuído sobre os comportamentos das instâncias subordinadas sob o ponto de vista hierárquico, sendo que ambos os domínios obrigam o gestor a evitar resultados lesivos criados a partir da empresa[498].

Também GÜNTHER JACKOBS fundamenta a posição de garante na responsabilidade sobre um domínio, afirmando que o especial dever de actuar do gestor empresarial surge da responsabilidade pela configuração de um âmbito de organização[499]. Por isso, para este autor, os deveres de garante devem denominar-se *"deveres em virtude de responsabilidade pela organização"*[500]. Segundo JACKOBS, a fonte jurídica formal deve ter um carácter secundário porque a lei não cria *ex nihilo* a posição de garante, mas no máximo pode aclarar os limites da responsabilidade pela organização[501]. No caso concreto dos empresários ou administradores, o dever de actuar pela configuração do seu âmbito de organização surge dos deveres de relação. Isto é, dos deveres de garantia de uma fonte de perigo derivada do objecto ou das actividades empresariais. Como afirma JACKOBS, «los deberes de relación, al igual que los de ingerencia, se refieren en principio (pero no siempre) al aseguramiento de una fuente de peligros, es decir, el obligado tiene que preocuparse de que su ámbito de organización no tenga efectos externos dañinos»[502], sendo certo que, «en el ámbito de los deberes de aseguramiento, la ingerencia es absorbida por los deberes de relación»[503]. Com efeito, «el comportamiento precedente es un acto de organización que da lugar a un peligro que obliga al aseguramiento al titular del ámbito de organización que se ha convertido en peligroso»[504]. Por outro lado, «la vinculación de un ámbito de organización con el com-

---

[498] ELENA B. MARÍN DE ESPINOSA CEBALLOS, *ob. cit.*, p. 191.
[499] GÜNTHER JAKOBS, *ob. cit.*, p. 971.
[500] *Idem*.
[501] *Ibidem*.
[502] GÜNTHER JAKOBS, *ob. cit.*, p. 973.
[503] *Idem*, p. 974.
[504] *Ibidem*.

portamiento ajeno mediante la repercusión de este comportamiento sobre el ámbito de organización propio es trascendente sobre todo para el titular de actividades»[505]. Desta forma, segundo JACKOBS, «el titular de una actividad no tiene derecho de configuración sobre el comportamiento de sus colaboradores, sino que cada colaborador, en la medida en que asume las consecuencias jurídico-laborales, puede ajustar su actividad a favor del titular. La responsabilidad del titular por el comportamiento delictivo, o peligroso de otra forma, del colaborador, dada esta situación, y según las reglas mencionadas, puede llevarse a cabo a través de colusión y a través de cosas peligrosas de la empresa o actividad»[506]. Por fim, afirma este autor que o titular da actividade, «si bien no responde por el propio comportamiento de los otros, sí lo hace en cambio por la configuración, determinada por ese comportamiento, de su ámbito de organización»[507].

Parafraseando GERMANO MARQUES DA SILVA, entendemos que a teoria proposta por Jackobs é mais sólida que as precedentes «e desde logo porque não se contenta com a pura descrição e classificação dos deveres de garante, mas atende também ao fundamento normativo desses deveres que, em síntese, se reconduz ao exercício da liberdade pessoal, à ideia de responsabilidade como sinalagma da liberdade»[508].

Tendo em linha de conta tudo quanto acima se deixou dito, que conclusão tirar a respeito da existência, ou não, de um dever de garante por parte dos gestores empresariais e das suas *fontes* e do seu *fundamento*?

Em nosso entender, o gestor empresarial assume um compromisso material de actuar ou agir como barreira de contenção de determinados riscos. Consideramos que o facto de assumir competências de gestão e de direcção de uma empresa, exercendo-as formalmente, o coloca numa posição especial que o obrigará a actuar de forma a evitar resultados lesivos dentro da sua esfera de competências. Significa isto que o gestor empresarial assume um dever de garante em virtude da sua responsabilidade

---

[505] GÜNTHER JAKOBS, *ob. cit.*, p. 977.
[506] *Idem*, pp. 977 a 978.
[507] GÜNTHER JAKOBS, *ob. cit.*, p. 978.
[508] GERMANO MARQUES SILVA, *Responsabilidade Penal das Sociedades e dos seus Administradores e Representantes*, p. 389.
Esta tese é igualmente defendida em Espanha por alguns autores, entre os quais salientamos JESÚS-MARÍA SILVA SÁNCHEZ e PAZ BATISTA GONZÁLEZ. *Vide*, por todos, ELENA B. MARÍN DE ESPINOSA CEBALLOS, *ob. cit.*, pp. 194-196.

pela configuração do âmbito da organização[509]. Mais concretamente, diga-se que a responsabilidade pela configuração do âmbito de organização surge dos deveres de relação, isto é, dos deveres de controlar uma fonte de perigo derivada dos objectos ou da actividade empresarial. Em suma, o acto de aceitar e de exercer o cargo de gestor implica a assunção de um compromisso pessoal que obriga a evitar resultados lesivos advenientes da actividade da empresa. Se os não evitar, o gestor empresarial será responsabilizado, por comissão por omissão, por violação justamente do seu dever de garante.

Não obstante, em nossa opinião, é preciso acrescentar que a ideia de domínio que subjaz à teoria que subscrevemos, e que se reputa como fundamental para a imputação da responsabilidade, ainda não é suficiente para alicerçar, de forma absoluta, o fundamento e os limites da responsabilidade omissiva dos órgãos de direcção[510]. E porque assim é, alguns autores têm vindo defender, e em nosso entender bem, um segundo critério a ajuntar ao critério geral de "*domínio*". Desta forma, para se responsabilizar, por comissão por omissão, o gestor empresarial que não observou o seu dever de garante é preciso que, para além da sua responsabilidade em virtude do domínio que possui sobre a organização, que o autoriza a configurar o seu âmbito, exista uma conexão estreita entre o facto ilícito cometido e o "*exercício das faculdades individuais de auto-organização*"[511]. Este

---

[509] Em sentido contrário *vide*, entre outros, ANA ISABEL PÉREZ CEPEDA, *ob. cit.*, pp. 163 a 192.

[510] Neste sentido *vide*, entre outros, CARLOS MARTÍNEZ-BUJÁN PÉREZ, *ob. cit.*, p. 205 e JUAN ANTONIO LASCURAÍN SÁNCHEZ, *Fundamento y Limites del Deber de Garantía del Empresario Hacia un Derecho Penal Económico Europeo*, pp. 210-211.

[511] Se atentarmos devidamente, verificamos que se encontram subjacentes a este segundo critério os trabalhos de Jackobs e de Herzberg. Com efeito, Jackobs entende que, tanto nos delitos comissivos, como nos delitos omissivos, o fundamento da responsabilidade advém das competências de organização e das competências institucionais, sendo que a responsabilidade adveniente das competências de organização constitui a outra face da moeda que é a liberdade de conformação. Por seu turno, Herzberg considera, a este propósito, que o fundamento da imputação reside na «especial responsabilidad social del individuo por su propia persona, en su capacidad de actuar dañosa y peligrosamente». E esta responsabilidade, «no depende sólo de que el individuo posea un dominio fáctico sobre si mismo, sino también de que este dominio le corresponda según el sentimiento ético general y de que se reconozca por la ley como Derecho; esto es, como derecho a la propia determinación y al libre desarrollo de la personalidad. La responsabilidad personal por la propia actuación y sus consecuencias es, entonces, la otra cara del derecho a la propia determinación garantizado constitucionalmen-

último critério, «parte del principio general de libertad y del derecho al libre desarrollo de la personalidad, consustánciales al modelo democrático de organización política»[512]. Poderá questionar-se agora em que casos concretos se verificará essa conexão estreita entre o exercício das faculdades individuais de auto-organização pelo gestor empresarial e a conduta ilícita do seu subordinado. A este respeito ainda não há um grande desenvolvimento doutrinal. Tal não obsta, em nosso entender, que se procure delinear alguns critérios gerais que possam auxiliar na tarefa de determinação da existência dessa conexão. Em primeiro lugar, parece ser de entender que a referida conexão existe quando os processos de risco tenham sido criados pelo próprio superior hierárquico, ou seja, pelo gestor empresarial, o que poderá acontecer quando aquele, por exemplo, realiza uma nomeação pouco criteriosa de um titular de um cargo, seja porque o designado não tem a qualificação adequada, seja porque não possui a experiência necessária para o desempenho das funções a assumir. Por outro lado, haverá ainda conexão quando o perigo advier ou surgir dos objectos, mecanismos, instrumentos, processos ou trabalhadores da empresa. Por último, refira-se que «hay amplio acuerdo a la hora de extender el esquema de la responsabilidad del órgano directivo de la empresa en comisión a toda clase de delitos socio-económicos en sentido jurídico-dogmático»[513].

3.2.2.2. O seu conteúdo e os seus limites

Assumida que está a existência de um dever de garante por parte do gestor empresarial qual é, ou melhor, qual deverá ser o *conteúdo* desse dever de garante?

Em nossa opinião, a determinação do conteúdo do dever de garante do gestor empresarial, isto é, dos deveres que *in concreto* sobre si recaem, tem de fazer-se, em primeiro lugar, à luz das normas reguladoras da actividade empresarial em causa, ainda que tais normas regulamentares não possuam

---

te, y se dará también cuando la persona domine otra fuente de peligro como se domina a si mismo». Por todos, *vide* JUAN ANTONIO LASCURAÍN SÁNCHEZ, *Fundamento y Limites del Deber de Garantía del Empresario Hacia un Derecho Penal Económico Europeo*, p. 211.
[512] *Idem*.
[513] CARLOS MARTÍNEZ-BUJÁN PÉREZ, *ob. cit.*, pp. 206-207.

um carácter axiomático[514]. Por outro lado, e porque tais normas regulamentares oferecem tão-só um indício, convém atentar que em caso algum se deverá desprezar as circunstâncias específicas ou particulares do caso concreto[515]. Em segundo lugar, propõe a doutrina que se deva recorrer a critérios e a conceitos gerais e indeterminados, como os de *"razoabilidade"* e de *"prudência"*, que, para além do mais, já se encontram incorporados em normas legais vigentes[516], ainda que os mesmos, devido à sua conhecida vaguidade e susceptibilidade de provocar múltiplas interpretações, não ofereçam critérios muito precisos de imputação.

Mas mais do que isto, é preciso afirmar ainda que o conteúdo objectivo do dever de garantia do superior hierárquico também não aparece conformado apenas pelos critérios de indemnidade do bem jurídico, de recognoscibilidade do risco e de possibilidade de o evitar, mas igualmente em função da gravidade do risco em causa e da sua utilidade[517]. Desta forma, como bem declara LASCURAÍN SÁNCHEZ «cuando, por razones de falta o de pérdida de utilidad o de aumento o exceso del riesgo, la actividad no es o deja de ser socialmente tolerable, las dimensiones del deber se disparan a las fronteras que marca la posibilidad de evitación. De este modo, la infracción de los denominados deberes de aseguramiento, al igual que la de los deberes de cuidado, origina los denominados deberes de evitación. El uso antijurídico de la libertad genera así severas cargas para su agente»[518].

Ainda que não possa definir-se de forma concreta e objectiva qual o conteúdo do dever de garante do gestor empresarial, como bem se vê pelas considerações que acima se fez, convém assinalar, no entanto, que o dever de garante vincula o seu titular no sentido de evitar quaisquer comportamentos que, à primeira vista, surjam desde logo como demasiado perigosos o que os torna, em última instância, pouco ou nada toleráveis do ponto de vista social. Não obstante, parece ser também de entender que o administrador ou gestor empresarial tem não só o dever de controlar e de vigiar os

---

[514] Neste sentido vide, entre outros, CARLOS MARTÍNEZ-BUJÁN PÉREZ, *ob. cit.*, p. 207 e IVÁN FABIO MEINI MÉNDEZ, *ob. cit.*, p. 906.
[515] Assim, ELENA NÚÑEZ CASTAÑO, *Responsabilidad Penal en la Empresa*, Tirant lo Blanch, Valencia, 2000, p. 50 e JUAN ANTÓNIO LASCURAÍN SÁNCHEZ, *Fundamento y Limites del Deber de Garantía del Empresario Hacia un Derecho Penal Económico Europeo*, p. 216.
[516] CARLOS MARTÍNEZ-BUJÁN PÉREZ, *ob. cit.*, p. 207.
[517] *Idem*.
[518] JUAN ANTONIO LASCURAÍN SÁNCHEZ, *Fundamento y Limites del Deber de Garantía del Empresario Hacia un Derecho Penal Económico Europeo*, p. 217.

cursos de risco a que dá origem, mas também aqueles que possam surgir *a posteriori*. Caso isso aconteça, terá a obrigação de os vigiar e controlar e de evitar que os mesmos causem quaisquer danos a bens jurídicos legalmente protegidos. Assim sendo, «no sólo se deberá imputar aquellos resultados lesivos que sean consecuencia de los riesgos existentes al momento de iniciar la actividad empresarial, sino que habrá que imputar también aquellos resultados que surgen en el desarrollo de la actividad empresarial que, aun cuando no se tenga la capacidad de evitarlos, sea exigible al empresario la ostentación de una capacidad para hacerlo: se trata de una responsabilidad que se fundamenta (...) no sólo en el no evitar pudiendo hacerlo, sino no evitar aun cuando no se puede, pero es exigible, debido a los deberes de aseguramiento que surgen a costa de la organización con exclusión de terceros que efectúa el empresario, que se hubiera podido»[519].

Por outro lado, acrescente-se que, em nosso entender, o gestor empresarial, em suma, o superior hierárquico, não poderá ser responsabilizado pelos actos cometidos pelos seus subordinados quando estes tenham agido com excesso ou contra ordens directas pois, em tais casos, actuaram em manifesto desrespeito pelo seu superior, em violação dos seus deveres laborais – *dever de obediência* – e em oposição à estrutura hierárquica[520].

Em resumo, tendo em linha de conta tudo quanto acima já se deixou dito, e na esteira de SCHÜNEMANN, podemos concluir no sentido de que o dever de garante do gestor empresarial pode ser violado de cinco formas distintas, a saber:

i) Designação ou escolha pouco criteriosa de um titular de um cargo, seja porque o designado não tem a qualificação ou a experiência necessárias para o desempenho das funções, «sea, más agravadamente, por una falta de carácter que perjudica el cumplimiento de las tareas»[521].

ii) Distribuição ou divisão imprecisa de tarefas, «entre distintos sustitutos o entre el director de la empresa y los órganos subordinados, que conduce, por eso, a que el mantenimiento de la protección del

---

[519] IVÁN FABIO MEINI MÉNDEZ, *ob. cit.*, pp. 907 a 908.
[520] Neste sentido, *vide* BERND SCHÜNEMANN, *ob. cit.*, pp. 138 a 139.
[521] BERND SCHÜNEMANN, *ob. cit.*, p. 140.

medio ambiente o de la seguridad técnica de las tareas requeridas por la empresa caiga, por decirlo así, en un agujero organizativo y no sea tomada en serio por nadie»[522].

iii) Incipiente instrução do subordinado, que «no está suficientemente iniciado en las exigencias del rendimiento interempresarial y que por eso no está en situación de poder cumplirlas, por lo que sólo obedece la instrucción de arribe e informa a los superiores en situaciones oscuras y en casos de un esfuerzo personal excesivo»[523].

iv) Intervenção omissiva do gestor empresarial no âmbito de «irregularidades conocidas, que dependiendo de la dimensión de las irregularidades y de la sensibilidad de la esfera empresarial afectada puede alcanzar desde un aviso de despido junto con controles severos hasta el traslado o despido del trabajador»[524].

v) Não realização de uma fiscalização aleatória, «oportuna y por sorpresa para control mismo, incluso de acreditados trabajadores de larga experiencia, porque con el paso del tiempo tampoco ese círculo de personas es inmune a aparentes desgastes, que se producen como consecuencia de la rutina empresarial»[525].

Posto isto, vejamos agora a questão, bem menos problemática e controversa, da delegação de poderes e da sua influência sobre o dever de garante de quem delega.

3.3. A delegação de poderes: conceito, consequências e requisitos

Neste ponto que agora se abre vamos fazer uma breve reflexão sobre o instituto da *delegação de poderes ou de funções*[526], com o intuito de divisar até que

---

[522] Idem.
[523] Ibidem.
[524] Idem.
[525] Ibidem.
[526] A não ser que o contrato de sociedade o proíba, pode o conselho encarregar especialmente algum ou alguns administradores de se ocuparem de certas matérias de administração (artigo 407.º, n.º 1, do CSC).

ponto tal mecanismo influi na questão da responsabilidade e do dever de garante de quem delega, isto é, iremos analisar quais as repercussões do acto de delegação de poderes no dever de garante do superior hierárquico.

A este propósito, costuma dizer-se que o titular da empresa pode observar o seu dever de garante de três formas distintas, a saber: imediatamente, mediatamente ou por delegação. O exercício imediato verifica-se, grosso modo, quando o titular do dever de garante exerce directamente as suas funções de administração, de organização e de vigilância procurando impedir o surgimento de lesões de bens jurídicos advenientes da actividade empresarial. A segunda forma de exercício acima identificada, prende-se com a própria estrutura hierárquica empresarial, isto é, o dever de garante é cumprido e observado pelos órgãos de gestão mediante a emissão de directivas e de instruções directas e precisas aos seus subordinados que, carecendo de autonomia, devem acatar tais ordens e pautarem-se pelo seu cumprimento. Por fim, surge então a delegação de poderes. Antes de avançarmos diga-se, em abono da verdade, que a questão que agora nos irá prender não levanta tantos problemas, nem tantas querelas doutrinárias quanto o problema que assumimos como objecto de estudo e dos quais já aqui demos conta. Por isso, iremos fazer tão-só algumas breves considerações.

Em primeiro lugar, à que sublinhar que o mecanismo da delegação de poderes possui uma considerável importância prática para o correto funcionamento da empresa[527]. Com efeito, «nelle strutture imprenditoriali articolate e complesse si rende necessaria una ripartizione organizzativa di compiti, affidati di volta in volta a collaboratori interni o esterni all'azienda»[528]. De facto, «è notorio, che il titolare dell'impresa, non potendo abbracciare tutti i settori della complessa organizzazione aziendale, spesso è costretto a delegare alcune attività creando delle posizioni di garanzia sostitutive»[529].

---

[527] Neste sentido, *vide* JESÚS-MARÍA SILVA SÁNCHEZ, segundo o qual «un fenómeno decisivo en organizaciones complejas, entre las que obviamente se cuenta la empresa, es el de la delegación de competencias, que constituye prácticamente una condición de la posibilidad de ejecución de lo pretendido con la creación de la misma» (*Criterios de asignación de responsabilidad en estructuras jerárquicas*, p. 14).

[528] ELIO PALOMBI, *La Delega di Funzioni*, *in* Trattato di Diritto Penale Dell'Impresa, Vol. I, CEDAM – Casa Editrice Dott. Antonio Milani, Padova, 1990, p. 267.

[529] *Idem*.

Mas o que deve entender-se por *"delegação de poderes"*? Em nosso entender, o acto de "delegação de poderes" pode ser definido como o acto através do qual um órgão ou um titular normalmente competente para decidir uma determinada matéria permite que outro órgão ou agente hierarquicamente inferior pratique actos sobre essa mesma matéria ou exerça determinadas funções para as quais originariamente não tinha competência.

No que diz respeito às funções e aos poderes que podem ser objecto de delegação, afirme-se que não apenas são delegáveis as actividades mecânicas, como também os próprios deveres de vigilância. Esta é uma constatação facilmente comprovada pela mera observação da realidade empresarial, na medida em que, «no es humanamente posible que quienes deben ejercer una posición de garante, que requiere, por su naturaleza, una distribución de funciones, puedan realizar personalmente todas las operaciones necesarias para el cumplimiento del deber»[530]. Assim sendo, podemos afirmar que a realização e aceitação de um acto de delegação de competências ou de funções no seio de uma empresa tem como efeito imediato alterar as situações de competências originárias. De tal forma que, sempre que a delegação seja acompanhada da dotação do necessário domínio, tal mecanismo faz surgir uma nova posição de garante: a do delegado. Significa isto que, o aco de delegação irá projectar sobre o delegado um novo âmbito de organização e de responsabilidade na medida em que implica uma ampliação da sua esfera de poderes e de competências em virtude da assunção de funções de prevenção e de controlo de riscos.

Em segundo lugar, se é verdade que o acto de delegação dá origem a uma nova posição de garante, desta feita na esfera jurídica do delegado, e que o mecanismo da delegação modifica o conteúdo do dever de garantia originário, não faz desaparecer, todavia, a posição de garante que o delegante detinha. Modifica-o é certo, mas não o faz desaparecer[531]. Seguramente, o facto de possuir o dever de garante original implica a

---

[530] ENRIQUE BACIGALUPO ZAPATER, *La posición de garante en el ejercicio de funciones de vigilancia en el ámbito empresarial*, Cuadernos de Derecho Judicial, Vol. VII, Centro de Documentación Judicial, San Sebastián, 1994, p. 73.

[531] Como afirma WOLFGANG FRISCH, «el deber especial que tiene el órgano directivo de realizar sus propias actividades sin lesionar bienes jurídicos y eliminando cualquier riesgo cognoscible que pueda existir no finaliza con la delegación de la tarea, sino que en tales casos se convierte en un deber de preocuparse (a través de aquellas medidas organizativas, controles, e intervenciones que sean necesarios) de que dicha delegación no acaba produciendo lesiones de bienes jurídicos» (*ob. cit.*, pp. 116-117).

permanência no delegante de uma série de competências e de deveres, posto que, com independência já da obrigação primária de delegar unicamente em pessoas capacitadas para assumir a atividade, objeto da delegação, o superior hierárquico continua tendo uma posição de responsabilidade residual (*"competência residual"*), que se traduz num dever de vigilância ou de supervisão sobre os delegados, de conteúdo variável de acordo com os casos mas que, em essência, o obriga a comprovar periodicamente se o delegado cumpre realmente com o dever que lhe foi atribuído e, em caso negativo, a proceder à sua correção ou à sua substituição[532].

No que se refere ao conteúdo do dever de vigilância do delegante, importa assinalar que a medida deste não pode ser de uma exigência tal que converta a delegação numa espécie de domínio *mediato* que anule as vantagens do mecanismo da delegação. Não obstante, o seu conteúdo também não poderá ser tão incipiente que enfraqueça ou desvaneça, na prática, a posição de garante do delegante. O seu conteúdo, em nosso entender, deverá ser fixado tendo em linha de conta o tipo de actividade delegada e as características pessoais do delegado. Quanto maior for o risco que se pretende controlar e mais difícil o seu controlo, mais intensa deverá ser a supervisão do delegante. A qualificação e a experiência do delegado jogam, pelo contrário, a favor de uma maior confiança por parte de quem delega, que poderá assim afrouxar a sua actividade de vigilância, ainda que esta não desapareça totalmente[533].

Acima afirmámos que o delegante, não obstante o acto de delegação de poderes, retém uma série de competências e de deveres que compõem o chamado *"dever de garante residual"*. A este respeito, diga-se que o superior hierárquico mantém de facto, na sua esfera de poder, um conjunto importante de competências, entre as quais salientamos a faculdade de selecção do delegado, o poder de supervisão e de vigilância da actuação deste, a competência de veicular a informação e de dar formação, o poder de organização e de coordenação dos delegados e, bem assim, a capacidade de dotação dos delegados dos meios económicos e materiais necessários

---

[532] Neste sentido *vide*, entre outros, WOLFGANG FRISCH, *ob. cit.*, p. 121, CARLOS MARTÍNEZ-BUJÁN PÉREZ, *ob. cit.*, p. 208 e JESÚS-MARÍA SILVA SÁNCHEZ, *Criterios de asignación de responsabilidad en estructuras jerárquicas*, p. 16.

[533] JUAN ANTONIO LASCURAÍN SÁNCHEZ, *Los Delitos de Omisión: Fundamento de los Deberes de Garantía*, pp. 117-118. A este propósito, SCHÜNEMANN afirma que o acto de delegação de poderes dá origem a uma situação de *"cotitularidad de la custodia"* (*ob. cit.*, 1988, p. 537).

ao exercício das suas funções. Esta última faculdade, encerra em si uma questão séria e interessante que importa agora aferir. Sem mais delongas, impõe-se questionar se o delegado, que carece dos meios económicos ou materiais para cumprir eficazmente a sua função de controlo de riscos, em suma, o seu dever de garante, porque o delegante os não forneceu, mantém, não obstante, a sua posição de garante e de responsável. O que dizer a este respeito? Como resolver esta questão? Em nosso entender, a questão levantada pode ser vista de duas formas distintas e antagónicas. Em primeiro lugar, se adoptarmos uma visão mais clássica e tradicional do problema, afecta aos conceitos de causalidade, de previsibilidade ou de dever genérico, diríamos que o delegado será responsável por qualquer lesão ou facto ilícito cometido dentro da sua esfera de competências. Com efeito, pese embora a falta de meios económicos e materiais para cumprir eficazmente as suas funções, o delegado haveria de responder de acordo com a estrutura, típica no Direito Penal, da chamada *"actio libera in causa"*, nos termos da qual é responsável quem se coloca numa situação, porque a produziu ou não impediu o seu surgimento, dentro da qual já não é possível evitar o facto lesivo. Neste sentido, «el delegado que se mantiene en su posición (que no renuncia) y actúa – con previsibilidad – u omite – con previsibilidad y deber general – respondería de modo con el delegante»[534].

Analisando o mesmo problema mas noutra perspectiva, diríamos nós mais moderna, o acento tónico seria colocado na falta de meios económicos e materiais por parte do delegado em virtude do delegante os não ter adjudicado. Ora, como já afirmámos, esta competência de dotação do delegado dos meios essenciais ao exercício das funções delegadas permanece, não obstante o acto de delegação, na esfera de competências do delegante. Assim, competirá a este dotar o delegado dos meios necessários às suas funções e ao delegado cumprirá informar o delegante da ausência ou da insuficiência de meios e exercer as suas funções na medida do possível, ou seja, fazer frente aos riscos inerentes ao seu âmbito de competências com os meios de que dispõe. Neste sentido, a responsabilidade seria imputada ao delegante. Mas esta última teoria também não é isenta de dificuldades. Basta questionar se é correcto imputar de forma absoluta a responsabilidade no delegante quando o delegado tenha atuado mesmo conhecendo

---

[534] JESÚS-MARÍA SILVA SÁNCHEZ, *Criterios de asignación de responsabilidad en estructuras jerárquicas*, p. 20.

da previsibilidade do resultado lesivo[535]. Como bem se vê, trata-se de um tema que merece uma ampla discussão.

Em suma, poderá afirmar-se que o acto de delegação de poderes para gerar efeitos em termos penais, isto é, para que se possa dizer que o delegado assume uma nova posição de garante, tem de ser um acto formal e, sobretudo, materialmente completo. Isto significa não só que a delegação de poderes tem de ser aceite pelo delegado, como também deverá ser acompanhada da transferência dos meios económicos e materiais necessários para o correcto desempenho das funções delegadas.

3.4. Conclusões

A omissão pressupõe um *non facere* e que o indivíduo deixe de fazer o que lhe é devido fazer, violando dessa forma um dever jurídico de agir. Em relação às empresas esse dever de agir recai, em primeira mão, sobre as mesmas. Todavia, a empresa, enquanto pessoa colectiva, possui um conjunto de órgãos próprios que agem em seu nome e, assim sendo, esse dever de agir incide sobre os titulares dos seus órgãos de direcção e de gestão, ou seja, recai sobre os gestores que actuam em nome e no interesse da empresa. Desta forma, para que os gestores empresariais possam ser responsabilizados a título de omissão pura é necessário que recaia, em primeira linha, sobre a empresa e, em segunda instância, sobre os titulares dos seus órgãos de direção um dever de agir. É será do não cumprimento deste dever que nascerá a responsabilidade por omissão pura dos gestores empresariais.

Por outro lado, o gestor empresarial assume um compromisso material de actuar ou agir como barreira de contenção de determinados riscos.

O facto de assumir competências de gestão e de direcção de uma empresa, exercendo-as formalmente, coloca-o numa posição especial que o obriga a actuar de forma a evitar resultados lesivos dentro da sua esfera de competências. Significa isto que o gestor empresarial assume um dever de garante em virtude da sua responsabilidade pela configuração do âmbito da organização. Mais concretamente, diga-se que a responsabilidade pela configuração do âmbito da organização surge dos deveres de relação, isto

---

[535] Para maiores desenvolvimentos *vide*, entre outros, JESÚS-MARÍA SILVA SÁNCHEZ, *Criterios de asignación de responsabilidad en estructuras jerárquicas*, pp. 19-20.

é, dos deveres de controlar uma fonte de perigo derivada dos objectos ou da actividade empresarial.

Em suma, o acto de aceitar e de exercer o cargo de administrador ou de gestor empresarial implica a assunção de um compromisso pessoal que obriga a evitar resultados lesivos advenientes da actividade da empresa. Se os não evitar, o gestor será responsabilizado, por comissão por omissão, por violação do seu dever de garante.

Por outro lado, para se responsabilizar, por comissão por omissão, o administrador ou gestor empresarial que não observou o seu dever de garante é preciso que, para além da sua responsabilidade em virtude do domínio que possui sobre a organização, que o autoriza a configurar o seu âmbito, exista uma conexão estreita entre o facto ilícito cometido pelo seu subordinado e o exercício das suas faculdades individuais de auto--organização.

A determinação do conteúdo do dever de garante do gestor empresarial, isto é, dos deveres que *in concreto* sobre si recaem, tem de fazer-se, em primeiro lugar, à luz das normas reguladoras da actividade empresarial em causa, ainda que tais normas regulamentares não possuam um carácter axiomático. Por outro lado, em caso algum se deverá desprezar as circunstâncias específicas ou particulares do caso concreto. Em segundo lugar, deverá recorrer-se a critérios gerais e indeterminados, como os de *"razoabilidade"* e de *"prudência"*, que, para além do mais, já se encontram incorporados em normas legais vigentes, ainda que os mesmos, devido à sua conhecida vaguidade e susceptibilidade de provocar múltiplas interpretações, não ofereçam critérios muito precisos de imputação.

Mas mais do que isto, o conteúdo objectivo do dever de garante do superior hierárquico não aparece conformado apenas pelos critérios de indemnidade do bem jurídico, de recognoscibilidade do risco e de possibilidade de o evitar, mas igualmente em função da gravidade do risco em causa e da sua utilidade social.

O acto de delegação de poderes dá origem a uma nova posição de garante – a do delegado. Para tanto, tem de ser um ato formal e, sobretudo, materialmente completo. Isto significa não só que a delegação de poderes tem de ser aceite pelo delegado, como também deverá ser acompanhada dos meios económicos e materiais necessários para o correto desempenho das funções delegadas.

4. Responsabilidade solidária em caso de colaboração dolosa

O artigo 8.º, n.º 7, do RGIT estabelecia que quem colaborar[536] dolosamente na prática de infracção tributária é *solidariamente* responsável pelas multas e coimas aplicadas pela prática da infracção, independentemente da sua responsabilidade pela infracção, quando for o caso[537]. Este normativo legal gerou controvérsia na doutrina e na jurisprudência, uma vez que a responsabilidade solidária do administrador ou gerente pela multa aplicada ao ente colectivo acrescia à sua própria responsabilidade, decorrente de comparticipação, o que configurava uma dupla valoração jurídica criminal, violando assim o princípio *ne bis in idem* (artigo 29.º, n.º 5, da Constituição)[538].

A revogação operada pela Lei n.º 75-A/2014, de 30 de Setembro, surgiu na sequência do n.º 7, do artigo 8.º, RGIT, ter sido julgado inconstitucional, por violação do disposto no já mencionado artigo 29.º, n.º 5, da Constituição, quando aplicável a gerente de uma pessoa colectiva que tenha sido igualmente condenado a título pessoal pela prática da mesma infracção tributária (Acórdão do Tribunal Constitucional de 9 de Janeiro de 2013 - Proc. n.º 373/2012). De igual modo, o Supremo Tribunal de Justiça veio a considerar que «É fixada a jurisprudência no sentido de que é inconstitucional a norma do artigo 8.º, n.º 7 do RGIT, na parte em que se refere à responsabilidade solidária dos gerentes e administradores de uma sociedade que hajam colaborado dolosamente na prática de infracção pelas multas aplicadas à sociedade, por violação do princípio da intransmissibilidade

---

[536] Conforme nota o penalista GERMANO MARQUES DA SILVA, «Agora o fundamento da responsabilidade solidária é a colaboração na prática do crime tributário e por isso que respondem solidariamente pelas consequências jurídicas do crime os seus agentes, ou seja, os agentes do crime» (*Direito Penal Tributário – Sobre as Responsabilidades das Sociedades e dos seus Administradores Conexas com o Crime Tributário*, p. 331).

[537] O Tribunal da Relação de Coimbra vinha entendendo que «Embora os n.ºs 1 e 7, do art.º 8º, do R.G.I.T., se inscrevam, conforme epígrafe, no âmbito da "responsabilidade civil pelas multas e coimas", é distinto o campo de aplicação de um e de outro, tendo a disposição do n.º 7 um domínio específico e autónomo de intervenção, operando sem a intermediação do n.º 1. Diversamente do que se estabelece no n.º 1, no n.º 7 não se está perante responsabilidade subsidiária relativamente aos agentes da infracção, mas sim em solidariedade em primeiro plano, podendo as dívidas ser originariamente exigidas, desde logo, aos responsáveis solidários, independentemente da existência de bens do autor da infracção» (Acórdão de 9 de Maio de 2012 – Proc. n.º 98/07.0IDACB-A.C1).

[538] Ninguém pode ser julgado mais do que uma vez pela prática do mesmo crime (artigo 29.º, n.º 5, da Constituição).

das penas. Com efeito, a imposição de uma responsabilidade solidária a terceiro para pagamento de multas aplicadas à pessoa colectiva configura uma situação de transmissão da responsabilidade penal, na medida em que é o obrigado solidário que passa a responder pelo cumprimento integral da sanção que respeita a uma outra pessoa jurídica. Apesar de constituir condição da responsabilidade solidária, nos termos do artigo em apreço, a comparticipação do gerente na prática da infracção tributária, essa relação de causalidade, podendo originar uma responsabilidade pessoal, não tem qualquer interferência na fixação da multa aplicável à pessoa colectiva. A responsabilidade solidária opera independentemente da responsabilidade pessoal do co-devedor e quer a este seja ou não imputada, a título individual, a mesma infracção. A norma prevê, por conseguinte, não já uma mera responsabilidade ressarcitória de natureza civil, mas uma responsabilidade sancionatória por efeito da extensão ao agente da responsabilidade penal da pessoa colectiva» (Acórdão de 28 de Maio de 2014 – Proc. *n.º* 331/04.0TAFIG-B.C1-A.S1).

5. A frustração de créditos

Incorre na prática de um crime de frustração de créditos, previsto e punido no artigo 88.º, do RGIT: «Quem, sabendo que tem de entregar tributo já liquidado ou em processo de liquidação ou dívida às instituições de segurança social, alienar, danificar ou ocultar, fizer desaparecer ou onerar o seu património com intenção de, por essa forma, frustrar total ou parcialmente o crédito tributário» (n.º 1). Ou seja, aquele sobre que recai o dever de realização da prestação tributária. E também qualquer pessoa que outorgue em actos ou contratos que importem a transferência ou oneração de património – mesmo que alheio – com a intenção e os efeitos referidos no n.º 1, sabendo que o tributo já está liquidado ou em processo de liquidação ou que tem dívida às instituições de segurança social (n.º 2).

Trata-se de um crime de dolo, e *dolo específico*. Um crime de perigo concreto, e não de um crime de dano, uma vez que a consumação do crime não depende da efectiva frustração do crédito tributário. No dizer de JORGE LOPES DE SOUSA e SIMAS SANTOS, «Trata-se aqui da diminuição real do activo patrimonial, ou do perigo dessa diminuição que pode resultar da sua alienação, danificação ou oneração, mas trata-se igualmente da diminuição fictícia do activo patrimonial, simulando-se uma situação patrimonial inferior à realidade, através da ocultação ou da dissimulação de bens do património»[539].

Portanto, o legislador não exige como elemento do tipo a impossibilidade de cobrança dos créditos tributários ou a prova do dano causado ao credor.

Assim, se uma alienação, doação, oneração ou ocultação de um activo patrimonial pessoal dos administradores, gerentes ou directores ocorre *antes* do despacho de reversão, estes ainda não seriam sujeitos passivos da relação tributária (artigo 18.º, n.º 3, da LGT) e, consequentemente, não estariam ainda adstritos ao cumprimento da prestação tributária, mas apenas a sociedade executada. Não estando assim verificados os requisitos para o preenchimento do tipo criminal da frustração de créditos, dada a natureza de específica própria, que leva a que só possa ser cometido pelas pessoas sobre as quais recai o dever de entregar tributo já liquidado ou em processo de liquidação ou dívida às instituições de segurança social. E o mesmo aproveitaria aos adquirentes ou aos beneficiários bem como aos garantidos pela oneração[540].

Segundo a mesma perspectiva, já no caso de um activo alienado, doado, onerado ou ocultado pertencer à sociedade, uma vez que contra a mesma já havia sido instaurado o processo de execução fiscal para cobrança coerciva da dívida tributária, poderão estar preenchidos os pressupostos do tipo criminal.

A nosso ver, a qualidade do responsável, vinculando-o ao cumprimento da prestação tributária, se bem que a título subsidiário, não nasce com a reversão. A responsabilidade tributária subsidiária surge, *ex lege*, por comando dos artigos 22.º, n.º 4 e 24.º, da LGT, e não por efeito de um despacho de reversão pelo órgão de execução fiscal. Recorde-se, a reversão é precedida de audição do responsável subsidiário (artigo 23.º, n.º 4).

Ou seja, a responsabilidade tributária subsidiária decorre do exercício do cargo de gerência ou administração, pese embora venha a efectivar-se ou a ser concretizada apenas por meio da reversão, dada a sua subsidiariedade. Pelo que, quando o responsável tributário subsidiário vem a responder pela dívida *alheia* é em virtude da existência de uma relação *especial* que já existia com o devedor originário.

---

[539] JORGE LOPES DE SOUSA e MANUEL SIMAS SANTOS, *ob. cit.*, p. 562.
[540] Esta posição surge acolhida, por exemplo, pelo Acórdão do Tribunal da Relação do Porto, de 28 de Maio de 2014 (Proc. n.º 15/09.4IDVRL.P1)

A responsabilidade pelas dívidas tributárias atém-se, não ao momento da reversão, mas sempre, antes, de um modo ou de outro, ao *período de exercício do seu cargo*. Seja porque neste se verificou o facto constitutivo ou o termo do prazo legal de pagamento ou entrega da dívida exequenda. Seja porque, tendo este prazo terminado depois do referido período, terá sido por culpa sua – durante o período de exercício do seu cargo, já se vê – que o património da sociedade depois se tornou insuficiente para a satisfação da dívida (artigo 24.º).

Diferente seria se o legislador resolvesse imputar a responsabilidade tributária ao administrador, director ou gerente que exercesse as suas funções no momento da reversão. O que, como sabemos, não sucede. Privilegiando antes o exercício, pelo menos *de facto*, das funções de administração ou gestão, e não a efectivação da responsabilidade subsidiária.

Em abono do que vimos sustentando, tenha-se presente que a Administração pode, nos termos da lei, tomar *providências cautelares* para garantia dos créditos tributários em caso de fundado receio de frustração da sua cobrança ou de destruição ou extravio de documentos ou outros elementos necessários ao apuramento da situação tributária dos sujeitos passivos e demais obrigados tributários (artigo 51.º, n.º 1, da LGT). Ou seja, antes mesmo da instauração do processo de execução fiscal.

Como podem ser accionados os procedimentos *cautelares* (arresto[541] e arrolamento), logo na pendência do procedimento de inspecção tributária, antes da própria liquidação e da instauração subsequente do processo de execução fiscal (artigos 135.º e seguintes, do CPPT, e 31.º, do RCPIT).

---

[541] Segundo o Tribunal Central Administrativo Sul, «Não é, em nenhuma medida, questionável, por tão explícita e objectiva letra da lei – cfr. art. 136.º n.º 1 CPPT, a possibilidade do arresto poder incidir sobre bens propriedade de um responsável subsidiário, por dívidas fiscais de outrem. Mais, é permitido e, por isso, legal, o arresto de bens do responsável subsidiário antes da instauração de um qualquer processo de execução fiscal ou sem que este haja sido chamado ao mesmo por via de reversão, ou seja, "é desnecessário demonstrar a efectivação da responsabilidade subsidiária do requerido". Outrossim, indiscutível é a necessidade de a administração tributária/AT, mediante a representação da Fazenda Pública, alegar e comprovar, ao requerer o arresto, mesmo que sumariamente, por estarmos no âmbito de uma providência/procedimento cautelar, factos idóneos a demonstrar a reunião, o preenchimento, dos pressupostos legais para a efectivação do mecanismo da reversão, isto é, que estão verificados os requisitos positivados nos arts. 24.º LGT e 153.º n.º 2 CPPT» (Acórdão de 12 de Janeiro de 2010 - Processo n.º 03687/09).

DA RESPONSABILIDADE POR INFRACÇÕES TRIBUTÁRIAS

Em qualquer dos casos, os bens do responsável subsidiário podem ser visados por estas providências ou procedimentos[542].

Por outro lado, se produzida uma liquidação após transcorrido o prazo de caducidade – ou se é ineficaz, porquanto a notificação não tenha sido realizada naquele prazo –, ainda assim, nada obsta a que tal liquidação possa ser utilizada no processo criminal como *meio de prova*. Outrossim, se a Administração não produziu uma liquidação no prazo de caducidade, a quantificação ou *apuramento da situação tributária* que se revele necessário no processo penal tributário pode ser operada por outros meios probatórios, desde que a infracção não dependa de liquidação. Esse acto, por de todo não equivaler a uma liquidação de imposto, não vincula o sujeito passivo a qualquer dever ou obrigação tributários.

Mesmo estando extinto o processo de execução fiscal por prescrição (artigo 48.º, da LGT), pode ser deduzido pedido de *indemnização civil* em processo penal, pelos danos emergentes da conduta danosa que o integra, com fundamento na responsabilidade por factos ilícitos que daí surge nos termos dos artigos 483.º e seguintes do CC. Desde logo, são diferentes as causas de pedir[543].

6. A responsabilidade civil por crimes tributários

Pelo artigo 483.º, n.º 1, do CC, surge enunciado um princípio de responsabilidade por factos ilícitos de vocação geral: «*Aquele que, com dolo ou mera culpa, violar ilicitamente o direito de outrem ou qualquer disposição legal destinada a proteger interesses alheios fica obrigado a indemnizar o lesado pelos danos resultantes da violação*».

A responsabilidade civil, extracontratual ou aquiliana, é a sombra de uma obrigação de "não causar dano a outrem", isto é de um *non facere*. E não, como por exemplo, no caso da responsabilidade tributária, pelo pagamento das dívidas (tributárias), de uma obrigação de *dare* ou *facere*.

Esta responsabilidade civil tem, primacialmente, uma função *reparadora*, que se traduz numa indemnização ressarcitória, pelo que, em princípio, não poderá ser excedido o cômputo do dano que o lesado efectivamente

---

[542] Veja-se, por exemplo, a posição vazada pelo Tribunal Central Administrativo Sul, no Acórdão de 12 de Janeiro de 2010 (Proc. n.º 06387/09).
[543] Veja-se, por exemplo, o Acórdão do Supremo Tribunal de Justiça de 15 de Novembro de 2012 (Proc. n.º 1187/09.2TDLSB.L2-A.S1).

sofreu. Mas, não nos custa admitir, tem também uma função *preventiva*, de molde a evitar que o autor da lesão (prevenção especial) ou outros (prevenção geral) pratiquem condutas semelhantes no futuro[544].

Neste quadro, a regra é a de que a obrigação de indemnização pressupõe a existência de um facto voluntário ilícito, (ou seja, dependente da vontade do agente e censurável do ponto de vista ético-jurídico) e danoso, e ainda a verificação de um nexo de causalidade adequada entre o dano e o facto.

Indemnizar significa, justamente, "retirar o dano". Por *dano* entende-se um prejuízo ou desvalor resultante da conduta humana com aptidão para causar lesão a um interesse (patrimonial ou não) tutelado pelo direito.

Dúvidas não parecem existir de que a prática de crimes fiscais, na maioria das vezes, importa um *dano*, traduzido num sacrifício expressivo das receitas tributárias, as quais representam a parte mas importante das receitas do Estado. Daí toda a proeminência do combate à fraude e evasão fiscal, estando o Governo obrigado a apresentar à Assembleia da República, até ao final do mês de Junho de cada ano, um relatório detalhado sobre a evolução desse combate em todas as áreas da tributação (artigo 64.º-B, da LGT).

Tendo em comum com a responsabilidade tributária (e penal) a antijuricidade do facto gerador[545], contrário à norma legal, a ausência de *tipicidade* é, no entanto, um marco distintivo da responsabilidade civil. Ou, dito de outro modo, nem pela lei tributária, nem pela lei civil (*maxime*, pela letra do artigo 483.º, do CC), nem tão-pouco pela lei penal (*maxime*, pela letra do artigo 129.º, do CP, que remete para a lei civil), parece excluída a admissibilidade de uma responsabilidade civil emergente de crimes tributários.

Com respaldo no princípio da adesão (artigo 71.º, e seguintes, do CPP), no processo penal tributário é pedido, como indemnização dos danos causados pelo crime, o montante em falta em termos tributários. Porém, não estamos perante uma responsabilidade "tributária" derivada do crime (*ex damno*) re-qualificada em responsabilidade civil nem de uma sobreposição das normas do CC relativamente à LGT. Cuidamos mesmo que seriam perversas as consequências de uma transmutação de uma obrigação de direito público numa responsabilidade civil nascida de crime tributário. A

---

[544] Vários autores aludem a uma punição civil, sob forma dos danos punitivos (*punitive damages*), de inspiração anglo-saxónica, que consiste em o agente poder ser condenado a pagar uma indemnização superior ao dano que o lesado efectivamente sofreu. Por todos, vejam-se PAULA MEIRA LOURENÇO, *A Função Punitiva da Responsabilidade Civil*, Almedina, Coimbra, 2006.

[545] Respectivamente, o incumprimento da obrigação tributária ou a prática da infracção.

acção civil não nasce da dívida pré-existente ao crime mas, forçosamente, conexa a este último.

No seu artigo 129.º, o CP dá guarida a uma responsabilidade civil emergente de crime, dispondo que, a esse propósito, a indemnização de perdas e danos emergentes de crime é regulada pela lei civil. Havendo assim que ter em conta o disposto nos artigos. 483.º e seguintes, e 562.º e seguintes, todos do CC.

Ou seja, o legislador português adoptou o sistema de reunião das acções, por livre escolha, na modalidade de *adesão* (artigo 71.º, e seguintes, do CPP), visando as reparações criminal e civil em prol da vítima, a ser conferida pelo juiz da instância penal de forma integral. Esta opção representa uma efectividade da reparação da vítima de forma mais próxima da completude, uma celeridade na resolução da demanda e, mesmo, uma economia de actos processuais.

Assim, tal como o Estado é impelido a reparar danos causados a terceiros pelos seus agentes e actividade, outrossim, também se assegura ao Estado o direito de pleitear a reparação civil contra aqueles que lesaram um bem juridicamente tutelado pelo próprio Estado.

Curiosamente, quer no *Plano Estratégico Combate à Fraude e Evasão Fiscais e Aduaneiras (2015-2017)*, quer do *Relatório de Actividades Desenvolvidas Combate à Fraude e Evasão Fiscais e Aduaneiras (2014)*, nenhuma menção surge a propósito desta matéria.

Pela Directiva n.º 2/13, de 6 de Setembro, da Procuradora-Geral da República, instam-se os Magistrados do Ministério Público a, inclusive, diligenciar a obtenção da própria solicitação da Autoridade Tributária e Aduaneira no sentido da dedução do pedido de indemnização civil nos processos penais tributários remetidos pela última para acusação.

6.1. Responsabilidade civil e prescrição da dívida tributária

Na falta de uma *liquidação* de imposto[546] no prazo de caducidade, porque realizada fora de tempo ou porque nem sequer realizada, o crédito tributário torna-se inexigível e, logo, não tem lugar o processo de execução fiscal. Mas, vimos que o processo penal tributário não cede ante a prescrição da dívida exequenda, mesmo que, a montante, caducado o direito de

---

[546] Recorde-se, a liquidação tem uma natureza meramente declarativa e não constitutiva.

liquidação. Donde que também não parece consentido o afastamento da responsabilidade civil emergente do crime tributário.

Assim, não estando o processo penal tributário, em regra, dependente do procedimento administrativo-tributário de liquidação - como o atesta, por exemplo, o disposto no n.º 5, do artigo 45.º, da LGT -, o apuramento do dano em sede de responsabilidade civil decorrente da prática do crime tributário aparta-se do acto ou prestação tributária, que poderá nem sequer existir. Podendo ter lugar mesmo na ausência ou impossibilidade de instauração do processo de execução fiscal.

Nem se invoque qualquer privilégio de autotutela executiva por parte da Administração Fiscal, por a lei permitir que esta execute os actos tributários. Por mais que se afinque em que um particular tenha que recorrer a uma instância judicial para realizar o seu direito de crédito enquanto a administração tributária pode actuar por si mesma, na realidade imposta pelos factos não existirá uma grande diferença entre a situação patrimonial de um particular a quem não se efectiva um crédito por si detido e uma administração a quem não se paga un tributo. Portanto, em qualquer dos casos existe um *prejuízo* derivado do incumprimento do devedor, que pode e deve ser reparado.

Pelo antedito, no exercício da função jurisdicional e como que substituindo as partes, orientado para a declaração do direito, surge o "Estado-Juiz". O qual não deve ser dispensado ou postergado por um acto ou decisão do "Estado-Administração" (liquidador, exequente e executor). Neste último não ocorre aquela substituição, donde que, havendo conflito no seu âmbito será resolvido pela própria Administração, através da prolação de uma decisão.

6.2. Crédito tributário e indemnização civil: uma mesma medida

Como termo inicial, temos um mesmo facto, que se apresenta ora como facto *punível* (artigo 2.º, do RGIT), ora como facto gerador de *responsabilidade civil* (artigo 483.º, do Código Civil). É este último que surge invocado como *causa de pedir* no pedido de indemnização deduzido pelo lesado no seio do processo penal. Por isso, «*o fundamento do pedido de indemnização civil, pela sua natureza, entronca na comissão de um ilícito criminal*» (Acórdão do Tribunal da Relação de Coimbra, de 16 de Dezembro de 2015 – Proc. n.º 421/14.1TAFIG.C1).

Não existindo uma coincidência entre o facto gerador da dívida de imposto e o facto constitutivo do crime tributário, bastas vezes este último facto é a causa de um incumprimento (qualificado) da obrigação tributária, *maxime*, pelo não pagamento ou entrega da prestação tributária, ou obtenção de reembolso ou benefício indevido. Assim se traduzindo o facto punível na causa de um dano, e correspondendo este, em regra, ao valor da prestação tributária em falta.

Conforme assinala GERMANO MARQUES DA SILVA, *«Tenha-se em conta que o credor da obrigação é o mesmo e que a responsabilidade civil se destina a satisfazer o interesse do credor da prestação tributária que foi frustrado pela prática do facto ilícito criminal»*[547]. Ou seja, a indemnização corresponde ao *quantum* do prejuízo causado à Fazenda Pública, cuja integridade constitui o bem jurídico tutelado.

No caso da responsabilidade tributária, estamos diante de uma obrigação que não nasce da prática do crime, pois a sua génese é anterior. A dívida tributária, pela sua natureza e substância, é distinta da infracção criminal. O pagamento do imposto, voluntário ou coercivo, não se traduz na reparação de dano algum mas antes no cumprimento de uma obrigação legal pré-existente, dada a anterioridade do facto tributário. Pelo que a responsabilidade pelo pagamento do tributo, meramente obrigacional, decorre, estritamente, da relação jurídica tributária, e em tal sede deve merecer o seu enquadramento.

Por vontade expressa do legislador, a *capacidade contributiva* alcandora-se como pressuposto e traço identitário do imposto, no cotejo com os demais tributos (artigo 4.º, n.º 1, da LGT). Trata-se de um conceito económico (*ability to pay*), que se traduz na aptidão económica pessoal para suportar os encargos públicos, em maior ou menor grau. O que busca este princípio é que os contribuintes do Estado contribuam para o seu sustento no valor (*quantum*) mais aproximado possível à proporção das suas respectivas capacidades, ou seja, na proporção dos rendimentos de que, respectivamente, desfrutem. Devendo-se então ter em conta as condições particulares de cada um dos contribuintes[548], que assim subjazem ao *quantum* da

---

[547] GERMANO MARQUES DA SILVA, *Direito Penal Tributário – Sobre as Responsabilidades das Sociedades e dos seus Administradores Conexas com o Crime Tributário*, p. 326.
[548] Se bem que, em bom rigor, o responsável tributário subsidiário é chamado a contribuir em função da capacidade contributiva revelada por outra pessoa (artigo 22.º, n.º 4, da LGT). Antecipando o pagamento de dívida alheia com riqueza própria e assim contribuindo para os

prestação tributária, medida da responsabilidade tributária. Afinal, esta é, nem mais, nem menos, a responsabilidade pelo pagamento do imposto.

Já em sede de responsabilidade civil, a imposição de um dever de indemnizar que deriva do facto ilícito constitui a causa adequada do dano que resulta da não obtenção da receita em que se traduzia o cumprimento da obrigação tributária. A mera circunstância de o montante da indemnização corresponder ao valor, por exemplo, do imposto não pago, apenas significa que é essa, de acordo com os critérios da responsabilidade civil, a expressão pecuniária do dano que ao lesante cabe reparar, que é necessariamente coincidente com a receita que deixou de entrar nos cofres do erário público[549]. Não importando aqui a capacidade económica do lesante, pois a não ser assim, compensaria a prática do facto ilícito.

6.3. Execução fiscal *versus* pedido de indemnização civil: duas causas ou uma causa repetida?

Esta coincidência material entre o crédito tributário e a indemnização e, respectivamente, a cumulação ou sucessão do processo de execução fiscal[550] e do processo penal tributário (este, na parte do pedido de indemnização civil pelo dano infligido à Fazenda Pública) remete-nos para a pertinente questão da repetição de uma mesma causa. A nosso ver, não se verifica uma excepção dilatória[551] por repetição da causa. Seja de *litispendência*[552], seja

---

gastos públicos de modo não correspondente à capacidade contributiva própria. Sem garantias de reembolso, arrisca-se mesmo a suportar em definitivo a carga tributária.

[549] «Em processo penal decorrente de crime de abuso de confiança contra a Segurança Social, p. e p. no art.º 107º n.º 1, do R.G.I.T., é admissível, de harmonia com o art.º 71.º, do C.P.P., a dedução de pedido de indemnização civil tendo por objecto o montante das contribuições legalmente devidas por trabalhadores e membros dos órgãos sociais das entidades empregadoras, que por estas tenha sido deduzido do valor das remunerações, e não tenha sido entregue, total ou parcialmente, às instituições de segurança socia.» (Acórdão de Fixação de Jurisprudência n.º 1/2013, do Supremo Tribunal de Justiça - Proc. n.º 1187/09.2TDLSB.L2-A.S1, publicado no Diário da República – 1.ª Série, de 7 de Janeiro de 2013).

[550] De natureza judicial, como vimos (artigo 103.º, n.º1, da LGT).

[551] Obstam a que o tribunal conheça do mérito da causa e dão lugar à absolvição da instância ou à remessa do processo para outro tribunal (artigo 576.º, n.º 2, do Código de Processo Civil, *ex vi* do artigo 4.º, do CPP).

[552] Consiste em se propor uma determinada acção, estando pendente acção idêntica (artigo 580.º, n.º 2, do CPC). Veja-se a Directiva n.º 2/13, da Procuradora-Geral da República, no sentido da não litispendência.

de *caso julgado*[553], por não haver identidade da *causa de pedir*[554]: o processo de execução fiscal tem como fundamento o não pagamento pontual das obrigações tributárias, ao passo que o pedido de indemnização civil tem como fundamento último a prática de um crime e a necessidade de reparar os seus efeitos danosos (e não o cumprimento das obrigações fiscais)[555]. Isto, mesmo que se considere haver uma identidade do pedido.

Non bis in idem: o processo de execução fiscal e o pedido de indemnização enxertado no processo penal tributário não significam uma repetição da causa. O que não impede que esteja posto de parte, como está, o (indevido) recebimento pelos dois títulos.

Devido à especialidade dos créditos fiscais (mormente, pela sua indisponibilidade) e da execução fiscal, a responsabilidade, principal ou subsidiária, funda-se nas normas da LGT, e não da legislação civil. Nestas últimas se fundando a responsabilidade civil, mesmo que *ex delicto*.

Sem tergiversações, o dever de reparação civil tem como fonte primária a existência do dano. Contudo, para que este seja reconhecido como passível do dever de *indemnizar*, existem certos requisitos. Entre estes, conta-se o da *subsistência*, ou seja que, aquando a dedução do pedido de indemnização civil, o autor da lesão ainda não tenha reparado o dano. Se já o tiver feito, o dano é insubsistente, ficando então afastada a possibilidade de ressarcimento. Não sendo admissível o recebimento pelos dois títulos, sob pena de enriquecimento sem causa (GERMANO MARQUES DA SILVA)[556].

A nossa jurisprudência tem reiterado o entendimento de que, mormente a instauração do processo de execução fiscal, a existência de um título executivo de natureza fiscal não obsta o que o credor possa obter a condenação do devedor em sede de processo penal, por meio do *pedido cível* (por todos, veja-se o Acórdão de Fixação de Jurisprudência n.º 1/2013, do

---

[553] Consiste em se propor uma determinada acção, tendo já sido decidida acção idêntica (artigo 580.º, n.º 2, do CPC).

[554] Por exemplo, repete-se a causa quando se propõe uma acção idêntica a outra quanto à causa de pedir. Há identidade de causa de pedir quando a pretensão deduzida nas duas ações procede do mesmo facto jurídico. Nas acções constitutivas é o facto concreto que se invoca para obter o efeito pretendido artigo 581.º, n.ºs 1 e 4, do CPC).

[555] Vejam-se, por exemplo, os Acórdãos do Tribunal da Relação de Coimbra, de 28 de Maio de 2008 (Proc. n.º 14/03.9IDAVR.Cl) e do Supremo Tribunal Administrativo, de 2 de Dezembro de 2009 (Proc. n.º 0811/09).

[556] GERMANO MARQUES DA SILVA, *Direito Penal Tributário – Sobre as Responsabilidades das Sociedades e dos seus Administradores conexas com o crime tributário*, 2009.

Supremo Tribunal de Justiça - Proc. nº 1187/09.2TDLSB.L2-A.S1, publicado no Diário da República – 1.ª Série, de 7 de Janeiro de 2013).

6.4. A culpa, o dano e a disponibilidade do direito

A existência de uma relação entre a *culpa* e a *ilicitude* e de um nexo de causalidade entre o *facto ilícito* e o *dano* são pressupostos da responsabilidade civil, que não encontramos na seara tributária. Afinal, o tributo é uma prestação coactiva, *ex lege*, independente da vontade das partes (artigo 36.º, n.º 2, da LGT) e, logo, irrelevando, de todo, a *culpa* ou *imputabilidade*[557]. Ademais, o incumprimento da obrigação tributária inscreve-se no âmbito de uma relação estritamente *creditícia*, em que pela execução fiscal se intenta a cobrança coerciva de uma *dívida* (artigo 148.º, do CPPT) e não a reparação de qualquer lesão ou *dano*[558] (artigo 30.º, da LGT).

Por outro lado, no ilícito civil o interesse é renunciável ou *disponível*, pelo lesado, que pode (ou não) buscar o restabelecimento da situação através da propositura da acção judicial competente. Neste caso, com amparo no disposto no artigo 76.º, n.º 3, do CPP, o Ministério Público deduz o pedido de indemnização civil, desde que solicitado pela Autoridade Tributária e Aduaneira e em representação desta (Directiva n.º 2/13, de 6 de Setembro, da Procuradora-Geral da República)[559]. Diferentemente, como vimos, na responsabilidade tributária rege a *indisponibilidade* do crédito tributário (artigo 30.º, n.º 2, da LGT). Já para não falar do ilícito penal, porquanto, tratando-se de crimes públicos, o processo corre mesmo contra a vontade do titular do interesse ofendido (artigos 35.º, do RGIT, e 242.º, do RGIT).

---

[557] Apenas, excepcionalmente e quanto aos responsáveis tributários *subsidiários*, importa a culpa pelo não pagamento das dívidas tributárias ou pela insuficiência do património societário para a satisfação das mesmas (artigo 24.º, da LGT). Como quanto aos *juros compensatórios* em caso de retardamento da liquidação de parte ou da totalidade do imposto devido ou da entrega de imposto a pagar antecipadamente, ou retido ou a reter no âmbito da substituição tributária, ou ainda pelo recebimento de reembolso superior ao devido (artigo 35.º, da LGT).
[558] Marginal e acessoriamente, poderemos apenas vislumbrar a ocorrência de um *dano* nas situações descritas na nota anterior.
[559] Tempos houve em que a Administração Fiscal considerava o processo penal tributário como meio impróprio para «*liquidar qualquer contribuição ou imposto ao arguido*», o que levava à não dedução pelo Ministério Público de pedidos de indemnização civil (Circular de Dezembro de 2002, da DGCI - Direcção-Geral dos Impostos).

Porém, «*Transitada em julgado a sentença que declara a insolvência, fica impossibilitada de alcançar o seu efeito útil normal a acção declarativa proposta pelo credor contra o devedor, destinada a obter o reconhecimento do crédito peticionado, pelo que cumpre decretar a extinção da instância, por inutilidade superveniente da lide, nos termos da alínea e) do art. 287.º do C.P.C»* (jurisprudência uniformizada pelo Acórdão do Supremo Tribunal de Justiça n.º 1/2014, - Proc. n.º 170/08.0TTALM.L1.S1, publicado no Diário da República – I Série, de 25 de Fevereiro de 2014).

6.5. Partes civis e sujeitos da relação jurídica tributária

O Estado, sob as vestes da administração tributária, não surge, em sede de responsabilidade civil, na qualidade de sujeito activo de uma relação jurídica tributária (de cariz obrigacional), como sucede na responsabilidade regulada pela LGT, nem como *ofendido* ou *vítima* do crime tributário, como na responsabilidade penal. É o *lesado*, isto é, quem sofre a lesão ou prejuízo causado pelo crime tributário, e a quem interessa o reconhecimento de um *direito de crédito*, a que corresponderá um dever de *indemnizar* (e não de pagar impostos). Por tal dano respondem os *autores da lesão* ou *lesantes* – que não têm, forçosamente, que ser sujeitos da relação tributária[560] –, não nos termos da LGT, mas nos termos da lei civil.

Destarte, temos largamente autonomizada no processo penal tributário uma *demanda*, entre *partes civis*, na qual «*os demandados serão os réus nessa mesma acção civil ou quaisquer teceiros intervenientes, que também são partes nos termos do art. 320.º Código de Processo Civil (CPC)»* e em que «*pode haver absolvição na questão penal e condenação no pedido civil, como resulta dos arts. 84.º e 377.º»*, bastando apenas que «*a causa de pedir no pedido de indemnização civil se tenha baseado nos mesmos factos que são pressuposto do processo penal*»[561]. Assim, o ingresso em juízo para pleitear uma reparação civil não tem que aguardar uma eventual condenação criminal do arguido, mas se esta não tiver lugar, a condenação na acção cível já não se fundará na prática de um crime, mas sim na responsabilidade extracontratual ou aquiliana[562].

---

[560] Será o caso, por exemplo, do promotor do esquema fraudulento de "planeamento fiscal".
[561] PAULO DE SOUSA MENDES, *Lições de Direito Processual Penal*, Almedina, Coimbra, 2014, pp. 137-138.
[562] Segundo o Acórdão do Tribunal da Relação de Coimbra, de 16 de Dezembro de 2015 (Proc. n.º 421/14.1TAFIG.C1), «*se se tiver provado que o arguido, absolvido do crime que lhe era imputado na*

6.6. A responsabilidade e o ónus da prova

Em face da LGT, os administradores, directores e gerentes e outras pessoas que exerçam, ainda que somente de facto, funções de administração ou gestão em pessoas colectivas são *subsidiariamente* responsáveis em relação a estas pelas dívidas tributárias (artigos 22.º, n.º 4, 23.º e 24.º, todos da LGT).

Porém, uma vez demandados em sede de pedido de indemnização civil, a sua responsabilidade é *solidária* (artigo 497.º, n.º 1, do CC), sendo chamados à reparação dos danos em paridade com a pessoa colectiva (devedor principal no plano tributário). Se procederem ao pagamento da indemnização, o devedor principal ficará exonerado da sua obrigação legal.

O ónus da prova também serve para traçar a diferença entre as duas responsabilidades. Em face da LGT, aquelas mesmas pessoas são (subsidiariamente) responsáveis pelas dívidas tributárias cujo prazo legal de pagamento ou entrega tenha terminado no período do exercício do seu cargo, *«quando não provem que não lhes foi imputável a falta de pagamento»* [artigo 24.º, n.º 1, alínea b)].

Porém, tenham ou não conseguido obstar à reversão contra si da execução fiscal das dívidas da pessoa colectiva, poderão ver contra si instaurado o procedimento criminal (ex: abuso de confiança fiscal por não entrega de IVA) e deduzido pelo Ministério Público um pedido de indemnização civil, mas é ao lesado que incumbe provar a culpa do autor da lesão (artigo 487.º, n.º 1, do CC).

7. A reversão de coimas contra os gestores e os contabilistas

7.1. Enquadramento legal

Os administradores, gerentes e outras pessoas que exerçam, ainda que somente de facto, funções de administração em pessoas colectivas, sociedades, ainda que irregularmente constituídas, e outras entidades fiscalmente equiparadas são *subsidiariamente responsáveis* (artigo 8.º, n.º 1 do RGIT): a) Pelas multas ou coimas aplicadas a infracções por factos praticados no período do exercício do seu cargo ou por factos anteriores quando tiver

acusação ou na pronúncia, causou, ainda assim, com a sua conduta, danos a outrem, haverá lugar à condenação em indemnização (desde que, obviamente, se verifiquem os pressupostos de responsabilidade civil)».

sido por culpa sua que o património da sociedade ou pessoa colectiva se tornou insuficiente para o seu pagamento; b) Pelas multas ou coimas devidas por factos anteriores quando a decisão definitiva que as aplicar for notificada durante o período do exercício do seu cargo e lhes seja imputável a falta de pagamento.

Os contabilistas certificados, são ainda subsidiariamente responsáveis, e solidariamente entre si, pelas coimas devidas pela falta ou atraso de quaisquer declarações que devam ser apresentadas no período de exercício de funções, quando não comuniquem, até 30 dias após o termo do prazo de entrega da declaração, à administração tributária as razões que impediram o cumprimento atempado da obrigação e o atraso ou a falta de entrega não lhes seja imputável a qualquer título (artigo 8.º, n.º 3, do RGIT).

No caso dos gestores de bens ou direitos, não existe qualquer previsão expressa na lei, tendo em vista a sua responsabilização patrimonial pelo não pagamento da coima devida pelo contribuinte não residente.

7.2. A (in)constitucionalidade da responsabilidade civil pelo não pagamento das coimas

A responsabilidade *civil*[563] dos gerentes pelas coimas pressupõe como requisitos a existência do facto jurídico voluntário, a sua ilicitude, a insuficiência do património da empresa, a existência de culpa dos responsáveis subsidiários e, por último, o nexo de causalidade entre o facto e o dano[564].

As responsabilidades *civil* (ressarcitória) e *contra-ordenacional* (sancionatória) são distintas e autónomas, sobretudo nas situações em que os factos jurídicos voluntários que estiveram na origem das mesmas são diferentes e tendo presente que no caso da responsabilidade contra-ordenacional não está propriamente em causa o ressarcimento de um dano, mas o sancionamento de uma conduta e uma não menos importante função preventiva geral e especial.

---

[563] Na lição de CARLOS ALBERTO DA MOTA PINTO ensinava-se que «Quando a lei impõe ao autor de certos factos ou ao beneficiário de certa actividade a obrigação de reparar os danos causados a outrem, por esses factos ou por essa actividade, depara-se-nos a figura da *responsabilidade civil*» (*ob. cit.*, p. 114).
[564] No entanto, a falta de diligência do administrador ou do gerente pode, ainda assim, concorrer com outras causas, para a situação de inexistência ou de insuficiência de bens do ente colectivo.

A (in)constitucionalidade da «*responsabilidade civil pelas coimas*», tem sido suscitada sucessivamente pela nossa jurisprudência. O Tribunal Constitucional asseverou no aresto de 12 de Março de 2009 (Proc. n.º 648/2009) no sentido da não inconstitucionalidade das alíneas a) e b), do n.º 1, do artigo 8.º, do RGIT, já que «o que está em causa não é, por conseguinte, a mera transmissão de uma responsabilidade contra-ordenacional que era originariamente imputável à sociedade ou pessoa colectiva, mas antes a *imposição de um dever indemnizatório que deriva do facto ilícito e culposo que é praticado pelo administrador ou gerente, e que constitui causa adequada do dano* que resulta, para a Administração Fiscal, da não obtenção da receita em que se traduzia o pagamento da multa ou coima que eram devidas»[565].

Pensamos que não se trata propriamente de sancionar o administrador ou gerente pelo mero incumprimento do devedor originário, mas antes pela conduta *culposa*[566] *dos gestores pela insuficiência patrimonial do ente colectivo que conduziu à impossibilidade do pagamento do valor em dívida (coima) em execução fiscal*. Estamos perante um caso de *responsabilidade patrimonial por dívida de outrem* (do ente colectivo), um pouco à semelhança das situações expressamente previstas no artigo 24.º, da LGT como integrando a responsabilidade tributária, não estando em causa dívidas do próprio administrador ou gerente da sociedade comercial, apesar daquele vincular esta. O Supremo Tribunal Administrativo chegou mesmo a pronunciar-se no sentido de que «A *responsabilidade subsidiária dos administradores e gerentes por*

---

[565] No mesmo sentido decidiu o Tribunal Constitucional em 25 de Janeiro de 2011 (Proc. n.º 206/10). No entanto, em Declaração de Voto, a Conselheira Maria João Antunes pronunciou-se no sentido de que o artigo 8.º do RGIT «sujeita os gerentes ou administradores a uma coima fixa, obstando a uma determinação da medida da sanção em função da gravidade da contra-ordenação, da culpa e da situação económica do agente, o que significa que permite a *sujeição a uma coima desproporcionada*». O Plenário do Tribunal Constitucional veio posteriormente a considerar que não é inconstitucional «o artigo 8.º, n.º 1, alíneas *a)* e *b)*, do RGIT, quando interpretado no sentido de que consagra uma responsabilidade pelas coimas que se efectiva pelo mecanismo da reversão da execução fiscal, contra gerentes ou administradores da sociedade devedora» (Acórdão de 3 de Outubro de 2011 – Proc. n.º 206/10)

[566] A *culpa* do administrador na insuficiência patrimonial da empresa não se presume, tendo o fisco o respectivo ónus da prova (artigo 74.º, n.º 1, da LGT). É ao lesado que incumbe provar a culpa do autor da lesão, salvo havendo presunção legal de culpa (artigo 487.º, n.º 1, do CC), diferentemente do que sucede em matéria contratual. Pelo que um pouco à semelhança do que sucede na reversão por dívidas tributárias contra os administradores ou gerentes (artigo 24.º da LGT), também a responsabilidade civil por coimas (artigo 8.º do RGIT) pressupõe necessariamente a existência de *imputação subjectiva do facto ao lesante* (*culpa*).

coimas não é autónoma em relação à responsabilidade do devedor originário, pois não seria razoável e coerente que a dívida do devedor subsidiário pudesse subsistir independentemente da dívida do devedor originário» (Acórdão de 14 de Abril de 2010 – Proc. n.º 64/10), considerando então que se opera uma transmissão da dívida da coima, resultando daí uma inconstitucionalidade material por ofensa ao princípio da intransmissibilidade das penas (artigo 30.º, n.º 3, da Constituição).

No nosso entendimento, a responsabilidade civil em questão não abarca todos os danos que os credores possam sofrer, mas somente os prejuízos decorrentes da falta de pagamento das dívidas respectivas, independentemente da natureza destas últimas. Como esclarece sabiamente o penalista GERMANO MARQUES DA SILVA «Trata-se de um caso de responsabilidade civil por facto próprio, facto culposo causador do não pagamento pelo ente colectivo da dívida que onerava o seu património, quer porque devido a culpa sua o património da pessoa colectiva se tornou insuficiente para o pagamento, quer porque também por culpa sua o pagamento não foi efectuado quando devia, tornando-se depois impossível. A responsabilidade civil pelo pagamento da multa penal nada tem que ver com os fins das penas criminais, porque a sua causa não é a prática do crime, mas a colocação culposa da sociedade numa situação de impossibilidade de cumprimento de uma obrigação tributárias»[567], estando o gestor vinculado a um especial dever de *diligência* e de *lealdade* (artigo 64.º, n.º 1, do CSC).

O mero facto do *quantuum* indemnizatório coincidir com o montante da coima não paga significa que é este, em conformidade com o regime da responsabilidade civil extracontratual, a expressão pecuniária do prejuízo a ressarcir patrimonialmente pelo autor da lesão. Existe assim uma coincidência lógica e, porventura, necessária com a receita que não foi cobrada coercivamente em execução fiscal (coima), em resultado da insuficiência patrimonial do ente colectivo causada culposamente pela conduta pessoal do respectivo administrador ou gerente. No entendimento de JORGE LOPES DE SOUSA e SIMAS SANTOS tudo aponta «no sentido de com o art. 8.º do RGIT se ter pretendido impor aos responsáveis subsidiários aí indicados responsabilidade pelo pagamento das *próprias multas e coimas* e

---

[567] GERMANO MARQUES DA SILVA, *Direito Penal Tributário – Sobre as Responsabilidades das Sociedades e dos Seus Administradores Conexas com o Crime Tributário*, pp. 328-329

não indemnização por danos ou obrigação de pagamento de importância igual à da multa ou da coima, com natureza distinta destas sanções»[568].

Atenta a função específica do Direito Penal Tributário *lato sensu* (Criminal ou Contra-ordenacional) avulta que o mesmo tem uma finalidade *preventiva* e *sancionatória* da infracção e não tanto uma finalidade propriamente *ressarcitória*[569] do credor tributário, contrariamente ao que sucede na responsabilidade civil *tout court*[570], daí a exigência da sua tipicidade penal[571]. Constitui infracção tributária todo o facto típico, ilícito e culposo declarado punível por lei tributária anterior (artigo 2.º, n.º 1, do RGIT). Por seu lado, sabemos que o imposto não dispõe de natureza sancionatória[572].

Na verdade, a responsabilidade referida no artigo 8.º, do RGIT não depende de aquele a quem é atribuída a responsabilidade ser responsável pela infracção que está subjacente à sanção em causa, mas já depende de actos próprios dos administradores ou gerentes ou mesmo na omissão dos seus deveres. Partilhamos assim do entendimento do Tribunal Constitu-

---

[568] JORGE LOPES DE SOUSA e MANUEL SIMAS SANTOS, *ob. cit.*, 2010, p. 96.

[569] O penalista GERMANO MARQUES DA SILVA ensina que, «O ilícito civil determina sempre, como consequência jurídica, ou a execução forçada, ou a obrigação de indemnização, ou a obrigação de restituição da coisa, ou a nulidade do acto; o ilícito penal acarreta uma consequência especial, a pena ou medida de segurança penais, que consistem num mal infligido ao autor do facto ilícito e que afectam ou possam afectar a própria pessoa do autor. O ilícito civil determina, em regra, coacção patrimonial, o ilícito penal determina coacção pessoal» (*Direito Penal Português – Sobre as Responsabilidades das Sociedades e dos seus Administradores conexas com o crime tributário*, p. 143).

[570] O processo de execução fiscal tem por objectivo a realização da cobrança coerciva de um determinado direito de crédito do Estado.

Segundo nos dá conta ISABEL MARQUES DA SILVA, «a responsabilidade pela infracção tributária e a responsabilidade pelo imposto constituem títulos autónomos de responsabilidade e de diferente natureza, diversidade e autonomia que se manifestam na não coincidência dos respectivos factos geradores, objectos e efeitos e ainda no facto de o agente da infracção não ser necessariamente o sujeito passivo do tributo» (*Regime Geral das Infracções Tributárias*, p. 59).

[571] A *tipicidade penal* corresponde à descrição de uma conduta considerada proibida, para qual o legislador estabelece expressamente uma sanção. Um facto típico será então aquele que se adequa a essa descrição.

[572] Referindo-se ao imposto, J. DE CAMPOS AMORIM e PATRÍCIA ANJOS AZEVEDO observam que «Não pode ter uma finalidade sancionatória, pois para esse efeito existem figuras como as multas e as coimas previstas nos casos de ilícitos penais e/ou contraordenacionais, quando verificados determinados pressupostos (facto típico, ilícito, culposo, declarado punível por lei anterior), tal como consagrados no Regime Geral das Infracções Tributárias (RGIT)» (*ob. cit.*, p. 26).

cional expresso no seu Acórdão de 12 de Março de 2009 (Proc. n.º 649/08), segundo o qual «a responsabilidade subsidiária dos administradores e gerentes assenta, não no próprio facto típico que é caracterizado como infracção contra-ordenacional, mas num facto autónomo, inteiramente diverso desse, que se traduz num comportamento pessoal determinante da *produção de um dano para a Administração Fiscal*. É esse facto, de carácter ilícito, imputável ao agente a título de culpa, que fundamenta o dever de indemnizar, e que, como tal, origina a *responsabilidade civil*».

Por seu lado, o artigo 8.º, do RGIT não consagra propriamente nenhuma presunção de culpa, incumbindo então à administração tributária o ónus de alegar e de provar a culpa do gestor pela situação de insuficiência patrimonial da empresa que conduziu ao não pagamento da coima aplicada, não estando em todo o caso abrangidas nem pelo artigo 8.º, do RGIT, nem pelo artigo 24.º, n.º 1, da LGT, as custas e os encargos do processo contra--ordenacional.

7.3. (In)transmissibilidade da responsabilidade penal?

A *responsabilidade penal é insusceptível de transmissão* (artigo 30.º, n.º 3, da Constituição), sendo este preceito igualmente aplicável no âmbito do Direito Contra-ordenacional Tributário[573], embora com as devidas adaptações. Em face deste preceito constitucional, resulta claro que somente o agente responsável pelo facto danoso ao bem jurídico tutelado pode ser sancionado e apenas ele pode sofrer as consequências da sua conduta. Com base neste princípio e expressando um sentido muito crítico face ao teor do artigo 8.º, n.º 1, do RGIT, NUNO BRANDÃO defende que este preceito legal «constitui uma autêntica burla de etiquetas, ao travestir de responsabilidade pelo cumprimento da sanção aquilo que na realidade é uma autêntica transmissão da responsabilidade penal, ainda que operada por

---

[573] O procedimento contra-ordenacional extingue-se por *morte*, bem como a obrigação de pagamento da coima (artigos 61.º, alínea a) e 62.º do RGIT), diferentemente do que sucede no processo de execução fiscal (artigos 153.º e 154.º do CPPT). Pelo que não existe transmissão das sanções enquanto tais aos sucessores do *de cujus* (artigos 30.º, n.º 3, da Constituição, 127.º e 128.º, do Código Penal e 61.º e 62.º, do RGIT). Cfr. Supremo Tribunal Administrativo – Acórdão de 2 de Maio de 2007 (Proc. n.º 01105/06).

via legal»⁵⁷⁴. De igual modo, PEDRO VIDAL MATOS sustenta que «não obstante a epígrafe do artigo 8.º do RGIT pretender que a responsabilidade prevista pelo mesmo se trata de uma responsabilidade «*civil*» por multas e coimas, estaremos face a um regime de duvidosa constitucionalidade. Com efeito, nenhuma dúvida restará que, perante a aplicação de uma sanção consubstanciada em pena de multa ou coima, caso não ocorra o pagamento voluntário da mesma nem se se obtenha a respectiva cobrança coerciva, a exigência desse pagamento a terceiros configura uma situação de transmissão de responsabilidade penal ou contra-ordenacional. Quem de facto acaba sendo sujeito a sanção é o terceiro, em lugar da pessoa colectiva ou ente fiscalmente equiparado ao qual aquela foi aplicada»⁵⁷⁵.

No entanto, não concordamos com as considerações tecidas por estes autores, desde logo porque o princípio constitucional da intransmissibilidade da responsabilidade penal não obsta à *transmissibilidade de determinados efeitos patrimoniais conexos das respectivas sanções* (artigo 129.º, do Código Penal).

Não colocamos em causa que o ente colectivo constitui um sujeito jurídico autónomo face aos administradores ou gerentes, sendo sobre ele que recai originariamente a responsabilidade tributária pelo imposto ou a responsabilidade civil pelo não pagamento da coima. No entanto, não podemos estranhar que a responsabilidade se dirija às pessoas concretas que ocupem uma posição de liderança dentro do ente colectivo, impondo àquelas o pagamento da coima, no caso delas terem tido culpa na insuficiên-

---

⁵⁷⁴ NUNO BRANDÃO, *O Regime Sancionatório das Pessoas Colectivas na Revisão do Código Penal*, Direito Penal Económico e Europeu, Textos Doutrinários, Vol. III, Coimbra Editora, Coimbra, 2009, p. 469.

⁵⁷⁵ PEDRO VIDAL MATOS, *A Reversão do Processo de Execução Fiscal*, p. 969. Segundo chegou a entender o Supremo Tribunal Administrativo «A responsabilidade subsidiária dos administradores e gerentes por coimas aplicadas a sociedades comerciais não é autónoma em relação à responsabilidade do devedor originário, pelo que, com o pagamento da dívida de coima pelo responsável subsidiário, o pagamento extingue a dívida respectiva e tem este o direito de regresso. Com a realização do pagamento, é o responsável subsidiário que cumpre a coima, uma vez que deixa de ser exigível ao autor da infracção, reconduzindo-se a uma transmissão do dever de cumprimento da sanção do responsável pela infracção para outras pessoas. Há uma *transmissão da dívida de coima* para o responsável subsidiário que é materialmente inconstitucional, por ofensa do princípio da intransmissibilidade das penas» (Acórdão de 19 de Janeiro de 2011 – Proc. n.º 0775/10).

cia patrimonial do ente colectivo que conduziu ao não pagamento. Isto, sem prejuízo do eventual direito de regresso contra sociedade comercial.

 Entendemos assim estar em conformidade com a Constituição a reversão de coimas contra os administradores ou gerentes, não operando propriamente *in casu*, a transmissão da responsabilidade contra-ordenacional, mas apenas meros efeitos patrimoniais conexos e ainda assim sempre decorrentes necessariamente da *culpa dos gestores na insuficiência patrimonial do ente colectivo*.

 Partilhamos do entendimento de GERMANO MARQUES DA SILVA, segundo o qual «A responsabilidade dos administradores, nos termos do art. 24.º da LGT, *não resulta de facto ilícito próprio gerador da dívida de imposto*, mas da sua actuação funcional no exercício do cargo. A ilicitude do acto próprio que fundamenta a responsabilidade do administrador, nos termos do art. 24.º da LGT, nada tem que ver com o facto constitutivo da obrigação tributária não cumprida, mas com os *deveres funcionais de administração*, mais concretamente, pela *inobservância culposa das disposições legais destinadas à protecção do credor tributário* e que foi a causa da insuficiência do património social para a satisfação daquele crédito [...] Os regimes estabelecidos pelo art. 24.º da LGT e pelo n.º 1 do art. 8.º do RGIT correspondem ao do art. 78.º, n.º 1, do Código das Sociedades Comerciais. Trata-se aqui também de responsabilidade delitual pelos danos causados pelo incumprimento das dívidas da sociedade perante os *credores* em virtude de por facto culposo do administrador (inobservância culposa das disposições legais ou contratuais destinadas à protecção dos credores da sociedade) o património social se tornar insuficiente para a satisfação dos respectivos créditos. Não se trata de responsabilidade delitual resultante da violação pelos administradores das normas de protecção aos credores e que seja causa da insuficiência»[576]. De igual modo se pronunciou o Tribunal Constitucional, ao decidir que «A responsabilidade prevista na norma apreciada tem natureza *civilística*, de cariz ressarcitório, pelo que não é a sanção aplicada pelo ilícito contra-ordenacional que se transmite aos administradores e gerentes, mas antes a responsabilidade culposa pela frustração da satisfação do crédito correspondente» (Acórdão de 25 de Março de 2009 – Proc. n.º 878/08)[577].

---

[576] GERMANO MARQUES DA SILVA, *Responsabilidade Penal das Sociedades e dos Seus Administradores e Representantes*, pp. 447-449.

[577] O Tribunal Constitucional veio a considerar no já referido aresto de 12 de Maio de 2009 (Proc. n.º 36/09) que «Esta norma não viola os princípios da intransmissibilidade das penas e da presunção de inocência. A responsabilidade em **causa** tem natureza civilística, uma vez

No caso do artigo 8.º, do RGIT, estamos perante uma situação de previsão legal de responsabilidade aquiliana dos gestores («*garantia legal pessoal*»), decorrente dos prejuízos causados pela inobservância das dívidas do ente colectivo perante um credor (o Estado) em face da conduta *culposa* e *danosa*[578] dos respectivos gestores que conduziu à insuficiência patrimonial da empresa para a satisfação desse crédito do Estado (coima). Esta situação não é inédita, uma vez que os gerentes ou administradores respondem para com os credores da sociedade quando, pela inobservância *culposa* das disposições legais ou contratuais destinadas à protecção destes, o património social se torne insuficiente para a satisfação dos respectivos créditos (artigo 78.º, n.º 1, do CSC).

A responsabilidade consagrada no artigo 8.º, do RGIT reveste assim um mero carácter *civil* e não propriamente sancionatório, decorrendo daí o mero intuito de cobrança coerciva pelo credor tributário sem especiais fins de prevenção e muito menos repressão[579]. No entanto, parece-nos claro que a *coima*, apesar da sua vertente patrimonial[580], visa prevenir e sancionar a infracção tributária, à semelhança da *sanção acessória* (artigo 28.º, do

---

que se trata de efectivar uma responsabilidade de cariz ressarcitório, fundada numa conduta própria, posterior e autónoma relativamente àquela que motivou a aplicação da sanção à pessoa colectiva. Juízo de não inconstitucionalidade da norma apreciada».

[578] Segundo destaca PAULO PINTO DE ALBUQUERQUE «A responsabilidade civil dos administradores e gerentes funda-se em factos culposos destes, como a sua não oposição a factos cometidos pela pessoa colectiva no período do exercício do seu cargo de administração ou gerência, a diminuição culposa do património da pessoa colectiva que inviabiliza o pagamento da coima ou ainda a imputabilidade da falta de pagamento quando a decisão condenatória tenha sido notificada durante o período de exercício do seu cargo» (*Comentário do Regime Geral das Contra-Ordenações – À luz da Constituição da República e da Convenção Europeia dos Direitos do Homem*, Universidade Católica Editora, Lisboa, 2011, p. 57).

[579] A este propósito, ROGÉRIO M. FERNANDES FERREIRA refere que «a coima deixa de ser encarada com os fins de prevenção geral e especial, no sentido de dissuadir o arguido e a sociedade em geral de cometer o ilícito ou a contra-ordenação punida, para passar a ser direito de crédito do Estado» [*A Responsabilidade Tributária e Sancionatória dos Gestores, em especial, no domínio contra-ordenacional (Alguns Aspectos do Regime Português)*, Grandes Temas do Direito Tributário Sancionador, ILADT, Quartier Latin, Bela Vista, 2010, p. 495].

[580] JOÃO MATOS VIANA adianta que «Ainda que o produto da coima, actualmente, possa assumir uma importância relevante nos orçamentos das autoridades administrativas (o que é legítimo e tem cobertura legal), a "coima", enquanto figura jurídico-sancionatória (enquanto figura repressiva), com finalidades de advertência social, legitimada pela censura de uma culpa funcional, deve estar desligada da lógica economicista da mera garantia de obtenção de receita» (*A (in)constitucionalidade da responsabilidade subsidiária dos administradores e gerentes*

RGIT), tendo o infractor (ente colectivo) diversas garantias de defesa (artigos 71.º e 80.º, do RGIT). Uma vez, decorrido o prazo para o pagamento da coima (artigo 79.º, n.º 2, do RGIT) sem que o ente colectivo o efectue, será extraída certidão de dívida ou certidão da conta ou liquidação feita de harmonia com o decidido, a qual servirá de base à execução fiscal tendo em vista a sua cobrança coerciva (artigo 65.º, n.º 1 e 2, do RGIT)[581]. Por sua vez, o processo de execução fiscal destina-se a accionar a responsabilidade patrimonial decorrente do não cumprimento das obrigações pecuniárias dos contribuintes, tendo um cariz claramente ressarcitório do credor tributário, constituindo a coima *in casu* a dívida exequenda, à semelhança do que sucede em relação ao imposto. No entanto, retenham-se algumas especificidades da coima mesmo enquanto dívida exequenda: ex: inexigibilidade de *juros de mora* (artigo 1.º do Decreto-Lei n.º 73/99, de 16 de Março), a extinção em resultado da *morte* ou *dissolução* (artigo 62.º, do RGIT) e a *prescrição* (artigo 34.º, do RGIT), entre outros.

---

pelas coimas à sociedade, Revista de Finanças Públicas e Direito Fiscal, Ano II, n.º 2, IDEFF/Almedina, Coimbra, Julho de 2009, p. 206).

[581] O processo de execução fiscal abrange actualmente a cobrança coerciva das *coimas e outras sanções pecuni*árias decorrentes *da responsabilidade civil determinada nos termos do Regime Geral das Infracções Tributárias* (artigo 148.º, n.º 1, alínea c) do CPPT) – Redacção da Lei n.º 3-B/2010, de 28 de Abril.

7.4. A reversão de coimas na execução fiscal

Alguma doutrina[582] e jurisprudência qualificada, designadamente, neste último caso, o Supremo Tribunal Administrativo questionava o âmbito do artigo 148.º, do CPPT, tendo em vista saber se incluía a execução fiscal a reversão de coimas contra os gestores dos entes colectivos infractores, chegando mesmo a entender que «*O processo de execução fiscal não é o meio processual adequado para a cobrança de dívidas emergentes de responsabilidade civil extracontratual nem é possível a reversão da execução para cobrança de dívidas não tributárias com esse fundamento*» (Acórdão de 14 de Abril de 2010 - Proc. n.º 064/10). Deste modo, restaria à administração tributária lançar mão de uma acção declarativa nos tribunais *comuns*, até porque no auto de notícia e na certidão de dívida não figura como devedor o responsável subsidiário, o que não parece ser de aplaudir. O devedor subsidiário tem a possibilidade de deduzir contraprova dos factos alegados pelo fisco.

Em resultado do referido entendimento jurisprudencial, a Lei n.º 3-B/2010, de 28 de Abril (que aprovou o Orçamento do Estado para 2010) aditou então uma nova alínea c) ao n.º 1, do artigo 148.º, do CPPT, com o seguinte teor: «*Coimas e outras sanções pecuniárias decorrentes da responsabilidade civil determinada nos termos do Regime Geral das Infracções Tributárias*»[583].

---

[582] No quadro legislativo então vigente, JORGE LOPES DE SOUSA sustentava que «se se entender que na responsabilidade subsidiária por coimas e sanções pecuniárias, previstas no art. 8.º do RGIT, não está em causa a transmissão da responsabilidade pelas próprias coimas e sanções pecuniárias, mas antes uma responsabilidade de natureza civil por uma quantia equivalente às coimas e sanções, terá de se reconhecer que tal responsabilidade subsidiária não pode ser efectivada através do processo de execução fiscal. Na verdade, não está prevista neste art. 148.º do CPPT, que define o âmbito da execução fiscal, a cobrança de dívidas derivadas de responsabilidade civil extracontratual e apenas em relação a dívidas enquadráveis neste artigo se prevê legitimidade do órgão de execução fiscal para a promoção da execução» (*Código de Procedimento e de Processo Tributário – Anotado e Comentado*, Vol. III, p. 41). No entanto, o Tribunal Constitucional entendia que «O facto de a reversão não se encontrar especificamente prevista para estas situações de responsabilidade subsidiária pelo não pagamento de coimas ou multas não constitui, em si mesmo, factor de censura constitucional. Com efeito, o que releva, para efeitos da apreciação da questão de constitucionalidade, é determinar se o funcionamento, em concreto, do mecanismo legal (independentemente da sua maior ou menor adequação), é susceptível de ferir os ditames constitucionais» (Acórdão de 3 de Outubro de 2011 – Proc. n.º 206/10).

[583] Tendo em vista justamente a clarificação do sentido desta alteração legislativa, o Supremo Tribunal Administrativo asseverou que «O pensamento legislativo subjacente à alínea c) do artigo 148º do CPPT, introduzida pela Lei nº 3-B/2010 de 18 de Abril, é o de incluir na execução

Consideramos que esta norma jurídica tem natureza meramente interpretativa[584], destinando-se apenas a definir o sentido e o alcance de um regime legal já existente, de modo a acomodar sem margem para dúvidas a possibilidade da efectivação em sede de execução fiscal da responsabilidade civil pelas coimas. No entanto, a jurisprudência tem tido um entendimento diferente, designadamente o Tribunal Central Administrativo Sul, ao asseverar que «Até à entrada em vigor da Lei nº 3-B/2010 de 28 de Abril, o artº 148º do Código de Procedimento e Processo Tributário não previa a possibilidade de serem cobradas as dívidas decorrentes da responsabilidade civil determinada nos temos do artigo 8° do Regime Geral das Infracções Tributárias. E foi, com clara intenção de obviar àquela falta de previsão legal, que o legislador introduziu na Lei do Orçamento de Estado para 2010, uma alteração ao referido normativo, aditando-lhe uma al. c) com o seguinte teor: "Coimas e outras sanções pecuniárias decorrentes da responsabilidade civil determinada nos termos do Regime Geral das Infracções Tributárias". No que se refere à aplicabilidade da nova redacção da alínea c) do nº 1 do artigo 148.º do CPPT, é a data do despacho de reversão que deve ser tido em conta para esse efeito. Uma vez que o artº 148º do Código de Procedimento e Processo Tributário, na redacção anterior à Lei nº 3-B/2010 de 28 de Abril, não previa a execução das dívidas de coimas decorrentes da responsabilidade civil determinada nos termos do Regime Geral das Infracções Tributárias e das custas dos respectivos

---

fiscal a responsabilidade civil do gestor pelo não pagamento das coimas em que a empresa foi condenada, pelo que se deve proceder a uma interpretação correctiva dessa alínea, de modo a que seja possível alcançar tal finalidade. No caso em apreço, considerando que o despacho de reversão é posterior à data de entrada em vigor da Lei nº 3-B/2010, de 28/4, que aditou a al. c) do nº 1 do art. 148º do CPPT, o processo de execução fiscal é meio processual idóneo para cobrança das dívidas emergentes de responsabilidade civil do gestor pelo não pagamento das coimas em que a respectiva empresa foi condenada» (Acórdão de 20 de Fevereiro de 2013 – Proc. n.º 0808/12). É de notar que as normas sobre procedimento e processo são de aplicação imediata, sem prejuízo das garantias, direitos e interesses legítimos anteriormente constituídos dos contribuintes (artigo 12.º, n.º 3, da LGT).

[584] A lei interpretativa integra-se na lei interpretada, ficando salvos, porém, os efeitos já produzidos pelo cumprimento da obrigação, por sentença passada em julgado, por transacção, ainda que não homologada, ou por actos de análoga natureza (artigo 13.º, n.º 1, do Código Civil). Conforme ensina MIGUEL TEIXEIRA DE SOUSA «a lei interpretativa integra-se na lei interpretada, ou seja, ficciona-se que o significado estabelecido pela lei interpretativa coincide com o único significado que a lei interpretada sempre comportou. É por isso que a lei interpretativa é uma lei retroactiva» (*Introdução ao Direito*, Almedina, Coimbra, 2012, p. 290).

processos, forçosamente terá de se afastar a responsabilidade subsidiária do Oponente pelas dívidas por coimas da sociedade devedora originária, que é uma responsabilidade de natureza civil extracontratual e não uma responsabilidade pelo pagamento de coimas. Assim sendo, o Oponente é parte ilegítima nas execuções por dívidas emergentes de coimas fiscais» (Acórdão de 29 de Setembro de 2016 – Proc. n.º 09886/16).

Ainda a propósito da alteração legislativa em análise, convém destacar que a mencionada alínea c), do n.º 1, do artigo 148.º, do CPPT numa redacção algo infeliz refere «*Coimas e outras sanções pecuniárias decorrentes da responsabilidade civil*», quando a epígrafe do artigo 8.º, do RGIT diz respeito justamente a uma realidade contrária: a «*Responsabilidade civil pelas multas e coimas*»[585]. Por outro lado, importa distinguir este caso específico das situações previstas nos artigos 22.º, 23.º e 24.º da LGT, já que estes últimos se referem a responsabilidade tributária e a «dívidas tributárias», sabendo-se que o imposto não tem, como já vimos, cariz sancionatório e a coima não se enquadra em qualquer espécie tributária.

7.5. (In)existência de meios de defesa?

As pessoas solidária ou subsidiariamente responsáveis poderão *reclamar* ou *impugnar* a dívida cuja responsabilidade lhes for atribuída nos mesmos termos do devedor principal, devendo, para o efeito, a notificação ou citação conter os elementos essenciais da sua liquidação, incluindo a fundamentação nos termos legais (artigo 22.º, n.º 4 da LGT)[586] daí a necessidade da

---

[585] Demonstrando uma posição igualmente crítica em relação a esta alteração legislativa, SERENA CABRITA NETO e CARLA CASTELO TRINDADE defendem que «continuando a estar em causa uma responsabilidade contra-ordenacional - cujo regime jurídico subsidiário aplicável é o direito penal – a imputabilidade da falta de pagamento de quaisquer coimas ou multas não se presume, não incumbindo à pessoa que exerce a gerência o ónus da prova de que a insuficiência do património social ou a falta de pagamento não lhe é imputável, antes cabendo esse ónus, em sentido contrario, à Administração Tributária» (*Contencioso Tributário*, Vol. II, p. 550).

[586] Por defesa do executado revertido tem de entender-se «não só o conjunto de faculdades processuais que lhe são proporcionadas, na sequência da citação, com vista a possibilitar-lhe a reacção contra a pretensão executiva revertida contra si (deduzindo oposição, requerendo o pagamento em prestações ou a dação em pagamento), como, também, o conjunto de faculdades processuais que a lei confere ao responsável subsidiário de impugnar (graciosa ou judicialmente) a liquidação dos impostos que constituem a dívida exequenda» (Acórdão

citação dos responsáveis subsidiários dever conter os elementos essenciais da liquidação de imposto em causa, abrangendo a respectiva fundamentação. A este propósito, DIOGO LEITE DE CAMPOS, BENJAMIM SILVA RODRIGUES e JORGE LOPES DE SOUSA observam lucidamente que os responsáveis fiscais «têm os mesmos direitos, quanto à dívida cuja responsabilidade lhes for atribuída, do devedor principal. Assim, a notificação ou citação deve conter todos os elementos da notificação ou citação do devedor principal, acrescidos daqueles que sejam próprios do devedor solidário ou subsidiário»[587].

No caso da decisão de aplicação da coima, a mesma *transita em julgado* a partir do momento específico a partir do momento em que já não é possível recorrer da mesma (artigos 80.º, n.º 1 e 83.º, do RGIT), quando parece claro que havendo uma decisão de aplicação da coima, tem de existir a possibilidade de recurso por parte de todos aqueles que tiverem legitimidade ou interesse atendível para tal (artigo 401.º, do CPP)[588]. Na prática, a opção de recorrer ou não judicialmente, parte muitas vezes justamente de quem determina a vontade do ente colectivo, ou seja, os seus próprios gestores. A este propósito, MARIANA PINTO NOITES salienta de modo muito crítico que «O revertido não tem, pois, a oportunidade de contradizer a acusação nos casos em que o processo contra-ordenacional só corre contra a sociedade – nem ataca o acto sancionatório[589] – só é responsabilizado pela coima em sede de execução, sem possibilidade de recorrer da decisão. [...] Concluímos, portanto, que *o processo de reversão é meio inadequado para efectivação da responsabilidade dos administradores e gerentes pelas coimas*

---

proferido pelo Tribunal Central Administrativo Norte em 29 de Maio de 2008 – Proc. n.º 599/07.0BEBRG).

[587] DIOGO LEITE DE CAMPOS, BENJAMIM SILVA RODRIGUES e JORGE LOPES DE SOUSA, *ob. cit.*, p. 106.

[588] O recurso de impugnação poderá ser interposto pelo *arguido* ou pelo seu defensor (artigo 59.º, n.º 2, do RGCO).

[589] O Supremo Tribunal Administrativo tem entendido que «em processo de contra-ordenação a garantia constitucional do direito de audiência e de defesa apenas é assegurada ao arguido, sendo que o responsável subsidiário, uma vez revertida a execução, por coima decorrente de infracção tributária, sempre poderá deduzir *oposição à execução fiscal* e, em tal sede, questionar a constitucionalidade das próprias normas que prevêem a responsabilidade subsidiária dos administradores, gerentes ou outras pessoas, em relação ao pagamento de coimas aplicadas à sociedade - artigos 8.º, n.º 2 do RGTIT» (Acórdão de 16 de Abril de 2008 – Proc. n.º 0994/07).

aplicadas à sociedade, uma vez que tal procedimento não assegura os seus direitos à defesa e ao contraditório, violando os princípios consagrados nos artigos 20º, nº 4, e 32, nº 10, da CRP»[590].

De igual modo, ROGÉRIO M. FERNANDES FERREIRA escreve que «A responsabilidade subsidiária que vimos analisando pode, na realidade, revelar-se mais penosa no âmbito das contra-ordenações, por ausência de meio processual de defesa, ou seja, de possibilidade de contestação da legalidade da decisão de aplicação da coima. Na responsabilidade penal, o problema não se coloca, uma vez que o responsável subsidiário pode participar no processo-crime»[591]. Seguindo o mesmo raciocínio, J. RICARDO CATARINO e NUNO VICTORINO observam que «em sede de reversão o gerente ou administrador revertido não têm possibilidade de se defender do teor da infracção ora imputada e também não têm legitimidade para, em sede de recurso de aplicação de coima vir a apresentar tal defesa»[592].

Neste sentido, a constitucionalidade do artigo 8.º é questionável, conforme nos dá ainda conta ISABEL MARQUES DA SILVA, ao afirmar que «entendendo-se que não é possível ao responsável civil pela coima intervir no processo de contra-ordenação para defesa dos seus interesses, por ausência de norma expressa nesse sentido e, não se lhe reconhecendo legitimidade para interpor recurso da decisão da decisão administrativa que a aplicou, pois que o n.º 2 do artigo 59.º da Lei-Quadro das contra-ordenações apenas reconhece legitimidade para o recurso ao arguido ou seu defensor, tem de reconhecer-se que o responsável civil por coimas se encontra numa posição processual mais frágil no que respeita à defesa dos seus interesses do que o responsável tributário, a quem o n.º 4 do artigo 22.º da Lei Geral Tributária assegura o *direito de reclamar ou impugnar a dívida cuja responsabilidade lhe for atribuída nos mesmos termos do devedor principal*»[593].

Afinando por este diapasão, o Tribunal Constitucional entendeu que o artigo 8.º do RGIT tolhe os princípios constitucionais da culpa, igualdade e proporcionalidade na responsabilidade subsidiária por coimas efectivada

---

[590] MARIANA BRANDÃO DE PINTO NOITES, *Ainda a problemática dos agentes das infracções tributárias: considerações sobre a aplicabilidade da reversão da execução fiscal como meio para efectivar a responsabilidade dos administradores e representantes das sociedades*, Revista Fiscal, n.º 11, Lisboa, Dezembro 2009, pp. 16-17.
[591] ROGÉRIO M. FERNANDES FERREIRA e ANA LUÍSA SÁ, *ob. cit.*, p. 497.
[592] JOÃO RICARDO CATARINO e NUNO VICTORINO, *ob. cit.*, p. 115.
[593] ISABEL MARQUES DA SILVA, *Regime Geral das Infracções Tributárias*, p. 83.

por reversão de execução fiscal, uma vez que «Na responsabilidade subsidiária dos administradores o objecto da responsabilidade está predeterminado, de forma rígida, pela responsabilidade que cabia a outro sujeito, de diferente natureza, como sanção pela infracção por este cometida. Na fixação do objecto da responsabilidade dos administradores ou gerentes, não se abre espaço à mediação da ponderação valorativa da sua conduta, pelo que, preenchida a condição subjectiva da imputação, a sua responsabilidade é decalcada da que impendia sobre o sujeito punido. Constitui-se posteriormente quando se constata, no decurso da execução, a inviabilidade da cobrança do montante da coima à custa do património do devedor originário. Mas *a mudança subjectiva da instância deixa intocado o objecto da citação para pagamento e da eventual execução, que permanece o mesmo que consta do título, ou seja, o quantitativo monetário correspondente à coima a que estava sujeita a pessoa colectiva.* A responsabilidade do revertido não é, assim, graduável em função das circunstâncias que lhe dizem pessoalmente respeito[594]. Além de que, a própria moldura sancionatória aplicada é fixada em função de um tipo de agente que não corresponde ao do sujeito que, a título subsidiário, vem a ser responsabilizado. *A fixação do objecto da respon-*

---

[594] A *culpa* é o pressuposto e a medida da responsabilidade e da pena. O Tribunal Constitucional entendeu que «A *responsabilização dos administradores e gerentes funciona como garantia suplementar de cumprimento dos deveres que na relação contra-ordenacional impendiam sobre a pessoa colectiva.* E a alteridade dos sujeitos, com a imposição do pagamento da coima ao administrador ou gerente, apesar de este não ser o autor da infracção que subjaz à sanção, é justificada pela relação de representação orgânica que une as pessoas físicas responsabilizadas e a pessoa colectiva vinculada àqueles deveres. Trata-se de uma *responsabilidade subsidiária dependente da impossibilidade de realização coactiva, à custa do património do devedor originário, da obrigação de pagar a multa ou coima, e da causação culposa da situação obstativa da satisfação do crédito emergente da multa ou coima. A responsabilidade do revertido, porém, não é graduável em função das circunstâncias que lhe dizem pessoalmente respeito, como a modalidade da culpa, a sua gravidade e a sua situação económica. Além de que, a própria moldura sancionatória aplicada é fixada em função de um tipo de agente que não corresponde ao do sujeito que, a título subsidiário, vem a ser responsabilizado. A fixação do objecto da responsabilidade dos administradores mostra-se, assim, absolutamente insensível ao grau de censura que mereça a prática gestionária que conduziu à não satisfação do débito da coima, desrespeitando também a observância dos princípios da proporcionalidade e da igualdade*» (Acórdão de 12 de Janeiro de 2011 – Proc. n.º 207/10).
Só é punível o facto praticado com dolo ou, nos casos especialmente previstos na lei, com negligência (artigo 8.º, n.º 1, do RGCO). Como referem os Conselheiros OLIVEIRA MENDES e SANTOS CABRAL, «A imputação e punição dos factos contra-ordenacionais exigem um nexo de imputação subjectiva numa de duas modalidades: dolo ou negligência» (*Notas ao regime Geral das Contra-Ordenações*, 3.ª Edição, Almedina, Coimbra, 2009, p. 40).

sabilidade dos administradores mostra-se, assim, absolutamente insensível ao grau de censura que mereça a prática gestionária que conduziu à não satisfação do débito da coima, desrespeitando também a observância dos princípios da proporcionalidade e da igualdade» (Acórdão de 12 de Janeiro de 2011 – Proc. n.º 207/10). De igual modo, o Supremo Tribunal Administrativo considerou que uma vez que, «os revertidos não intervêm no processo contra-ordenacional e não têm possibilidade de contraditar os elementos trazidos pela acusação ou de impugnar ou recorrer do acto de aplicação da coima, estariam a ser violados os *direitos de audiência e de defesa* que a Constituição estabelece no n.º 10 do art.º 32.º para todos os arguidos de processos sancionatórios» (Acórdão de 16 de Dezembro de 2009 – Proc. n.º 01074/09).

Não é permitida a aplicação de uma coima ou de uma sanção acessória sem antes se ser assegurado ao arguido a possibilidade de, num prazo razoável, se pronunciar sobre a contraordenação que lhe é imputada e sobre a sanção ou sanções em que incorre (artigo 50.º do RGCO), abrangendo-se não apenas o direito de defesa na fase administrativa do processo de contra-ordenação mas igualmente o direito de sindicar contenciosamente as decisões sancionatórias em questão. Para os Conselheiros OLIVEIRA MENDES e SANTOS CABRAL, «O arguido tem o direito de se pronunciar sobre a contra-ordenação e sobre a sanção ainda na fase administrativa»[595].

Porém, em sentido diferente, com o qual concordamos, se pronunciou o Tribunal Constitucional ao asseverar que, «não estamos perante uma imputação a terceiro de uma infracção contra-ordenacional relativamente à qual este não tenha tido oportunidade de se defender, mas perante uma mera responsabilidade civil subsidiária que resulta de um facto ilícito e culposo que se não confunde com o facto típico a que corresponde a aplicação da coima» (Acórdão de 12 de Março de 2009 – Proc. n.º 649/08). Como já se viu anteriormente, a *responsabilidade contra-ordenacional* dos entes colectivos *exclui a responsabilidade individual dos respectivos agentes* (artigo 7.º, n.º 4), diferentemente do que sucede do plano criminal fiscal (artigo 7.º, n.º 3 do RGIT), mas os limites das coimas previstos na lei *são elevados para o dobro sempre que sejam aplicadas a uma pessoa colectiva, sociedade, ainda que irregularmente constituída, ou outra entidade fiscalmente equiparada* (artigo 26.º,

---

[595] ANTÓNIO DE OLIVEIRA MENDES e JOSÉ DOS SANTOS CABRAL, *Notas ao Regime Geral das Contra-Ordenações e Coimas*, 2.ª Edição, Almedina, 2009, p. 153.

n.º 4 do RGIT)⁵⁹⁶. Atendendo à maior complexidade dos entes colectivos, decorre daí uma acrescida responsabilidade contra-ordenacional pelos factos comissivos ou omissivos cometidos pelos mesmos⁵⁹⁷.

O Supremo Tribunal Administrativo considerou no aresto já referido de 19 de Janeiro de 2011 (Proc. n.º 0775/10) que «Neste tipo de processos instaurados na sequência de reversão de coimas, que são formalmente de oposição a execução fiscal, está em causa uma responsabilidade prevista no RGIT, *a entender-se que é a oposição à execução o único meio que o revertido pode utilizar para a defesa dos seus interesses, têm de ser asseguradas neste meio processual condições de defesa idênticas às que são proporcionadas ao arguido no processo contra-ordenacional, designadamente a possibilidade de conhecer oficiosamente de todas as questões relevantes, em que se inclui a de «alterar a decisão do tribunal recorrido sem qualquer vinculação aos termos e ao sentido da decisão recorrida», que é própria dos recursos jurisdicionais em processos de contra-ordenações*».

Por sua vez, o Supremo Tribunal Administrativo já asseverara anteriormente que, «em processo de contra-ordenação a garantia constitucional do direito de audiência e de defesa apenas é assegurada ao arguido, sendo que o responsável subsidiário, uma vez revertida a execução, por coima decor-

---

⁵⁹⁶ Segundo o Tribunal Constitucional, «O não atendimento mínimo de limites sancionatórios decorrentes do princípio da culpa abre a porta a que os princípios da igualdade e da proporcionalidade resultem também insatisfeitos, e de forma agravada, dado o desajustamento da própria moldura aplicável, prevista para infracções cometidas por pessoas colectivas. Uma negligência ligeira na condução da gestão pode ser sancionada com coimas de elevado montante, desproporcionado em relação à gravidade do ilícito e da culpa e gerador de situações de tratamento infundadamente inigualitário. Não se contesta que o princípio da culpa não tem, em matéria contra-ordenacional, o mesmo significado e valência axiológica que lhe cabem, em sede jurídico-penal, desde logo porque a censura não encerra, naquele âmbito, um juízo de desvalor ético-jurídico dirigido à personalidade do agente. Nem, por outro lado, à sanção estão associados quaisquer efeitos estigmatizantes. Mas esse diferencial de força impositiva não pode levar a admitir sanções estabelecidas por factores inteiramente alheios à conduta culposa do agente, numa objectivação rigidamente fixa de montantes sancionatórios, sem qualquer correlação (ainda que apenas em termos limitativos) com o seu pressuposto subjectivamente fundante. Em si mesma, mas, sobretudo, pela sua potencial projecção na ofensa a valores constitucionais de vigência incontroversamente geral, como os da igualdade e da proporcionalidade, uma tal denegação de qualquer eficácia delimitativa à culpa do agente do facto responsabilizador apresenta-se como constitucionalmente desconforme» (Acórdão de 9 de Dezembro de 2010 – Proc. n.º 506/09).

⁵⁹⁷ PAULO MARQUES, *Infracções Tributárias, Vol. II - Contra-ordenações*, Direcção-Geral dos Impostos, Centro de Formação, Lisboa, 2007, p. 61.

rente de infracção tributária, *sempre poderá deduzir oposição à execução* fiscal[598] e, em tal sede, questionar a constitucionalidade das próprias normas que prevêem a responsabilidade subsidiária dos administradores, gerentes ou outras pessoas, em relação ao pagamento de coimas aplicadas à sociedade» (Acórdão de 28 de Maio de 2008 – Proc. n.º 1052/07).

O Tribunal Central Administrativo Sul entendeu que, *«O meio processual adequado para discutir a legalidade dos despachos de reversão a execução fiscal contra responsáveis subsidiários é a oposição à execução fiscal*, como resulta da parte final do art. 204.º, n.º 1, alínea b), do CPPT, em que se admite como fundamento de oposição, o executado *«não figurar no título e não ser responsável pelo pagamento da dívida»*. Constata-se pela petição de recurso judicial que o Recorrente não pretende discutir a legalidade da aplicação das coimas à responsável originária, mas apenas a legalidade do despacho de reversão, por, em suma, não se ter feito nele a demonstração da culpa do Recorrente e ser inconstitucional a presunção de culpa dos responsáveis subsidiários quanto a coimas e multas. Assim, ocorre erro na forma de processo se o revertido utiliza o recurso judicial previsto no art. 80.º do RGIT, para impugnar judicialmente um despacho que decidiu a reversão de uma execução. O erro na forma de processo constitui nulidade processual, que, em regra, implica à convolação do processo para a forma processual adequada (art. 98.º, n.º 4, do CPPT). No entanto, justificando-se a convolação por razões de economia processual, ela deverá ser afastada quando não se verificar utilidade em efectuá-la, em sintonia com a regra do art. 137.º do CPC[599], que proíbe a prática de actos inúteis. Uma das situações em que é inútil a convolação é a de o interessado, cumulativamente com o processo em que ocorre o erro, estar já a utilizar o meio processual adequado, para obter, com os mesmos fundamentos, o mesmo efeito que pretende alcan-

---

[598] Mais recentemente, o Supremo Tribunal Administrativo deixou claro o seu entendimento, ao asseverar que «O responsável subsidiário pode recorrer da decisão de aplicação de coima aplicada à sociedade originariamente devedora, sendo o meio adequado a *oposição à execução fiscal*, sob pena de violação do princípio da tutela jurisdicional efectiva. Neste meio processual, o revertido pode utilizar para a defesa dos seus interesses, no qual se asseguram as condições de defesa idênticas às que são proporcionadas ao arguido no processo contra-ordenacional. No caso em apreço, a impugnação judicial deduzida pelo executado contra a liquidação oficiosa de imposto sobre o valor acrescentado e coimas contra ele revertidas não constitui o meio processual adequado à sindicância em causa» (Acórdão de 3 de Dezembro de 2014 – Proc. n.º 0639/14).

[599] Corresponde actualmente ao artigo 130.º, do CPC.

çar com o processo inadequado» (Acórdão de 15 de Setembro de 2009 – Proc. n.º 0234/10).

Não concordamos com o entendimento desta jurisprudência, uma vez que a sindicância da decisão de aplicação da coima não integra o elenco taxativo do artigo 204.º do CPPT[600] e, por outro lado, aquela transitou em julgado. Conforme escreve JORGE LOPES DE SOUSA, «A lista de fundamentos de oposição à execução fiscal previstos neste artigo é taxativa, como se depreende do uso da expressão "*só*"»[601].

Por outro lado, convém lembrar que os responsáveis civis pelo pagamento de multas, nos termos do artigo 8.º desta lei, intervêm no processo e gozam dos direitos de defesa dos arguidos compatíveis com a defesa dos seus interesses (artigo 49.º, do RGIT)[602]. Nas palavras de PAULO PINTO DE ALBUQUERQUE «a responsabilidade civil subsidiária dos administradores e gerentes é fundada na sua culpa, devendo eles ser accionados civilmente e podendo eles defender-se amplamente, como se prevê por exemplo no artigo 49.º do RGIT, pelo que também não procede o argumento da violação do direito de audiência e defesa dos administradores e gerentes»[603].

---

[600] No entanto, a lei prevê que a oposição judicial à execução fiscal pode ocorrer com base em quaisquer fundamentos não referidos nas alíneas anteriores, a provar apenas por documento, *desde que não envolvam apreciação da legalidade da liquidação da dívida exequenda*, nem representem interferência em matéria de exclusiva competência da entidade que houver extraído o título [artigo 204.º, n.º 1, alínea i), do CPPT].

[601] JORGE LOPES DE SOUSA, *Código de Procedimento e de Processo Tributário – Anotado*, Vislis Editores, Lisboa, 2000, p. 846.

[602] Segundo o Tribunal da Relação de Évora, «O artigo 8º n.º 1 do RGIT consagra a hipótese de responsabilidade extra-contratual por danos derivados da falta de cumprimento da sanção aplicada ao ente colectivo pela prática da fracção tributária. A obrigação subsidiária dos gerentes ou administradores visa ressarcir a entidade a favor do qual revertia a multa pela falta de pagamento da sanção. No entanto é necessário que o devedor subsidiário intervenha na fase de julgamento do processo penal para que a sentença possa constituir título executivo contra ele relativamente à matéria de responsabilidade subsidiária. A intervenção no processo penal deve fazer-se de acordo com regime processual do pedido cível» (Acórdão de 5 de Novembro de 2013 – Proc. n.º 63/06. 5IDSTR-A.E1).

[603] PAULO PINTO DE ALBUQUERQUE, *ob. cit.*, p. 57.

7.6. A responsabilidade dos contabilistas certificados, em especial

Os contabilistas certificados são ainda subsidiariamente responsáveis, e solidariamente entre si, pelas coimas devidas pela falta ou atraso de quaisquer declarações que devam ser apresentadas no período de exercício de funções, quando não comuniquem, até 30 dias após o termo do prazo de entrega da declaração, à Autoridade Tributária e Aduaneira as razões que impediram o cumprimento atempado da obrigação e o atraso ou a falta de entrega não lhes seja imputável a qualquer título (artigo 8.º, n.º 3, do RGIT).

Neste caso a responsabilidade dos contabilistas certificados cinge-se às coimas, não abrangendo então as multas e apenas dizem respeito às coimas decorrentes da falta ou atraso de quaisquer declarações (artigos 116.º e 117.º, do RGIT).

Os contabilistas certificados não podem, sem motivo justificado e devidamente reconhecido pela Ordem, recusar-se a assinar as declarações fiscais, as demonstrações financeiras e seus anexos, das entidades a que prestem serviços, quando faltarem menos de três meses para o fim do exercício a que as mesmas se reportem[604].

---

[604] Os contabilistas certificados, no exercício das suas funções, têm direito a obter das entidades a quem prestam serviços toda a informação e colaboração necessárias à prossecução das suas funções com elevado rigor técnico e profissional (artigo 12.º, n.º 1, do CDCC). No entanto, a negação das referidas informações ou de colaboração, pontual ou reiterada, desresponsabiliza os contabilistas certificados pelas consequências que daí possam advir e confere-lhes o direito à recusa de assinatura das declarações fiscais (artigo 12.º, n.º 2, do CDCC).

BIBLIOGRAFIA

ABREU, Jorge Manuel Coutinho de — *Responsabilidade Civil dos Administradores de Sociedades*, 2.ª Edição, IDET, Almedina, Coimbra, 2010.
— *Responsabilidade civil de gerentes e administradores em Portugal*, Questões de Direito Societário em Portugal e no Brasil, Almedina, Coimbra, 2012.
— *Curso de Direito Comercial*, Vol. II, 4.ª Edição, Almedina, Coimbra, 2014.
— *Código das Sociedades Comerciais em Comentário*, Vol. III, Almedina, Coimbra, 2016.

ALBERGARIA, Pedro Soares de – *A Posição de Garante dos Dirigentes no âmbito da Criminalidade de Empresa*, Revista Portuguesa de Ciência Criminal, Ano 9, Fascículo 4, Coimbra Editora, Coimbra, Outubro-Dezembro de 1999.

ALBUQUERQUE, Paulo Pinto de — *Responsabilidade Criminal das Pessoas Colectivas ou Equiparadas*, Revista da Ordem dos Advogados, Ano 66, Vol. II, Lisboa, Setembro de 2006.
— *Comentário do Regime Geral das Contra-Ordenações – À luz da Constituição da República e da Convenção Europeia dos Direitos do Homem*, Universidade Católica Editora, Lisboa, 2011.

ALBUQUERQUE, Ruy de/CORDEIRO, António Menezes — *A responsabilidade fiscal subsidiaria: A imputação aos gestores dos débitos das empresas a previdência e o artigo 16 do Código de Processo das Contribuições e Impostos*, Ciência e Técnica Fiscal, n.º 334-336, Centro de Estudos Fiscais, Lisboa, 1986.

ALMEIDA, António Pereira de — *Sociedades Comerciais*, 2.ª Edição – Aumentada e Actualizada, Coimbra Editora, Coimbra, 1999.

ÁLVAREZ, Manuel María Sánchez — «Los delitos societarios», *Revista de Derecho de Sociedades*, n.º 6, Editorial Aranzadi, Pamplona, 1996.

ALVES, José António Costa — *A responsabilidade tributária dos titulares dos corpos sociais e* *dos responsáveis técnicos*, Revista da Faculdade de Direito da Universidade do Porto, Ano III, Coimbra Editora, Coimbra, 2006.

AMARAL, Diogo Freitas do — *Conceito e Natureza do Recurso Hierárquico*, 2.ª Edição, Almedina, Coimbra, 2005.
— *O Poder de Execução Coerciva das Decisões Administrativas - Nos Sistemas de Tipo Francês e Inglês e em Portugal*, Almedina, Coimbra, 2011.
— *História do Pensamento Político Ocidental*, Almedina, Coimbra, 2011
— *Manual de Introdução ao Direito*, Vol. I, Almedina, Coimbra, 2012.
— *Uma Introdução à Política*, Bertrand Editora, Lisboa, 2014
— *Curso de Direito Administrativo*, Vol. II, 3.ª Edição, Almedina, Coimbra, 2016.

AMARAL, Jorge Pais do — *Direito da Família e das Sucessões*, 3.ª Edição, Almedina, Coimbra, 2016.
— *Direito Processual Civil*, 12.ª Edição, Almedina, Coimbra, 2016.

AMORIM, José de Campos/AZEVEDO, Patrícia Anjos — *Lições de Direito Fiscal*, Calendário de Letras, Vila Nova de Gaia, 2016.

ANDRADE, João da Costa — *Responsabilidade Fiscal dos gerentes e administradores. A Culpa Tributária* (Quasare do Multiversum Fiscal), Boletim da Faculdade de Direito da Universidade de Coimbra, Vol. LXXX, Coimbra Editora, Coimbra, 2004.

ARNALDO, Afonso/MARQUES, Paulo — *IVA com ou sem recebimento?: Uma perspectiva tributária e sancionatória*, Estudos em Homenagem ao Professor Doutor Alberto Xavier, Vol. I, IDEFF/Almedina, Coimbra, 2013.

ARAÚJO, António Manuel Cunha — *A Reclamação Graciosa em Direito Fiscal*, Ciência e Técnica Fiscal, n.º 432, Autoridade Tributária e Aduaneira, Centro de Estudos Fiscais, Lisboa, Janeiro-Junho de 2014.

BACIGALUPO ZAPATER, Enrique — *La posición de garante en el ejercicio de funciones de vigilancia en el ámbito empresarial*, Cuadernos de Derecho Judicial, Vol. VII, Centro de Documentación Judicial, San Sebastián, 1994.

BANDEIRA, Gonçalo N. C. Sopas de Melo — *"Responsabilidade" Penal Económica e Fiscal dos Entes Colectivos*, Almedina, Coimbra, 2004.

BARBOSA, Andreia — *A Prestação e a Constituição de Garantias no Procedimento e no Processo Tributário*, Almedina, Coimbra, 2017.

BARREIRA, Rui — *A responsabilidade dos gestores de sociedades por dívidas fiscais*, Fisco, Ano 2, n.º 16, Lex, Lisboa, 1990.

BARREIROS, Filipe — *Responsabilidade Civil dos Administradores: os Deveres Gerais e a Corporate Governance*, Coimbra Editora, Coimbra, 2010.

BINDING, Karl — *Die Normen und ihre Übertretung. Eine Untersuchung über die rechtmäßige Handlung und die Arten des Delikts*, Tomo II, Engelmann/Meiner, Leipzig, 1926.

BRANCO, José Manuel — *Responsabilidade Patrimonial e Insolvência Culposa (da Falência Punitiva à Insolvência Reconstitutiva)*, Almedina, Coimbra, 2015.

BRANDÃO, José Carlos — *Lições de Cumprimento e Não Cumprimento das Obrigações*, Coimbra Editora, Coimbra, 2011.

BRANDÃO, Nuno — *O Regime Sancionatório das Pessoas Colectivas na Revisão do Código Penal*, Direito Penal Económico e Europeu, Textos Doutrinários, Vol. III, Coimbra Editora, Coimbra, 2009.

BRITO, Miguel Nogueira de — *Introdução ao Estudo do Direito*, AAFDL, Lisboa, 2017.

BRUNO, Aníbal — *Direito Penal, I, Parte Geral, Tomo 1.º, Introdução – Norma penal, Facto punível*, Companhia Editora Forense, Rio de Janeiro, 1959.

CABRAL, João Miguel Primo dos Santos — *O Administrador de Facto no Ordenamento Jurídico Português*, Revista do CEJ, nº 10, 2.º Semestre, Lisboa, 2008.
— *A Responsabilidade Tributária Subsidiária do Administrador de Facto*, Estudos em Homenagem ao Prof. Doutor Manuel Henrique Mesquita, Vol. I, Coimbra Editora, Coimbra, 2010.

CABRAL, Nazaré da Costa — *Contribuições para a Segurança Social: Um Imposto que não ousa dizer o seu nome?*, Estudos em Homenagem ao Prof. Doutor Sérvulo Correia, Vol. IV, Faculdade de Direito de Lisboa, Lisboa, 2010.

CAETANO, Marcello — *Manual de Direito Administrativo*, Tomo I, 10.ª Edição, Reimpressão, Almedina, Coimbra, 1980.
— *Princípios Fundamentais do Direito Administrativo*, Almedina, Reimpressão da Edição Brasileira de 1977, Coimbra, 2003.

CALDAS, Filipa Lemos — *O problema da estrutura e da finalidade da herança e do legado*, Estudos em Homenagem ao Professor Carlos Pamplona Corte-Real, Almedina, Coimbra, 2016.

CÂMARA, Paulo — *A Auditoria Interna e o Governo das Sociedades*, Estudos em Homenagem ao Professor Doutor Paulo de Pitta e Cunha, Vol. III, Almedina, Coimbra, 2010.

CAMPOS, Diogo Leite de — *A Responsabilidade Subsidiária, em Direito Tributário, dos Gerentes e Administradores das Sociedades*, Revista da Ordem dos Advogados, Ano 56, Vol. III, Lisboa, Agosto de 1996.

CAMPOS, Diogo Leite de/RODRIGUES, Benjamim Silva/SOUSA, Jorge Lopes de — *Lei Geral Tributária* – Comentada e Anotada, 4.ª Edição, Encontro da Escrita, Lisboa, 2012.

CAMPOS, Gustavo Guimarães de — *Execução Fiscal e Efectividade – Análise do modelo brasileiro à luz do sistema português*, Quartier Latin, São Paulo, 2009.

CANAL, Francisco/ PISTONE, Pasquale — *La Figura del Responsable Tributario en los Sistemas Jurídicos Tributarios Alémán, Espanol e Italiano*, Monografías Jurídico-Fiscales – Sujetos Pasivos y Responsables Tributarios, XVII Jornadas Latinoamericanas de Derecho Tributario, Instituto de Estudios Fiscales, Marcial Pons, Madrid, 1997

CANDEIAS, Ricardo — *Os Gerentes e os Actos de Mero Expediente*, Revista da Ordem dos Advogados, Ano 60, Lisboa, 2000, p. 278.

CARLOS, Américo Brás — *Impostos – Teoria Geral*, 5.ª Edição, Almedina, Coimbra, 2016.

CARLOS, Maria Amélia Barradas — *Meios de reacção à preterição do direito de audição prévia em situações de reversão*, Fiscalidade – Revista de Direito e Gestão Fiscal, n.º 30, Instituto Superior de Gestão (ISEG), Lisboa, Outubro-Dezembro de 2008.

CASIMIRO, Sofia de Vasconcelos — *A responsabilidade dos gerentes, administradores e directores pelas dívidas tributárias das sociedades comerciais*, Almedina, Coimbra, 2000.

CATARINO, João Ricardo/VICTORINO, Nuno — *Infracções Tributárias – Anotações ao Regime Geral*, Anotado, 3.ª Edição, Coimbra Editora, Coimbra, 2012.

CATARINO, João/VALDEZ, Vasco — *Considerandos em torno da prova em Direito Administrativo e Tributário*, Revista de Finanças Públicas e Direito Fiscal, Ano VI, n.º 2, IDEFF/Almedina, 2013.

CAUPERS, João/EIRÓ, Vera — *Introdução ao Direito Administrativo*, Âncora Editora, Lisboa, 2016

CAVALI, Marcelo — *Cláusulas Gerais Antielusivas: Reflexões Acerca de sua Conformidade Constitucional em Portugal e no Brasil*, Almedina, Coimbra, 2006.

CEBALLOS, Elena B. Marín de Espinosa — *Criminalidad de Empresa: La responsabilidad penal en las estructuras jerárquicamente organizadas*, Tirant lo Blanch, Valencia, 2002.

CEPEDA, Ana Isabel Pérez — *La Responsabilidad de los Administradores de Sociedades: criterios de atribución*, Cedecs Editorial, Barcelona, 1997.

COELHO, Fábio Ulhôa — *Manual de Direito Comercial*, Vol. II, 17.ª Edição, Saraiva, S. Paulo, 2013.

COEURET, Alain e FORTIS, Elisabeth — *Droit Pénal du Travail*, Litec, Paris, 1998.

CORDEIRO, A. Barreto — *Deveres Fiduciários de Cuidado: imprecisão linguística, histórica e conceitual*, Revista de Direito das Sociedades, Ano VII, n.ºs 3-4, Almedina, Coimbra, 2015.

CORDEIRO, António Menezes — *O Levantamento da Personalidade Colectiva no Direito Civil e Comercial*, Almedina, Coimbra, 2000.
— *Manual das Sociedades*, Vol. I, Das Sociedades em Geral, 2.ª Edição, Almedina, Coimbra, 2007.
— *A Responsabilidade dos administradores, Manual de Direito das Sociedades*, Vol. I - Das Sociedades em geral, 2.ª Edição Actualizada e Aumentada, Lisboa, 2007.
— *Código da Insolvência e da Recuperação de Empresas – Anotado*, 4.ª Edição, Almedina, 2008.
— *Das Garantias em Geral, Tratado de Direito Civil Português*, Vol. II, Direito das Obrigações, Tomo IV, Almedina, Coimbra, 2010.
— *Código das Sociedades Comerciais Anotado*, 2.ª Edição Revista e Actualizada, Almedina, Coimbra, 2012.
— *Direito das Sociedades*, Vol. I, Parte Geral, 3.ª Edição Ampliada e Actualizada, Almedina, Coimbra, 2016.

CORREIA, Luís Brito — *Direito Comercial – Sociedades Comerciais*, Vol. II, AAFDL, Lisboa, 1989.

CORREIA, Miguel J. A. Pupo — *Direito Comercial – Direito da Empresa*, 12.ª Edição Revista e Actualizada, Ediforum, Edições Jurídicas, Lisboa, 2016.

COSTA, José de Faria — *Noções Fundamentais de Direito Penal*, 4.ª Edição, Coimbra Editora, Coimbra, 2015.

COSTA, Mário Júlio de Almeida — *Direito das Obrigações*, 12.ª Edição Revista e Actualizada, Almedina, Coimbra, 2016.

COSTA, Orlando Guedes da — *Direito Profissional do Advogado*, 8.ª Edição Revista e Actualizada, Almedina, Coimbra, 2015.

COSTA, Ricardo — *Administrador de Facto e Representação das Sociedades*, Boletim da Faculdade de Direito da Universidade de Coimbra, Vol. XC, Tomo II, Coimbra, 2014.

COSTA, Suzana Fernandes da — *A responsabilidade do advogado enquanto gestor de bens e direitos de não residentes*, III Congresso de Direito Fiscal, Vida Económica, Porto, 2013.

CUNHA, Paulo de Pitta e/SANTOS, Jorge Costa — *Responsabilidade Tributária dos Administradores ou Gerentes*, Lex, Lisboa, 1999.

CUNHA, Paulo Olavo — *Lições de Direito Comercial*, Almedina, Coimbra, 2010.
— *Direito das Sociedades Comerciais*, 6.ª Edição, Almedina, Coimbra, 2016.

CUNHA, Tânia Meireles da — *O momento da reversão da execução fiscal contra os responsáveis subsidiários*, Ciência e Técnica Fiscal n.º 416, Centro de Estudos Fiscais, Lisboa, 2005.
— *Responsabilidade Tributária Subsidiária - Apontamentos*, Miscelâneas, n.º 5, Instituto de Direito das Empresas e do Trabalho, Almedina, Coimbra, 2008.
— *Responsabilidade dos Gestores de Sociedades perante os Credores Sociais: A Culpa nas Responsabilidades Civil e Tributária*, 2.ª Edição, Almedina, Coimbra, 2009.

DIAS, Augusto Silva — *Crimes e contra-ordenações fiscais*, Direito Penal Económico e Europeu, Vol. II, Coimbra Editora, Coimbra, 1999.

DIAS, Jorge de Figueiredo — Pressupostos da Punição e Causas que Excluem a Ilicitude e a Culpa, *Jornadas de Direito Criminal, O Novo Código Penal Português e Legislação Complementar*, Fase I, Centro de Estudos Judiciários, Lisboa, 1983.
— *Para uma dogmática do direito penal secundário. Um contributo para a reforma do direito económico e social português*, Direito e Justiça – Revista da Universidade Católica Portuguesa, Vol. IV, Universidade Católica Editora, Lisboa, 1989-1990.
— *Direito Penal – Parte Geral*, Tomo I, 2.ª Edição, Coimbra Editora, Coimbra, 2007.

DIAS, José Eduardo Figueiredo/OLIVEIRA, Fernanda Paula — *Noções Fundamentais de Direito Administrativo*, Almedina, Coimbra, 2008.

DOURADO, Ana Paula — *Substituição e responsabilidade tributária*, Ciência e Técnica Fiscal, n.º 391, Centro de Estudos Fiscais, Lisboa, Julho-Setembro de 1998.
— *Direito Fiscal – Lições*, Almedina, Coimbra, 2016.

EPIFÂNIO, Maria do Rosário — *Manual de Direito da Insolvência*, 6:ª Edição, Almedina, Coimbra, 2016.

FARIA, Bento de — *Código Penal Brasileiro (Comentado)*, Vol. II, 3.ª Edição Actualizada, Record Editora, Rio de Janeiro, 1961.

FARIA, Rita Lynce de — *Tutela Cautelar Antecipatória no Processo Civil Português*, Universidade Católica Editora, Lisboa, 2016.

FAVEIRO, Vítor — *Noções Fundamentais de Direito Fiscal Português*, Vol. I, Coimbra Editora, Coimbra, 1984.
— *O Estatuto do Contribuinte – A Pessoa do Contribuinte no Estado Social de Direito*, Coimbra Editora, Coimbra, 2002.

FEIO, Diogo — *A substituição fiscal e a retenção na fonte: o caso específico dos impostos sobre o rendimento*, Coimbra Editora, Coimbra, 2001.

FERNANDES, F. Pinto/SANTOS J. Cardoso dos — *Código de Processo Tributário Anotado e Comentado -*, Editora Rei dos Livros, Lisboa, 1991.

FERNANDES, Luís A. Carvalho — *Teoria Geral do Direito Civil*, Vol. I, 5.ª Edição Revista e Actualizada, Universidade Católica Editora, Lisboa, 2009.

FERNANDES, Tiago — *A Sociedade Civil*, Fundação Francisco Manuel dos Santos, Lisboa, 2014.

FERREIRA, Eduardo Paz — *A possibilidade da arbitragem tributária*, A Arbitragem em Direito Tributário, AIBAT-IDEFF, Colóquios IDEFF, n.º 2 (Coord.: Diogo Leite de Campos e Eduardo Paz Ferreira), IDEFF/Almedina, Coimbra, 2010.
— *Encostados à Parede: Crónicas de Novos Anos de Chumbo*, Lisboa, 2015.
— *Por uma sociedade decente*, Marcador, Lisboa, 2015.

FERREIRA, Fernando Amâncio — *Curso de Processo de Execução*, 11.ª Edição, Almedina, Coimbra, 2009.

FERREIRA, Rogério M. Fernandes/SÁ, Ana Luísa — *A Responsabilidade Tributária e Sancionatória dos Gestores, em Especial, no Domínio Contra-Ordenacional (Alguns Aspectos do Regime Português)*, Grandes Temas do Direito Tributário Sancionador, ILADT, Quartier Latin, Bela Vista, 2010.

FIGUEIREDO, Isabel Mousinho de — *O administrador delegado (A delegação de poderes de gestão no Direito das Sociedades)*, O Direito, 137.º, III, Coimbra, 2005.

FILHO, Romeu Martins Ribeiro — *Impugnação Pauliana como Meio de Conservação da Garantia Patrimonial -* Garantias das Obrigações, Almedina, Coimbra, 2007.

FONSECA, Rui Guerra da — *O procedimento de execução dos actos administrativos no novo Código do Procedimento Administrativo*, Estudos em Homenagem a Rui Machete, Almedina, Coimbra, 2015.

FONTES, José — *Curso Sobre o Novo Código do Procedimento Administrativo*, 5.ª Edição Revista e Actualizada, Almedina, Coimbra, 2015.

FRADA, Manuel A. Carneiro da — *A Responsabilidade dos Administradores na Insolvência*, Revista da Ordem dos Advogados, ano 66, n.º 2, Lisboa, Setembro de 2006.

FREITAS, José Lebre de — *A Acção Executiva - Depois da Reforma*, 4.ª Edição, Coimbra Editora, Coimbra, 2004.

FREITAS, José Lebre de/MENDES, Armindo Ribeiro — *Código de Processo Civil – Anotado -*, Vol. III, Coimbra Editora, Coimbra, 2003.

FREITAS, José Lebre de/REDINHA, João/PINTO, Rui — *Código de Processo Civil* – Anotado, Vol. I, 2.ª Edição, Coimbra Editora, Coimbra, 2008.

FREITAS, Lourenço Vilhena de — *Direito do Procedimento Administrativo e Formas de Actuação da Administração* – Parte Geral, Lições ao Curso de Mestrado, AAFDL, Lisboa, 2016.

FRISCH, Wolfgang — *Problemas fundamentales de la responsabilidad penal de los órganos de dirección de la empresa. Responsabilidad penal en el ámbito de la responsabilidad de la empresa y de la división del trabajo*, Responsabilidad penal de las empresas y sus órganos y responsabilidad por el producto (Coord.: Santiago Mir Puig e Diego Manuel Luzón Peña), José María Bosch, Barcelona, 1996.

FURTADO, Jorge Henrique da Cruz Pinto — *Código das Sociedades Comerciais –Anotado*, 5.ª Petrony, Lisboa, 2007.

GARCIA, Nuno de Oliveira/PEREIRA, Andreia Gabriel — *Notas sobre intermediação, substituição e responsabilidade tributária*, Estudos em Homenagem a Miguel Galvão Teles, Volume I, Almedina, Coimbra, 2012.

GERALDES, António Santos Abrantes — *Temas da Reforma do Processo Civil*, Vol. IV, 3.ª Edição Revista e Actualizada, Procedimentos Cautelares Especificados, Almedina, Coimbra, 2006.

GIMBERNAT, Enrique Ordeig — *La omisión impropia en la dogmática penal alemana. Una exposición*, Anuario de Derecho Penal y Ciencias Penales, Tomo L, Ministerio de Justicia (Centro de Publicaciones), Madrid, 2000.

GOMES, José Ferreira — *Da Administração à Fiscalização - A Obrigação de Vigilância dos Órgãos da Sociedade Anónima*, Almedina, Coimbra, 2015.

GOMES, José Osvaldo — *Fundamentação do Acto Administrativo*, Coimbra Editora, Coimbra, 1981.

GOMES, Manuel Januário da Costa — *A Fiança no Quadro das Grantias Pessoais: aspectos de regime*, Comemoração dos 35 anos do Código Civil e dos 250 anos de reforma de 1977, FDUC, Coimbra Editora, Coimbra, 2004.

GONÇALVES, Diogo Costa — *Pessoa Colectiva e Sociedades Comerciais*, Almedina, Coimbra, 2016.

GONÇALVES, Manuel Maia — *Código Penal Português, Anotado e Comentado e Legislação Complementar*, 13.ª Edição, Almedina, Coimbra, 1999.

GONÇALVES, Marco Carvalho — *Lições de Processo Civil Executivo*, Almedina, Coimbra, 2016.
— *Providências Cautelares*, 2.ª Edição, Almedina, Coimbra, 2016.

GONÇALVES, Pedro Correia — *Do abuso de confiança: em busca dos seus elementos constitutivos*, Revista da Faculdade de Direito da Universidade de Lisboa, Vol. 50, nºs 1-2, Lisboa, 2009.
— *Responsabilidade por omissão dos administradores e gestores empresariais*, Revista Portuguesa de Ciência Criminal, Ano 19, n.º 4, Coimbra, Outubro-Dezembro de 2009.

GUERREIRO, António Lima — *Lei Geral Tributária Anotada*, Editora Rei dos Livros, Lisboa, 2000.

GUIMARÃES, Vasco Branco — *Considerações sobre a revisão do rendimento tributável*, Estudos em Homenagem ao Professor Doutor Pedro Soares Martínez, Vol. II, Ciências Jurídico-Económicas, Almedina, Coimbra, 2000.

JANUÁRIO, Mário — *Responsabilidade fiscal subsidiária dos órgãos de gestão, de fiscalização, dos Roc´s e dos Toc´s*, Revisores & Empresas, Lisboa, Ano 3, n.º 8, Janeiro-Março de 2000.
— *A questão sucessória dos tributos e das penas dentro da responsabilidade tributária subsidiária fiscal*, Revista da Câmara Oficial dos Técnicos de Contas, n.º 102, Lisboa, Setembro de 2008.

JESCHECK, Hans-Heinrich — *Tratado de Derecho Penal. Parte General*, 4.ª Edição, Corrigida e Ampliada, Comares, Granada, 1993.

LEAL-HENRIQUES, Manuel/SANTOS, Manuel Simas — *Código Penal*, Vol. I, 2.ª Edição, Rei dos Livros, Lisboa, 1995.

LEITÃO, João Sérgio Menezes — *A Substituição e a Responsabilidade Fiscal no Direito Português*, Ciência e Técnica Fiscal n.º 388, Lisboa, Outubro-Dezembro de 1997.

LEOTE, Carlos — *Crise e Crises em Portugal*, Fundação Francisco Manuel dos Santos, Lisboa, 2016.

JAKOBS, Günther — *Derecho Penal: Parte General, Fundamentos y teoría de la imputación*, Marcial Pons, Madrid, 1995.

JUSTO, A. Santos — *Direitos Reais*, 2.ª Edição, Coimbra Editora, Coimbra, 2010.

KELSEN, Hans — *Teoria Pura do Direito*, Martins Fontes, São Paulo, 1998.

LEITÃO, Luís Menezes — *A Responsabilidade do Gestor Perante o Dono do Negócio no Direito Civil Português*, Cadernos de Ciência e Técnica Fiscal, n.º 166, Direcção-Geral das Contribuições e Impostos, Centro de Estudos Fiscais, Lisboa, 1991
— *Direito das Obrigações*, Vol. I, 5.ª Edição, Almedina, Coimbra, 2006.
— *Código da Insolvência e da Recuperação de Empresas – Anotado*, 4.ª Edição, Almedina, Coimbra, 2008.
— *Direito das Obrigações*, Vol. II, 8.ª Edição, Almedina, Coimbra, 2011.
— *Direitos Reais*, 5.ª Edição, Almedina, Coimbra, 2015.
— *Direito da Insolvência*, 6.ª Edição, Almedina, Coimbra, 2015.
— *Garantias das Obrigações*, 5.ª Edição, Almedina, Coimbra, 2016.

LEITE, André Lamas — *As «Posições de Garantia» na Omissão Impura – Em especial, a questão da determinabilidade penal*, Coimbra Editora, Coimbra, 2007.

LIMA, Pires de/VARELA, Antunes — *Código Civil Anotado*, Vol. I, 4.ª Edição Revista e Actualizada, Coimbra Editora, Coimbra, 1987.
— *Código Civil Anotado*, Vol. II, 4.ª Edição Revista e Actualizada, Coimbra Editora, Coimbra, 1997.
— *Código Civil Anotado*, Vol. VI, Coimbra Editora, Coimbra, 1998.

LOURENÇO, Nuno Calaim — *Os Deveres de Administração e a Business Judgment Rule*, Almedina, Coimbra, 2011.

LOURENÇO, Paula Meira — *A Função Punitiva da Responsabilidade Civil*, Almedina, Coimbra, 2006.

LUMBRALES, Nuno — *O abuso de confiança fiscal no Regime Geral das Infracções Tributárias*, Fiscalidade – Revista de Direito e Gestão Fiscal, n.º 13/14, Lisboa, Janeiro-Abril de 2003.

MACHADO, Jónatas/COSTA, Paulo Nogueira da — *Manual de Direito Fiscal – Perspectiva Multinível*, Almedina, Coimbra, 2016.

MACHADO, Jónatas/RAPOSO, Vera — *A responsabilidade subsidiária dos TOC´s (Algumas considerações constitucionais a propósito do art. 24.º/3 da LGT)*, Fiscalidade, n.º 30, Revista de Direito e Gestão Fiscal, ISG, Lisboa, Abril de 2007.

MACHETE, Pedro — *A audiência dos interessados no procedimento administrativo*, Estudos e Monografias, Universidade Católica Editora, 2.ª Edição, Lisboa, 1996.
— *A audição prévia do contribuinte*, Problemas Fundamentais do Direito Tributário, Vislis Editores, Lisboa, 1999.
— *Estado de Direito Democrático e Administração Paritária*, Teses, Almedina, Coimbra, 2007.

MADALENO, Cláudia — *A vulnerabilidade das garantias reais – A hipoteca voluntária face ao direito de retenção e ao direito de arrendamento*, Coimbra Editora, Coimbra, 2008.

MAGALHÃES, Vânia Patrícia Filipe — *O (des)privilégio do beneficium excussionis do responsável tributário subsidiário*, Revista da Ordem dos Advogados, Ano 67, III, Lisboa, Dezembro de 2007.

MARQUES, Alexandra — *A Arbitragem em Matéria Tributária: enquadramento e traços essenciais do regime do Decreto-Lei n.º 10/2011, de 20 de Janeiro*, A Arbitragem e Direito Público (Coord.: Carla Amado Gomes, Domingos Soares Farinho e Ricardo Pedro), AAFDL, Lisboa, 2015.

MARQUES, Paulo — *Infracções Tributárias, Vol. I: Investigação Criminal*, Direcção-Geral dos Impostos, Centro de Formação, Lisboa, 2007.
— *Infracções Tributárias, Vol. II: Contra-Ordenações*, Direcção-Geral dos Impostos, Centro de Formação, Lisboa, 2007.
— *Res Fiscalis – Os Direitos Reais na Actividade Tributária, Vol. I: Direitos reais de gozo e de aquisição*, Direcção-Geral dos Impostos, Centro de Formação, Lisboa, 2009.
— *Res Fiscalis – Os Direitos Reais na Actividade Tributária, Vol. II: Garantias reais das obrigações*, Direcção-Geral dos Impostos, Centro de Formação, Lisboa, 2009.
— *Elogio do Imposto – A relação do Estado com os Contribuintes*, Coimbra Editora, Coimbra, 2010.
— *Responsabilidade Tributária dos Gestores e dos Técnicos Oficiais de Contas — A Reversão do Processo de Execução Fiscal*, Coimbra Editora, Coimbra, 2011.
— *Execução Fiscal: Uma ruptura com o princípio da separação de poderes?*, Revista de Finanças Públicas e Direito Fiscal, Ano V, n.º 1, IDEFF/Almedina, Julho de 2012
— *Crime de Abuso de Confiança Fiscal – Problemas do Actual Direito Penal Tributário*, 2.ª Edição Aumentada, Coimbra Editora, Coimbra, 2012.
— *A (Ir)responsabilidade dos Gerentes de Direito pelas Dívidas Tributárias*, Revista de Direito das Sociedades, Ano V, n.º I/II, Faculdade de Direito de Lisboa, Almedina, Coimbra, 2013.
— *A Responsabilidade Tributária e Sancionatória da Entidade Empregadora pela Falta de Entrega das Retenções na Fonte de IRS e das Contribuições para a Segurança Social dos Trabalhadores*, Estudos em Homenagem ao Professor Jorge Leite, Coimbra Editora, Coimbra, 2014.
— *A Revisão do Acto Tributário – Do Mea Culpa à Reposição da Legalidade* (Prefácio da Prof.ª Doutora Paula Rosado Pereira), IDEFF/Almedina, Coimbra, 2015.
— *A Responsabilidade Tributária Subsidiária dos Gerentes e a Repartição Interna de Tarefas na Sociedade Comercial* – Comentário de Jurisprudência, *Revista de Finanças Públicas e Direito Fiscal*, Ano VIII, n.º 4, IDEFF/Almedina, Coimbra, 2016.

MARQUES, Paulo/ARNALDO, Afonso — *IVA com ou sem Recebimento? — Uma Perspectiva Tributária e Sancionatória* (em co-autoria com o Mestre Afonso Arnaldo), Estudos em Homenagem ao Professor Alberto Xavier, Vol. I, IDEFF/Almedina, 2013.

MARQUES, Paulo/SARMENTO, Joaquim Miranda — *O Recebimento do IVA e o Crime de Abuso de Confiança Fiscal – Uma Reflexão sobre o Acórdão Uniformizador de Jurisprudência do Supremo Tribunal de Justiça*, Revista Julgar, Associação Sindical dos Juízes Portugueses, Lisboa, Julho de 2015.

MARQUES, Rui — *A caducidade do direito de liquidação do imposto*, Vida Económica, Porto, 2016.
— *Panama Papers: Subsídios para a sua compreensão fiscal*, Revista de Finanças Públicas e Direito Fiscal, Ano IX, n.º 1, IDEFF/Almedina, Coimbra, 2016.
— *A liquidação de imposto e o processo penal tributário*, Revista do Ministério Público, n.º 145, Lisboa, Janeiro-Março de 2016.
— *Lembrando o Bom Samaritano: O novo registo público dos beneficiários efectivos das sociedades*, Revista de Direito das Sociedades n.º 1/2016, Faculdade de Direito de Lisboa, Almedina, Coimbra, 2016.

MARTÍN, Luis Gracia — *La Responsabilidad Penal del Directivo, Órgano y Representante de la Empresa en el Derecho Penal Español*, Hacia un Derecho Penal Económico Europeo: Jornadas en honor del Profesor Klaus Tiedemann, Boletín Oficial del Estado, Lisboa, 1995.

MARTÍNEZ, Álvarez Joaquin — *La responsabilidad tributaria de los administradores concursales*, Aranzadi, Cizur Menor (Navarra), 2016.

MARTÍNEZ, Pedro Romano — *Direito das Obrigações – Apontamentos*, AAFDL, Lisboa, 2014.

MARTÍNEZ, Pedro Romano/PONTE, Pedro Fuzeta — *Garantias de Cumprimento*, 5.ª Edição, Almedina, Coimbra, 2006.

MARTÍNEZ, Pedro Soares — *Direito Fiscal*, Almedina, Coimbra, 1989.

MARTINS, António Carvalho — *Responsabilidade dos Administradores ou Gerentes por Dívida de Impostos*, 2.ª Edição, Coimbra Editora, Coimbra, 1999.

MARTINS, Alexandre Soveral — *Código das Sociedades Comerciais em Comentário*, Vol. VI (Coord.: J. M. Coutinho de Abreu), Almedina, Coimbra, 2013, pp. 423-424.
— *Um Curso de Direito da Insolvência*, 2.ª Edição Revista e Aumentada, Almedina, Coimbra, 2016.

MARTINS, Elisabete Louro — *O Ónus da Prova no Direito Fiscal*, Coimbra Editora, Coimbra, 2010.

— *Os limites da aplicação do princípio do inquisitório e a sua articulação com as regras do ónus da prova no procedimento e no processo judicial tributário*, Estudos em Memória do Prof. Doutor J. L. Saldanha Sanches, Vol. V, Coimbra Editora, Coimbra, 2011.

MARTINS, Jesuíno Alcântara/ALVES, José Costa — *Procedimento e Processo Tributário – Uma Perspectiva Prática*, Almedina, Coimbra, 2015.

MARTINS, Maria d´Oliveira — *Lições de Finanças Públicas e Direito Financeiro*, 3.ª Edição Revista e Actualizada, Almedina, Coimbra, 2017.

MATOS, Catarina Garcia de — *A Responsabilidade dos Contabilistas Certificados no Exercício da sua Actividade Profissional*, Almedina, Coimbra, 2016

MATOS, Pedro Vidal — *A Reversão do Processo de Execução Fiscal*, Revista da Ordem dos Advogados, Ano 68, Setembro-Outubro de 2008, Lisboa.
— *O Princípio Inquisitório no Procedimento Tributário*, Coimbra Editora, Coimbra, 2010.

MEINI MÉNDEZ, Iván Fabio — *Responsabilidad penal de los órganos de dirección de la empresa por comportamientos omisivos. El deber de garante del empresario frente a los hechos cometidos por sus subordinados*, Revista Derecho, n.º 52, Fondo Editorial de la Pontificia Universidad Católica del Perú, Lima, 1998/1999.

MENDES, António de Oliveira/CABRAL, José dos Santos — *Notas ao Regime Geral das Contra Ordenações e Coimas*, 2.ª Edição, Almedina, 2009.

MENDES, Paulo de Sousa — *Lições de Direiro Processual Penal*, Almedina, Coimbra, 2014.

MIRANDA, João — *A ordem de reversão no processo de execução fiscal contra administradores e gerentes de sociedades: acto inserido em processo judicial ou em procedimento administrativo executivo?*, Revista de Finanças Públicas Públicas e Direito Fiscal, Ano I, n.º 2, Verão, Almedina, Coimbra, 2008.

MIRANDA, Jorge — *Direitos Fundamentais*, Almedina, Coimbra, 2016.

MIRANDA, Jorge/MEDEIROS, Rui — *Constituição Portuguesa Anotada*, Tomo I, Coimbra Editora, Coimbra, 2005.

MONCADA, Luís Cabral — *Código do Procedimento Administrativo Anotado*, Coimbra Editora, Coimbra, 2015.

MONTE, Mário Ferreira — *Da legitimação do Direito Penal Tributário em particular, os paradigmáticos casos de facturas falsas*, Coimbra Editora, Coimbra, 2007.

MORAIS, Carlos Blanco de — *Curso de Direito Constitucional – Teoria da Constituição em Tempo de Crise do Estado Social*, Tomo II, Vol. II, Coimbra Editora, Coimbra, 2014.

MORAIS, Rui Duarte — *A Execução Fiscal*, Almedina, Coimbra, 2005.
— *Manual de Procedimento e Processo Tributário*, Almedina, Coimbra, 2012.
— *Sobre o IRS*, 3.ª Edição, Almedina, Coimbra, 2016.

MOREIRA, Adriano — *Portugal e a Crise Global - Só a Águia Voa Sozinha*, Colecção, Lisboa, 2016.

MOREIRA, Vital/CANOTILHO, José Joaquim Gomes — *Constituição da República Portuguesa –*
Anotada, Vol. I, 4.ª Edição, Coimbra Editora, Coimbra, 2007.

MORGADO, Abílio — *Ensaio sobre o regime do artigo 24.º da Lei Geral Tributária*, Ciência e Técnica Fiscal, n.º 415, Centro de Estudos Fiscais, Lisboa, Janeiro-Junho de 2005.

NABAIS, José Casalta — *O Dever Fundamental de Pagar Impostos*, Colecção Teses, Almedina, Coimbra, 2004.
— *Direito Fiscal*, 7.ª Edição, Almedina, Coimbra, 2014.

NAGLER, Johannes — *Die problematik der begehung durch unterlassung. Der Gerichtssaal*, vol. 111, Berlin: [s.n.], 1938.

NETO, Serena Cabrita/TRINDADE, Carla Castelo — *Contencioso Tributário*, Vol. I, Almedina, Coimbra, 2017.
— *Contencioso Tributário*, Vol. II, Almedina, Coimbra, 2017.

NOITES, Mariana Brandão de Pinto — *Ainda a problemática dos agentes das infracções tributárias: considerações sobre a aplicabilidade da reversão da execução fiscal como meio para efectivar a responsabilidade dos administradores e representantes das sociedades*, Revista Fiscal, n.º 11, Vida Económica, Lisboa, Dezembro de 2009.

NUNES, Pedro Caetano — *Dever de Gestão dos Administradores de Sociedades Anónimas*, Almedina, Coimbra, 2012.

NÚÑEZ CASTAÑO, Elena — *Responsabilidad Penal en la Empresa*, Valencia: Tirant lo Blanch, 2000.

OLIVEIRA, Américo Fernandes de — *Código das Sociedades Comerciais e Governo das Sociedades*, Almedina, Coimbra, 2008.

OLIVEIRA, Ana Perestrelo de — *Manual de Governo das Sociedades*, Almedina, Coimbra, 2017.

OLIVEIRA, Mário Esteves de/GONÇALVES, Pedro Costa/AMORIM, J. Pacheco de — *Código do Procedimento Administrativo*, Comentado, 2.ª Edição, Almedina, Coimbra, 1999.

OLIVEIRA, Nuno Manuel Pinto de — *Responsabilidade Civil dos Administradores: entre Direito Civil, Direito das Sociedades e Direito da Insolvência*, Coimbra Editora, Coimbra, 2015.

OTERO, Paulo — *Vinculação e Liberdade de Conformação Jurídica do Sector Empresarial*, Coimbra Editora, Coimbra, 1998.
— *Comentário à Constituição Portuguesa*, Vol. II, Almedina, Coimbra, 2008.

PALMA, Clotilde Celorico — *Da Evolução do Conceito de Capacidade Contributiva*, Ciência e Técnica Fiscal n.º 402, Centro de Estudos e Apoio às Políticas Tributárias, Lisboa, Abril-Junho de 2001.

PALMA, Maria Fernanda — *Conceito material de crime e reforma penal*, Anatomia do Crime, n.º, Almedina, Coimbra, 2014.

PALOMBI, Elio — *La Delega di Funzioni»*, Trattato di Diritto Penale Dell'Impresa, Vol. I, CEDAM – Casa Editrice Dott. Antonio Milani, Padova, 1990.

PATRÍCIO, Miguel — *A responsabilidade fiscal subsidiária – reversão*, Fiscalidade, Edição do Instituto Superior de Gestão, n.º 28, Lisboa, Outubro-Dezembro de 2006.

PEREIRA, Manuel Henrique de Freitas — *Fiscalidade*, Almedina, Coimbra, 2005.

PEREIRA, Ramiro Cristóvão — *Da responsabilidade dos administradores pelas dívidas fiscais das sociedades: responsabilidade tributária subsidiária* (Tese de Mestrado em Ciências Jurídico-Económicas, Faculdade de Direito de LIsboa, 2001.

PÉREZ, Carlos Martínez-Buján — *Derecho Penal Económico. Parte General*, Tirant lo Blanch, Valencia, 1998.

PIDWELL, Pedro — *O Processo de Insolvência e a Recuperação da Sociedade Comercial de Responsabilidade Limitada*, Coimbra Editora, Coimbra, 2011.

PINTO, Carlos Alberto da Mota — *Teoria Geral do Direito Civil*, 3.ª Edição Actualizada, Coimbra Editora, Coimbra, 1996.

PINTO, Maria da Glória Ferreira — *Breve reflexão sobre a execução coactiva dos actos administrativos*, Estudos, Vol. II, Comemoração do XX Aniversário, Centro de Estudos Fiscais, Lisboa, 1983.

PINTO, Rui — *Notas ao Código Processo Civil*, Vol. II - Artigos 546.º A 1085.º, Coimbra Editora, Coimbra, 2015.

PIRES, Manuel/PIRES, Rita Calçada — *Direito Fiscal*, 5.ª Edição, Almedina, Coimbra, 2016.

PIRES, Miguel Lucas — *Dos Privilégios Creditórios: Regime Jurídico e Sua Influência no Concurso de Credores*, Almedina, Coimbra, 2004.

RAMOS, Maria Elisabete — *Responsabilidade Civil dos Administradores e Directores de Sociedades Anónimas perante os Credores Sociais*, Coimbra Editora, Coimbra, 2002.
— *Insolvência da Sociedade e Efectivação da Responsabilidade Civil dos Administradores*, Boletim da Faculdade de Direito da Universidade de Coimbra, Vol. LXXXIII, Coimbra, 2007.

REIS, Nuno Tiago Trigo dos — *Os deveres de lealdade dos administradores de sociedades comerciais*, Temas de Direito Comercial, Almedina, Coimbra, 2009.

ROCHA, António Soares da Rocha — *Oposição vs. Impugnação Judicial*, 2.ª Edição, Almedina, Coimbra, 2016.

ROCHA, Joaquim Freitas da — *Do valor normativo da Lei Geral Tributária (a questão do valor reforçado)*, Estudos de Homenagem ao Prof. Doutor Jorge Miranda, Vol. V, Coimbra Editora, Coimbra, 2012.
— *Lições de Procedimento e Processo Tributário*, 5.ª Edição, Coimbra Editora, Coimbra, 2014.
— *O Conflito de Deveres como Causa de Justificação do Abuso de Confiança Fiscal? –Comentário ao Acórdão do Tribunal da Relação de Évora, Proc. 81/12.4IDEVR.E1 de 20-05-2014*, Revista da Faculdade de Direito da Universidade de Lisboa, LVII, 2016.

ROCHA, Joaquim Freitas da/CALDEIRA, João Damião — *Regime Complementar do Procedimento de Inspecção Tributária (LGT) – Anotado e Comentado*, Coimbra Editora, Coimbra, 2013.

ROCHA, Lígia — *O Conflito de Deveres como Causa de Justificação do Abuso de Confiança Fiscal? – Comentário ao Acórdão do Tribunal da Relação de Évora, Proc. 81/12.4IDEVR.E1 de 20-05-2014*, Revista da Faculdade de Direito da Universidade de Lisboa, Ano LVII, 2016, n.º 2.

RODRIGUES, Benjamim da Silva — *A Prescrição no Direito Tributário*, Problemas Fundamentais do Direito Tributário, Vislis Editores, Lisboa, 1999.

ROTHES, Francisco — *Em torno da efectivação da responsabilidade dos gerentes – Algumas notas motivadas por jurisprudência recente*, I Congresso de Direito Fiscal, Vida Económica, Porto, 2011.

ROXIN, Claus — *Autoría y Dominio del Hecho en Derecho Penal*, Marcial Pons, Ediciones Jurídicas y Sociales, Madrid, 1994.

SAMPAIO, J. M. Gonçalves — *A Acção Executiva e a Problemática das Execuções Injustas*, 2.ª Edição Revista, Actualizada e Ampliada, Almedina, Coimbra, 2008.

SANCHES, J. L. Saldanha — *Responsabilidade dos gerentes*, Fiscalidade, n.º 70/71, Lex, Lisboa, Maio/Junho 1995.
— *Manual de Direito Fiscal*, 3.ª Edição, Coimbra Editora, Coimbra, 2007.
— *Justiça Fiscal*, Fundação Manuel dos Santos, Lisboa, 2010.

SANCHES, J. L. Saldanha/BARREIRA, Rui — *Culpa no incumprimento e responsabilidade dos gerentes*, Fisco, Ano VII, n.º 70-71, Lex, Lisboa, Maio-Junho de 1995

SÁNCHEZ, Juan Antonio Lascuraín — *Fundamento y Limites del Deber de Garantía del Empresario Hacia un Derecho Penal Económico Europeo*, Jornadas en honor del Profesor Klaus Tiedemann, Boletín Oficial del Estado, Madrid, 1995.
— *Los Delitos de Omisión: Fundamento de los Deberes de Garantía*, Civitas, Madrid, 2002.

SANTIAGO, Bruno — *Sobre o pagamento da dívida exequenda na pendência de uma oposição ou reclamação judiciais no âmbito de um processo de execução fiscal*, Estudos em Homenagem a Miguel Galvão Teles, Vol. II, Almedina, Coimbra, 2012.

SANTOS, Joana Patrícia de Oliveira — *Responsabilidade dos Corpos Sociais e Responsáveis Técnicos – Análise do Artigo 24.º da Lei Geral Tributária*, Estudos de Direito Fiscal, Faculdade de Direito da Universidade do Porto, Almedina, Coimbra, 2006.

SANTOS, Manuel Simas — *Código de Processo Penal – Anotado*, 3.ª Edição, Vol. I, Editora Rei dos Livros, Lisboa, 2008.

SANTOS, Manuel Simas/SOUSA, Jorge Lopes de — *Contra-Ordenações – Anotações ao Regime Geral*, Vislis Editores, Lisboa, 2001.

SARMENTO, Joaquim Miranda/MARQUES, Paulo — *CIVA – Problemas Actuais*, Coimbra Editora, Coimbra, 2014.

SCHÜNEMANN, Bernd — *Temas actuales y permanentes del Derecho Penal después del milenio*, Editorial Tecnos, Madrid, 2002.

SERAFIM, Sónia das Neves — *Os Deveres Fundamentais dos Administradores*, Temas de Direito das Sociedades, Coimbra Editora, Coimbra, 2011.

SERRA, Catarina — *O Novo Regime Português da Insolvência – Uma Introdução*, 3.ª Edição, Almedina, Coimbra, 2007.
— *O novo direito das sociedades: para uma governação socialmente responsável*, Scientia Juris, Vol. 14, Londrina, 2010.

SILVA, Germano Marques da — *Justiça, Liberdade, Direito e Ética, Direito e Justiça* – Revista da Faculdade de Direito da Universidade Católica Portuguesa, Vol. XI, Tomo I, Lisboa, 1997.

— *Introdução ao Estudo do Direito*, 2.ª Edição, Universidade Católica Editora, Lisboa, 2007.

— *O enquadramento jurídico-criminal da actividade dos empresários – não será excessivo?*, Conversas no Vale do Tejo, Santarém, 2007.

— *Questões processuais na responsabilidade cumulativa das empresas e seus gestores*, Que Futuro para o Direito Processual Penal? Simpósio em homenagem a Jorge de Figueiredo Dias, por ocasião dos 20 anos do Código de Processo Penal Português, Coimbra Editora, Coimbra, 2009.

— *Responsabilidade Penal das Sociedades e dos seus Administradores e Representantes*, Verbo, Lisboa/S. Paulo, 2009.

— *Direito Penal Tributário – Sobre as Responsabilidades das Sociedades e dos seus Administradores conexas com o crime tributário*, Universidade Católica Editora, Lisboa, 2009.

— *Direito Penal Português – Teoria do Crime*, Universidade Católica Editora, Lisboa, 2012.

SILVA, Isabel Marques da — *A responsabilidade tributária dos corpos sociais* – Problemas Fundamentais do Direito Tributário, Vislis Editores, Lisboa, 1999.

— *Responsabilidade fiscal penal cumulativa das sociedades e dos seus administradores e representantes*, Universidade Católica Editora, Lisboa, 2000.

— *Considerações acerca da responsabilidade por dívidas e por infracções tributárias dos membros dos corpos sociais*, Direito e Justiça – Revista da Faculdade de Direito da Universidade Católica Portuguesa, Vol. XVI, Tomo 1, Lisboa, 2002.

— *Responsabilidade Subsidiária – Artigo 24.º da Lei Geral Tributária*, Revista de Finanças Públicas e Direito Fiscal, Ano I, n.º 2, Verão, IDEFF/Almedina, Coimbra, 2008.

— *Regime Geral das Infracções Tributárias*, 3.ª Edição, IDEFF/Almedina, Coimbra, 2010.

— *Nullum Crimen, Nulla Poena, Sine Lege Praevia*: A Inexistência de Infracção Tributária nos Casos de Não Entrega de IVA Não Recebido, Estudos em Homenagem ao Professor Doutor Paulo de Pitta e Cunha, Vol. II, Almedina, Coimbra, 2010.

SILVA, João Gomes da — *Herança e sucessão por morte: a sujeição do património do De Cuius a um regime unitário no Livro V do Código Civil*, Universidade Católica Editora, Lisboa, 2002.

SILVA, João Soares da — *Responsabilidade Civil dos Administradores de Sociedades: os Deveres Gerais e os Princípios da Corporate Governance*, Revista da Ordem dos Advogados, Vol. II, Ano 57, Abril de 1997.

SILVA, Pedro Sousa e — *A Responsabilidade Tributária dos Administradores e Gerentes na Lei Geral Tributária e no Novo CPPT*, Revista da Ordem dos Advogados, Ano 60, Lisboa, Dezembro de 2000.

SILVA SÁNCHEZ, Jesús-María — *Criterios de asignación de responsabilidad en estructuras jerárquicas*, Empresa y Delito en el nuevo Código Penal, Consejo General del Poder Judicial, Madrid, 1997.

— *La expansión del Derecho Penal. Aspectos de política-criminal en las sociedades postindustriales*, Civitas, Madrid, 1998.

SIMÕES, A. A. Galhardo — *Subsídios para um conceito jurídico de contribuinte*, Cadernos de Ciência e Técnica Fiscal, n.º 29, Centro de Estudos Fiscais, Lisboa, 1964.

SOUSA, Alfredo José de/PAIXÃO, José da Silva — *Código de Processo Tributário*, Comentado e Anotado, 3.ª Edição, Almedina, Coimbra, 1997.
— *Código de Procedimento e de Processo Tributário*, Comentado e Anotado, Almedina, Coimbra, 2000.

SOUSA, Domingos Pereira de — *Direito Fiscal e Processo Tributário*, Coimbra Editora, Coimbra, 2013.

SOUSA, Jorge Lopes de — *Juros nas Relações Tributárias* – Problemas Fundamentais de Direito Tributário, Vislis Editores, Lisboa, 1999.
— *Código de Procedimento e de Processo Tributário – Anotado -*, Vislis Editores, Lisboa, 2000.
— *Código de Procedimento e de Processo Tributário – Anotado e Comentado*, Vol. II, Áreas Editora, Lisboa, 2007.
— *Sobre a Prescrição da Obrigação Tributária – Notas Práticas*, 2.ª Edição Aumentada e Melhorada, Áreas Editora, Lisboa, 2010.
— *Código de Procedimento e de Processo Tributário – Anotado e Comentado*, Vol. I, 6.ª Edição, Áreas Editora, Lisboa, 2011.

SOUSA, Jorge Lopes de/SANTOS, MANUEL SIMAS — *Regime Geral das Infracções Tributárias*, Anotado, Áreas Editora, Lisboa, 2001.

SOUSA, Miguel Teixeira de — *Introdução ao Direito*, Almedina, Coimbra, 2012.

SOUSA, Susana Aires de — *Os Crimes Fiscais, Análise Dogmática e Reflexão sobre a Legitimidade do Discurso Criminalizador*, Coimbra Editora, Coimbra, 2006.

TEIXEIRA, António Braz — *Princípios de Direito Fiscal*, Vol. I, 3.ª Edição, Almedina, Coimbra, 1990.

TEIXEIRA, Glória/NOGUEIRA, Féliz — *Segurança Social – Uma Perspectiva Fiscal*, Nos 20 Anos do Código das Sociedades Comerciais, Homenagem aos Profs. Doutores A. Ferrer Correia, Orlando de Carvalho e Vasco Lobo Xavier, Vol. II, Vária, Faculdade de Direito de Coimbra, Coimbra, 2007.

TELLES, Inocêncio Galvão — *Direito das Obrigações*, 5.ª Edição, Coimbra Editora, Coimbra, 1986.
— *Introdução ao Estudo do Direito*, Vol. I, 11.ª Edição Refundida e Actualizada, Coimbra Editora, Coimbra, 1999.

TIEDEMANN, Klaus — *Lecciones de Derecho Penal Económico (Comunitario, español, alemán)*, PPU, Barcelona, 1993.
— *Sonderausgabe aus Scholz, Kommentar zum GmbH-Gesetz*, 8.ª Edicão, O. Schmidt, Köln, 1995.

TORRÃO, Fernando — *Societas Delinquere Potest? - Da Responsabilidade Individual e Colectiva nos «Crimes de Empresa»*, Almedina, Coimbra, 2010.

TORRÃO, João António Valente — *Código de Procedimento e de Processo Tributário, Anotado e Comentado*, Almedina, Coimbra, 2005.

VALENTE, Ana Isabel — *A responsabilidade tributária dos técnicos oficiais de contas*, Fiscália – Revista da Direcção-Geral dos Impostos, n.º 33, Lisboa, Novembro 2006/Janeiro de 2007.

VARELA, João de Matos Antunes — *Direito das Obrigações*, Vol. II, 7.ª Edição, Almedina, Coimbra, 1999.
— *Das Obrigações em Geral*, Vol. I, 10.ª Edição, Almedina, 2010.

VASCONCELOS, Pedro Leitão Pais de — *A Procuração Irrevogável*, 2.ª Edição, Almedina, Coimbra, 2016.

VASCONCELOS, Pedro Pais de — *Responsabilidade dos gestores das sociedades comerciais*, Direito das Sociedades em Revista, Ano 1, Vol. I, Coimbra, 2009.

VASQUES, Sérgio — *A Responsabilidade dos gerentes na Lei Geral Tributária*, Fiscalidade, n.º 1, ISEG, Lisboa, Janeiro de 2000.
— *O Princípio da Equivalência como Critério de Igualdade Tributária*, Almedina, 2008.
— *Manual de Direito Fiscal*, Almedina, Coimbra, 2015.

VENTURA, André — *Lições de Direito Fiscal*, Chiado Editora, Lisboa, 2014.

VIANA, João Matos — *A (in)constitucionalidade da responsabilidade subsidiária dos administradores e gerentes pelas coimas à sociedade*, Revista de Finanças Públicas e Direito Fiscal, Ano II, n.º 2, IDEFF/Almedina, Coimbra, Julho de 2009.

VIEIRA, José Alberto — *Arrendamento de imóvel dado em garantia*, Estudos em homenagem ao Prof. Doutor Inocêncio Galvão Telles, Vol. IV – Novos Estudos de Direito Privado, Almedina, Coimbra, 2003.
— *Direitos Reais*, Coimbra Editora, Coimbra, 2008.

VIEIRA, Miguel — *Reversão Fiscal – A Responsabilidade Subsidiária dos Gerentes ou Administradores por Dívidas, Multas e Coimas*, II Congresso de Direito Fiscal, Vida Económica, Porto, 2012.

WELZEL, Hans — *Derecho Penal Alemán, Parte General*, 12.ª Edición, 3.ª Edición Castellana, Editorial Jurídica de Chile, Santiago de Chile, 1987.

WILSON, Woodrow — *The New Freedom: A Call for the Emancipation of the Generous Energies of a People*, 1913.

XAVIER, Alberto — *Conceito e Natureza do Acto Tributário*, Coimbra, 1972.
— *Manual de Direito de Direito Fiscal – I*, Lisboa, 1974.

ZÚÑIGA RODRÍGUEZ, Laura — *Criminalidad de empresa, criminalidad organizada y modelos de imputación penal*, Delincuencia Organizada: aspectos penales, procesales y criminológicos (Coord.: Enrique Anarte Borrallo e Juan Carlos Ferré Olivé), Universidad de Huelva, Huelva, 1999.

LIVROS PUBLICADOS DOS AUTORES

Paulo Marques

IRC – Problemas Actuais - em co-autoria com o Prof. Doutor Joaquim Miranda Sarmento e o Mestre Rui Marques -, Associação Académica da Faculdade de Direito de Lisboa, Lisboa, 2017 (no prelo);

A Revisão do Acto Tributário – Do Mea Culpa à Reposição da Legalidade (Prefácio da Prof.ª Doutora Paula Rosado Pereira), IDEFF/Almedina, Coimbra, 2015;

O Procedimento de Inspecção Tributária (Prefácio do Prof. Doutor José Casalta Nabais), Coimbra Editora, Coimbra, 2014;

IVA – Problemas Actuais - em co-autoria com o Prof. Doutor Joaquim Miranda Sarmento -, Coimbra Editora, Coimbra, 2014;

A Liquidação de imposto e a sua fundamentação - em co-autoria com o Dr. Carlos Costa - (Prefácio do Dr. Paulo Núncio), Coimbra Editora, Coimbra, 2013;

Crime de Abuso de Confiança Fiscal – Problemas do Actual Direito Penal Tributário (Nota de Apresentação do Prof. Doutor Germano Marques da Silva e Prefácio do Procurador-Geral Adjunto António Cluny), 2.ª Edição Aumentada, Coimbra Editora, Coimbra, 2012;

Responsabilidade Tributária dos Gestores e dos Técnicos Oficiais de Contas – A Reversão do Processo de Execução Fiscal (Prefácio do Mestre João Taborda da Gama), Coimbra Editora, Coimbra, 2011;

Elogio do Imposto – A Relação do Estado com os Contribuintes (Nota de Apresentação do Prof. Doutor Rogério Fernandes Ferreira e Prefácio da Conselheira Isabel Marques da Silva), Coimbra Editora, Coimbra, 2011;

Crime de Abuso de Confiança Fiscal — Problemas de Actual Direito Penal Tributário (Nota de Apresentação do Prof. Doutor Germano Marques da Silva e Prefácio do Procurador--Geral Adjunto António Cluny), Coimbra Editora, Coimbra, 2011;

Res Fiscalis — Os Direitos Reais na Actividade Tributária, Vol. I: Direitos Reais de Gozo e de Aquisição, Ministério das Finanças e da Administração Pública, Direcção-Geral dos Impostos, Centro de Formação, Lisboa, 2009;

Res Fiscalis – Os Direitos Reais na Actividade Tributária, Vol. II: Direitos Reais de Garantia, Ministério das Finanças e da Administração Pública, Direcção-Geral dos Impostos, Centro de Formação, Lisboa, 2009;

Infracções Tributárias, Vol. I: Investigação Criminal, Ministério das Finanças e da Administração Pública, Direcção-Geral dos Impostos, Centro de Formação, Lisboa, 2007;

Infracções Tributárias, Vol. II: Contra-ordenações, Ministério das Finanças e da Administração Pública, Direcção-Geral dos Impostos, Centro de Formação, Lisboa, 2007.

Pedro Correia Gonçalves

Materiais de Apoio às Aulas Práticas de Direito Romano, 2.ª Edição, Princípia, Parede, (no prelo);

Código de Processo Penal – Aplicado no Tempo, Quid Juris, Lisboa, 2010;

Código Penal – Aplicado no Tempo, Quid Juris, Lisboa, 2010;

A Pena Privativa da Liberdade: Evolução Histórica e Doutrinal, Quid Juris, Lisboa, 2009;

O Estatuto Jurídico do Doente Mental, com referência à Jurisprudência do Tribunal Europeu dos Direitos do Homem, Quid Juris, Lisboa, 2009.

Rui Marques

IRC – Problemas Actuais (em co-autoria com o Mestre Paulo Marques e o Prof. Doutor Joaquim Miranda Sarmento), Associação Académica da Faculdade de Direito de Lisboa, Lisboa, 2017 (no prelo).

Orçamento do Estado para 2017 (Prefácio do Prof. Doutor João Ferreira do Amaral), Wolters Kluwer, Lisboa, 2017.

JusFormulários Procedimento Tributário (Prefácio do Prof. Doutor António Carlos dos Santos), Wolters Kluwer, Lisboa, 2017.

LIVROS PUBLICADOS DOS AUTORES

A caducidade do direito de liquidação do imposto (Prefácio do Prof. Doutor Carlos Lobo), Vida Económica, Porto, 2016.

As realizações de utilidade social em IRC e IRS (Prefácio do Mestre Rogério Fernandes Ferreira), Wolters Kluwer, Lisboa, 2016.

Orçamento do Estado para 2016 (Prefácio do Prof. Doutor Joaquim Miranda Sarmento), Wolters Kluwer, Lisboa, 2016.

Carta de Condução por Pontos, Wolters Kluwer, Lisboa, 2016.

Novo Código de Processo nos Tribunais Administrativos (em co-autoria com o Dr. Nuno Filipe José), Wolters Kluwer, Lisboa, 2015.

JusFormulários Viação, Wolters Kluwer, Lisboa, 2015.

JusFormulários Fiscal, 2.ª Edição, Coimbra Editora, Coimbra, 2012.

Jusprático IRS 2011, Edição revista e aumentada, Coimbra Editora, Coimbra, 2011.

Jusprático IRS 2010, Edição revista e aumentada, Coimbra Editora, Coimbra, 2010.

Jusprático IRS 2009, Coimbra Editora, Coimbra, 2009.

JusFormulários Fiscal, Coimbra Editora, Coimbra, 2008.

Política Fiscal da Família, Associação Portuguesa das Famílias Numerosas, 2003.

ÍNDICE

Prefácio – Prof. Doutor Germano Marques da Silva 7
Nota dos autores 9
Agradecimentos 13
Abreviaturas 15

I – DA RESPONSABILIDADE TRIBUTÁRIA 17

1. Introdução 17

2. Os gestores: As sociedades comerciais em acção e em omissão 18

3. A prossecução do interesse social e os stakeholders 20
    3.1. A questão vista no plano tributário 21
    3.2. O levantamento da personalidade jurídica colectiva 23

4. A natureza da responsabilidade tributária dos gestores 25
    4.1. Fiança legal? 25
    4.2. Responsabilidade civil extracontratual? 26
    4.3. Posição adoptada 28
    4.4. O "calcanhar de Aquiles": o património dos gestores como garantia . 30

5. A subsidiariedade da responsabilidade tributária dos gestores, em especial 32

6. O n.º 1 do artigo 24.º, da LGT 35
    6.1. O conceito de "dívidas tributárias" 35
    6.2. A (ir)responsabilidade no caso de exercício de funções
    após o termo do prazo legal de pagamento ou de entrega 37
    6.3. A dualidade de regimes de responsabilidade 38

6.3.1. A responsabilidade pela diminuição do património da empresa . 38
6.3.2. A responsabilidade pela falta de pagamento ou entrega de imposto 43

7. A (ir)relevância da titularidade formal da gestão... 50
   7.1. A posição maioritária 50
   7.2. A repartição interna de tarefas 57
   7.3. Uma releitura da letra da lei 59
   7.4. Da gestão à vigilância 61

8. O caso da pluralidade de gestores 65

9. A (in)comunicabilidade da dívida ao cônjuge... 67

10. A responsabilidade tributária dos advogados e a gestão de bens
    ou direitos de não residentes... 70
    10.1. A gestão de bens ou direitos.. 70
        10.1.1. A representação fiscal 72
        10.1.2. A mera gestão de negócios 75
    10.2. Uma responsabilidade solidária.. 78
    10.3. Os meios de defesa... 79

11. A responsabilidade tributária dos contabilistas certificados 80
    11.1. Deveres nas relações com o fisco 80
    11.2. Uma responsabilidade tributária subsidiária.................................... 82

12. A responsabilidade tributária dos auditores e dos revisores oficiais de contas 85
    12.1. A fiscalização nas sociedades 86
    12.2. As funções e actos dos revisores oficiais de contas............................ 87
    12.3. A responsabilidade tributária subsidiária 89

13. As providências cautelares contra o responsável subsidiário....................... 93
    13.1 As providências administrativas 93
    13.2. As providências judiciais 95
        13.2.1. O arresto 95
            13.2.1.1. Pressupostos 96
            13.2.1.2. Efeitos.. 99
            13.2.1.3. A situação de imposto não entregue nos cofres do Estado 101
            13.2.1.4. O arresto dos bens dos gestores................................... 103

14. A impugnação pauliana 105

15. A reversão do processo de execução fiscal 108
    15.1. O momento da reversão, em especial 111
    15.2. A fundada insuficiência dos bens da empresa 117
        15.2.1. Enquadramento legal 117
        15.2.2. Os efeitos da penhora 118
        15.2.3. A situação líquida negativa ou deficitária 122
        15.2.4. A extensão da penhora 126
    15.3. A isenção de custas e de juros de mora 128
        15.3.1. Enquadramento legal 128
        15.3.2. O pagamento e os meios de defesa 129
        15.3.3. A situação de falta de entrega de imposto 132
    15.4. Os meios de defesa do revertido 134
        15.4.1. A audição prévia 134
        15.4.2. A oposição judicial à execução fiscal 136
            15.4.2.1. A (i)legitimidade e a falta de pressupostos da reversão 136
            15.4.2.2. A instância executiva
            e o pagamento do responsável subsidiário 138
        15.4.3. A reclamação graciosa 140
        15.4.4. O recurso hierárquico 142
        15.4.5. A revisão do acto tributário 143
        15.4.6. A impugnação judicial da liquidação de imposto 145
        15.4.7. O pedido de constituição de tribunal arbitral 146
    15.5. A reversão contra o sucessor do responsável subsidiário 147

II – DA RESPONSABILIDADE POR INFRACÇÕES TRIBUTÁRIAS 151

1. A responsabilidade penal tributária 151
    1.1. O bem jurídico sob tutela 152

2. A responsabilidade penal tributária cumulativa das sociedades
e dos seus gestores ou outros agentes 154

3. A responsabilidade por omissão dos gestores, em especial 156
    3.1. A Responsabilidade por omissão pura ou própria 160
    3.2. A responsabilidade por omissão impura ou imprópria 169
        3.2.1. A estrutura empresarial e a figura da "autoria mediata" 169
        3.2.2. O dever de garante 175
            3.2.2.1. As suas fontes e o seu fundamento 175
            3.2.2.2. O seu conteúdo e os seus limites 185
    3.3. A delegação de poderes: conceito, consequências e requisitos 188

3.4. Conclusões 193

4. Responsabilidade solidária em caso de colaboração dolosa 195

5. A frustração de créditos 196

6. A responsabilidade civil por crimes tributários 199

    6.1. Responsabilidade civil e prescrição da dívida tributária 201
    6.2. Crédito tributário e indemnização civil: uma mesma medida 202
    6.3. Execução fiscal *versus* pedido de indemnização civil: duas causas ou uma causa repetida? 204
    6.4. A culpa, o dano e a disponibilidade do direito 206
    6.5. Partes civis e sujeitos da relação jurídica tributária 207
    6.6. A responsabilidade e o ónus da prova 208

7. A reversão de coimas contra os gestores e os contabilistas 208
    7.1. Enquadramento legal 208
    7.2. A (in)constitucionalidade da responsabilidade civil pelo não pagamento das coimas 209
    7.3. (In)transmissibilidade da responsabilidade penal? 213
    7.4. A reversão de coimas na execução fiscal 218
    7.5. (In)existência de meios de defesa? 220
    7.6. A responsabilidade dos contabilistas certificados, em especial 228

Bibliografia 229

Livros publicados dos autores 251